Maren Sturny
Mit Impulsen von Nicola Schmidt

ROCK AROUND THE CLOCK MIT DIABETES TYP 1

Aus dem turbulenten Familienalltag – für E1nsteiger

Basiswissen und Alltagseinblicke
für zuckerblutige Anfänger

MAREN STURNY

mit Impulsen von Nicola Schmidt

Rock around the Clock mit Diabetes Typ 1

AUS DEM **TURBULENTEN** FAMILIENALLTAG
– FÜR E1NSTEIGER –

Basiswissen und Alltagseinblicke
für **zuckerblutige** Anfänger

Impressum

Wichtiger Hinweis:
Bei der Erstellung dieses Werkes habe ich mit größter Sorgfalt und nach bestem Wissen und Gewissen recherchiert, um den derzeitigen Stand der Wissenschaft und der Forschung einzubinden und wiederzugeben. Eine Garantie für die Richtigkeit der Angaben kann aber in diesem Rahmen nicht übernommen werden. Viele meiner Ausführungen basieren auf meiner persönlichen Erfahrung ohne statistische Evidenz. Jegliche Haftung der Autorin ist ausgeschlossen.

Bibliografische Information der Deutschen Nationalbibliothek: Die Deutsche Nationalbibliothek verzeichnet diese Publikation in der Deutschen Nationalbibliografie; detaillierte bibliografische Daten sind im Internet über http://dnb.dnb.de abrufbar.

2. Auflage © 2022 Maren Sturny
Bahnhofstr. 38a, 82152 Planegg
(https://www.marensturny.com/diabetes-typ-1/)
mit Impulsen von Nicola Schmidt vom »artgerecht-Projekt«
(https://www.artgerecht-projekt.de/)

Umschlaggestaltung inkl. Aquarellmalerei:	Anne Adam (http://www.madame-design.com/)
Illustrationen im Buch:	Maia-Zoé Sturny
Lektorat:	Sandra Neumann (https://www.praxis-zucker-im-kopf.de/)
Korrektorat:	Anne Paulsen (http://www.annepaulsen.de/)
Buchsatz:	Bente Hinske (Kia Kahawa, https://www.kiakahawa.de/)
weitere Mitwirkende:	Assistenzärztin für Pädiatrie Dr. Miriam Härlein (https://www.drmiriamhaerlein.com/)
Bestellung und Vertrieb:	Nova MD GmbH, Vachendorf (https://www.novamd.de/)
ISBN:	978-3-98595-253-3

»Dein Leben ist so bunt,
wie du dich traust, es auszumalen.«

Unbekannter Verfasser

Inhaltsverzeichnis

1

Anstatt eines Vorwortes

Wie der Diabetes in unser Leben kam

Im Herbst 2021, gut zwei Jahre nach der Diagnose Diabetes Typ 1 (T1D) unserer Tochter Nonie, begann ich unsere Diabetesgeschichte auf Instagram zu erzählen, häppchenweise, instafreundlich, zusammen mit weiteren Beiträgen rund um die Themen Diabetesalltag und Awareness. Durch diese Öffnung begann ein neues Kapitel, denn vorher waren wir als Familie damit beschäftigt gewesen, uns neu zu finden, und auch ich selbst brauchte einige Zeit, diese Diagnose zu verdauen, worauf ich in Kapitel 5, »Er, Sie oder Es? – Die Sache mit der Akzeptanz«, genauer eingehen werde.

Warum digital? Warum Instagram? In Zeiten tiefster Pandemie traf ich um mich herum zwar vereinzelt auf Menschen im wahren Leben, Diabetes hin oder her, diese kämpften allerdings oftmals mit sich selbst und befanden sich im Rückzugsmodus, was ich nur zu gut nachvollziehen konnte, ging es mir doch ähnlich. Der zudem verordnete Abstand sowie das omnipräsente Gesprächsthema Corona fühlten sich vollkommen verkehrt an, um hier eine konstruktive Nähe zum Thema

Diabetes aufzubauen. Nichtsdestotrotz spürte ich eine innere Entschlossenheit, unsere Geschichte nun endlich teilen zu wollen.

Ein weiterer Grund für die Öffnung auf digitalem Wege war schlichtweg der Fakt, dass es wenig T1D-Familien in unserem direkten Umfeld gab und bis heute gibt, die auch vom Lebenszyklus her passen. Digital spürte ich hingegen sofort eine Resonanz, vor allem in Bezug auf die gelebte Wertschätzung für die Herausforderungen im T1D-Alltag. Als schöner Nebeneffekt des digitalen Formates konnte sich auf diese Weise auch unser persönliches Umfeld ganz unverbindlich und zwanglos einklinken.

Anstatt eines Vorwortes habe ich auf vielfachen Wunsch die größtenteils unveränderten Originalbeiträge der Anfänge unseres Diabetes Typ 1-Lebens von Instagram @diabetesbluemchen übernommen, auch sprachlich. Die Beiträge schildern teilweise recht emotional die Zeit vor der Diagnose, hierbei stehen die Symptome im Mittelpunkt, zeigen aber auch den abrupten Start mit unseren ersten zaghaften Schritten hinein ins neue Leben direkt nach der Diagnose. Gedanken, Gefühle und unsere ersten Versuche in Richtung eines positiven Umgangs mit dem Diabetes werden thematisiert.

Die ersten Häppchen sind auf Deutsch verfasst, dann wechsele ich allerdings auf Instagram ins Englische, weil die Community, wie ich feststellte, sehr international ist. Dies erkläre ich mir damit, dass es absolut gesehen nicht so viele Betroffene im illustren T1D-Club gibt (eine kleine Statistik folgt in Kapitel 3) und dann nochmals weniger, die die sozialen Medien zum Austausch nutzen. Für dieses Buch übersetze ich die englischen Passagen zurück ins Deutsche.

Die Geschichte wird aus der Sicht unserer Tochter erzählt. Das Niederschreiben hat mich viel Kraft und einige Tränen gekostet, war es doch für mich selbst ein Prozess der Verarbeitung des Erlebten. Aber ich spürte auch eine Befreiung, während ich mich jedem einzelnen Häppchen widmete, und ich fühlte mich in der Diabetes-Community mit unserer Geschichte gut aufgehoben.

Und warum @diabetesbluemchen? Dieses Geheimnis wird in Kapitel 8, »Positive Kommunikation«, gelüftet.

Hinweis:

Leider liegen mir aufgrund eines PC-Absturzes im Jahre 2019 die Originale einiger der hier im ersten Kapitel gezeigten Fotos nicht mehr vor. Ich bin froh, dass ich das Material überhaupt retten konnte. In diesem Kapitel geht es mir um die authentische Darstellung der Ereignisse, nicht um Perfektion, weshalb ich mich dazu entschlossen habe, auch Bilder mittlerer Qualität mit abzudrucken.

Danke für euer Verständnis.

2019 - Teil 1

Irgendwie schlapp und erschöpft

Ich möchte euch meine Diabetes-Geschichte erzählen. Vielleicht hilft es anderen Familien, die Symptome, die wir nicht erkannten, besser und früher zu deuten. 2019 ging alles los. Mama wunderte sich im späten Frühjahr, dass ich plötzlich so energielos war. Ich hatte keine Lust mehr auf Fahrradfahren, zu meinem Lieblingsballett wollte ich auch nicht mehr. Und obwohl ich das Seepferdchen schon fast in der Tasche hatte, konnte ich auf einmal noch nicht mal mehr zehn Züge schwimmen, ohne mich zwischendurch festzuhalten. Mama

meinte nur: »Komm streng dich mal ein bisschen an. So kenne ich dich ja gar nicht.« Nie im Leben wären wir darauf gekommen, dass Diabetes Typ 1 dahinterstecken könnte. »Keine Vorgeschichte. Keine Vererbung. Niemand in unserem Umfeld«, sagte Mama. Als Dreifachmama war es für sie entweder die Hitze oder eine »Laune« oder »Sie braucht jetzt echt Ferien. Sie ist durch...«. So fühlte ich mich auch. Und zum Arzt gehen – auf die Idee sind wir wegen ein »bisschen Schlappheit« gar nicht gekommen.

#ersteanzeichen #vorboten #erschöpfung #hättenwirmitmehrwissenandersdeutenkönnen #diabetesawareness #t1dawareness #seediabetes

2019 – Teil 2

Sonnenstich? Puh, diese Hitze und der Durst

Dann kam der Ausflugstag. Fast 40 Grad draußen und wir beschlossen, dass man es nur in den Bergen überhaupt aushalten konnte. Ich war schlapp. Hitze. Klar. Und hatte auch schon ein paar Kilogramm abgenommen, obwohl ich eh schon wenig auf den Rippen hatte. Bisher hatte mein Körper da immer sein eigenes Gleichgewicht gehabt, weshalb uns das nicht weiter beunruhigte. An der Bergstation angekommen, wollten meine Beine auch den kleinen Berg, der noch kam, nicht weiter hochgehen. Ich fing an zu *maulen. War so kaputt. Mama verdrehte die Augen. DIE Gelegenheit für meine Schwester zu sagen: »Ich kann doch mit Nonie hier auf der Hütte bleiben.« Mama hatte keine Lust auf Diskussionen und so hatten wir einen Deal. An einen Abstieg war später nicht zu denken. Ich war soooo schlapp. Alle hielten das für eine Laune, aber irgendwas ließ Mama stutzig werden, denn ich »nörgelte« zu nachhaltig. Sie trug mich letztlich sogar den Weg bis zur Gondel zurück. Unten angekommen dachte Mama, es könnte vielleicht ein Sonnenstich sein. Wir tränkten das blaue Handtuch mit kaltem Wasser für meinen Kopf. Diese blöde Hitzewelle, dachten sich alle. Und ich hatte so viel Durst. Auf Toilette ging ich allerdings noch nicht ständig.*

#ahnungslos #hitzewelle #durst #erschöpfung #hättenwirdasblossgewusst #seediabetes #vorboten #ersteanzeichen #diabetesawareness #t1dawareness

2019 – Teil 3

Doch irgendein Virus und ich wurde immer dünner

Den Montag darauf (eine Woche vor meinem Zusammenbruch) ging ich noch in den Kindergarten. Allerdings sprachen die Erzieherinnen mit meiner Mama, weil ich nichts essen wollte und nur schlapp herumhing. Deshalb blieb ich den Rest der Woche zu Hause, obwohl meine Mama sehr viel Arbeit hatte. Mama wollte sich das genauer ansehen, wie sie meinte, kam aber zu dem Schluss, dass es irgendein KiGa-Virus sein würde, mal wieder, oder ein Infekt, den ich mir womöglich bei meinen derzeit kranken Cousins eingefangen haben könnte. Ich nahm weiter ab. 16 Kilo sind nicht viel für ein sechsjähriges Mädchen, meinte Mama. Und irgendwie wollten auch meine Skinnyhosen nicht mehr halten. Viel hatte ich eh noch nie auf den Rippen und wir kannten das Gewichtsauf und Gewichtsab seit meiner Geburt. Mein Körper hatte da bisher sehr erfolgreich ein mehr oder weniger transparentes Eigenleben geführt.

Dennoch wollte Mama etwas nachhelfen und versorgte mich mit Zucker diverser Art, damit ich wieder zu Kräften kommen konnte. Das Tollste waren die Traubenzucker- und Vitaminlollis. Aber auch die Multivitaminsäfte und ständig Nudeln fand ich klasse. Eigentlich. Aber so richtig hatte ich da gar keine Lust drauf. »Na, da bist du aber wirklich krank, wenn du noch nicht mal das essen möchtest. Immerhin trinkst du ziemlich viel Wasser. Das ist gut!«

Ich verbrachte die Tage im Bett, auf dem Sofa oder, wenn irgend möglich, am liebsten auf einem Schoß zum Kuscheln. Zum Ende der Woche kam dann die Übelkeit hinzu. Also doch Magen-Darm, war die Schlussfolgerung. Nicht auch noch im Sommer … Aber es stand ein Wochenende bei Papa an und dann noch ein letztes Mal vor der Einschulung außerhalb der Ferien eine knappe Woche bei Omi und Opi. Die würden mich schon wieder gesund kriegen, aufpäppeln und ordentlich umtüdeln, meinte Mama. Sie hatte auch echt viel zu tun so kurz vor den Sommerferien, denn sie wollte die Ferien ja freinehmen für uns, und es tat mir so leid, dass ich ihr nun auch noch Sorgen machte.

#diabetesawareness #vorboten #erschöpfung #übelkeit #gewichtsverlust #durst #abgemagert #ahnungslos #ersteanzeichen #t1dawareness #seediabetes

2019 – Teil 4

Dürr und elend, ganz oft auf Toilette und dieser Mundgeruch

Kurz vor dem Wochenende hatte ich dann so richtig Magen-Darm. Mama sagte, ich sei ein Schatten meiner selbst. Ihr Blick war verzweifelt und müde. Ich glaube, sie wusste auch nicht mehr weiter. Eigentlich hätte ich Freitag übers Wochenende zu Papa fahren sollen. Dann kam der Lichtblick: Ich aß Freitagabend einen ganzen Teller Nudeln und übergab mich nicht mehr. Da wirkte Mama schon *glücklicher und Samstag früh holte Papa mich ab. Zwar nur einen Tag, aber so konnte Mama mal wieder durchschnaufen. Mama meinte noch: »Putz dir mal ordentlich die Zähne, du hast irgendwie Mundgeruch.«*

Bei Papa habe ich mich auch nicht übergeben. Aber ich sah dennoch richtig elend aus und so richtig Appetit hatte ich auch nicht. Unglaublich dürr war ich, aber nun konnte es ja nur aufwärts gehen, wo die Magen-Darm-Grippe endlich überstanden war. Aber ich war so unglaublich schlapp auf den Beinen, setzte mich ständig oder legte mich sogar hin. Der Durst wurde auch nicht besser und ich fing an, immerzu auf die Toilette zu müssen. Und alles war so anstrengend, das ganze Leben war einfach viel zu anstrengend gerade.

Als ich Sonntag zurückkam, ging es fast direkt weiter zum Flughafen. Auf zu Omi und Opi und da so richtig auskurieren. Nur noch den Flug schaffen, dann würde alles gut werden.

#diabetesawareness #vorboten #ersteanzeichen #übelkeit #abgemagert #durst #schlappheit #mundgeruch #seediabetes

2019 – Teil 5

Am Abend davor – Das letzte Essen vor meinem Zusammenbruch

Nun ging's los zum Flughafen. Angekommen. Aber ständig setzte ich mich hin. Stehen war so unglaublich anstrengend. Auch die 30 Sekunden im Fahrstuhl setzte ich mich hin. Völlig schlapp und erschöpft. Mama versuchte, mir alles an Nahrung zu organisieren, das mich stärken könnte: Fanta, Pommes, Schnitzel, Ketchup. Ich hatte null Hunger. Aber das, was ich aß, blieb in meinem Bauch und kam

nicht wieder raus. Ein Glück. Noch dieser eine Flug und dann ausruhen und hochgepäppelt werden bei Omi und Opi. Mama nahm mich noch mal so richtig in die Arme und wünschte mir eine schöne Zeit. Für sie ging es weiter nach Hamburg zu einem Geschäftstermin und ich landete direkt in den Armen von meiner Omi und meinem Opi. Schlafen, ich wollte einfach nur schlafen. »Morgen wird alles besser, morgen bin ich wieder o.k., bestimmt«, dachte ich noch und dann war ich weg.
Aber am nächsten Morgen ging das mit dem Übergeben wieder los. Opi erwähnte es zufällig, als er mit Mama telefonierte. Und er schickte ihr ein Foto von mir, schrieb, ich sähe so eingefallen aus. In dem Moment, als Mama das Foto auf ihrem Handy sah, gingen bei ihr alle Alarmglocken an: »STOP. Notfall. Ich muss handeln. JETZT. Mein Kind stirbt. Notaufnahme JETZT.« Mama war in Hamburg, Papa in Frankfurt, mein Bonus-Dad in Japan und meine Schwestern bei Freundinnen in München untergebracht von Sonntag bis Dienstag, solange Mama weg war. Und für mich ging es wahrhaftig um Leben und Tod bei Omi und Opi, die echt tapfer waren und sich so beherzt um mich kümmerten. Sicherlich war es eine der ernstesten Situationen in ihrem langen und auf jeden Fall die ernsteste Situation in meinem noch recht jungen Leben. Wenn Mama daran zurückdenkt, schlägt sie immer die Hände über dem Kopf zusammen und schüttelt ihn ganz traurig und nachdenklich.

#zeitzuhandeln #lebenodertod #zusammenbruch #nurnochhautundknochen #dastimmtwasganzundgarnicht #erschoepft #seediabetes

2019 – Teil 6

Endlich im Krankenhaus

Als Omi und Opi mit mir in der Notaufnahme des Krankenhauses ankamen, war Mama noch in Hamburg und total durcheinander. Omi und Opi riefen sie kurz darauf an und berichteten ihr von der Diagnose: »Sie sagen, es sei Diabetes Typ 1. Der Blutzucker liegt bei über 900 mg/dl (50 mmol/l). Zwölf Stunden später hätte man nach Aussagen der Ärzte nichts mehr tun können für unsere kleine, tapfere Nonie. Sie ist komplett dehydriert. Ihr Zustand ist kritisch.« Stille am anderen Ende der Leitung. Dann sagte Mama leise: »Sie haben bestimmt aus Versehen die Blutproben vertauscht. Das klärt sich sicherlich bald auf. Diabetes Typ 1, das kann einfach nicht sein. Wir haben niemanden in der Familie und das vererbt sich doch, oder? Fehldiagnose, da bin ich mir sicher. Leider hab ich von Diabetes auch überhaupt keine Ahnung, aber nein, das kann einfach nicht sein.« Trotz dieser unklaren Gemengelage waren alle froh, dass ich nun endlich professionelle Hilfe bekam. Aber was die 900 bedeutete, das wusste niemand so richtig. Mama organisierte ein Auto und machte sich sofort auf den Weg zu mir. Alle waren mit der Situation irgendwie überfordert und ich lag da in meinem Bett und verstand überhaupt nichts mehr, außer, dass mir nun wohl endlich geholfen wurde.

#wirwarensoahnungslos #zurueckaufnull #seediabetes

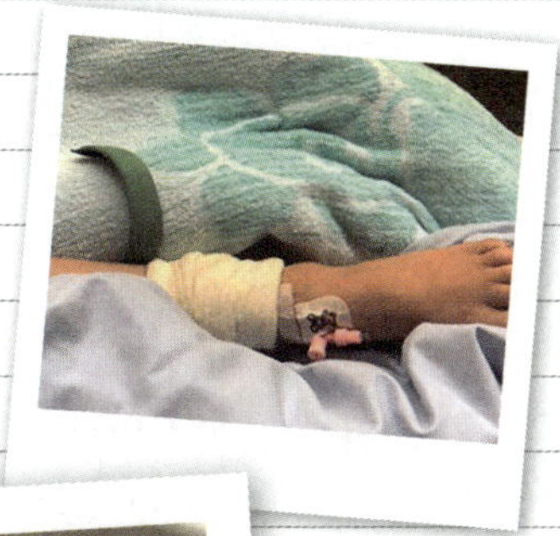

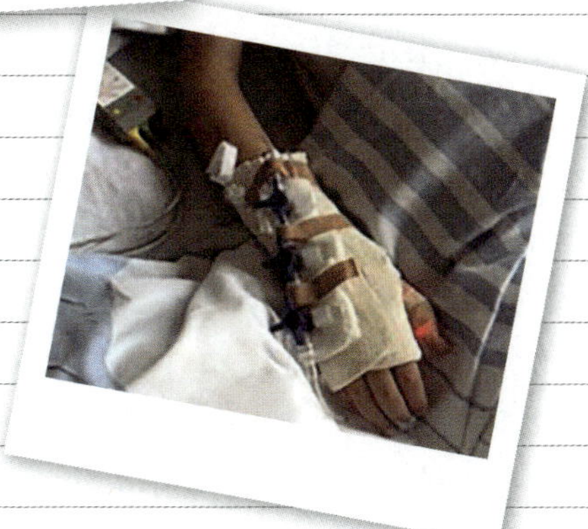

2019 – Teil 7

In unser neues Leben stolpernd

Die Diagnose blieb. Keine Verwechslung. War das nun schlecht oder gut? Ich wusste es nicht. Die ersten beiden Tage auf der Intensivstation in der Kinderklinik Celle waren hart. Aber ich wusste, dass nun alles wieder gut werden würde, jetzt, wo sich alle einig waren, was mir fehlte. Leider durfte ich weder essen noch trinken. Alles kam durch einen Schlauch, dabei war ich so unendlich durstig. Immer, wenn jemand hereinkam, flehte ich um Wasser, einfach nur Wasser. Das war mir in meinem ganzen Leben noch nicht passiert. Ich wollte keine Limo, keinen Saft, sondern einfach nur Wasser.
Nach 24 Stunden durfte ich endlich Wasser trinken. Himmel, tat das gut. Und noch einen Tag später erlaubten mir die Ärzte sogar, Gurke zu essen, und dann begann ich langsam, mich wieder an richtige Mahlzeiten zu gewöhnen.
Dennoch war jetzt plötzlich alles anders. Sie redeten von Insulin und ich konnte nicht einfach so essen, was und wann ich wollte. Sie sprachen und rechneten irgendwas und diskutierten, bevor ich mit dem Essen loslegen durfte. Und ich bekam jedes Mal erst eine Spritze. »Das ist bestimmt nur vorübergehend, das darf einfach nur vorübergehend sein«, sagte ich zu mir und beruhigte mich damit selbst. Wie hätte ich ahnen können, dass es von nun an für immer so sein würde? Ist ja auch ziemlich unvorstellbar, oder?
Mama war sehr damit beschäftigt, dass nun die ganze Familie aus allen Himmelsrichtungen zu mir kommen sollte. Meine Schwestern waren auch echt tapfer, denn sie kamen allein mit

dem Zug aus München. Dabei waren sie erst 11 und 14 Jahre alt. Sie organisierten sich vollkommen selbständig: allein nach Hause ohne einen Erwachsenen vor Ort, allein packen, allein mit den Öffentlichen zum ICE. Platz finden. Gepäck verstauen. Stundenlang Zug fahren. Echt tough. Ich hab sie beide so lieb. Mama befreite meine Schwestern für den Rest der Woche von der Schule. Sie wollte uns alle beieinander haben, damit wir reden konnten, gemeinsam weinen konnten, uns ganz nah sein konnten, alle irgendwie erleichtert und doch komplett verzweifelt und überfordert. So richtig war uns immer noch nicht klar, wie alles weitergehen sollte.
Mama und Papa wollten auf keinen Fall, dass meine Schwestern diese erste, für unser weiteres Leben so ausschlaggebende Woche von uns getrennt waren. Schließlich ging es auch um unser Zusammenleben als Familie, das sich grundlegend ändern würde, sagten sie. Alles neu, alles auf Anfang. Aber was das genau bedeutete mit »alles anders«, war mir zu diesem Zeitpunkt noch vollkommen unklar.

#reset #neustart #wiediezukunftwohlaussieht #seediabetes

2019 – Teil 8

Runter von der Intensivstation

Yippie! Heute durfte ich runter von der Intensivstation und hatte deshalb so ein richtig ehrliches und breites Grinsen im Gesicht. Seit gestern waren auch meine Schwestern da, und als sie sahen, dass ich in meinem Bett durch das Krankenhaus gefahren wurde, waren sie, glaube ich, ein bisschen neidisch. Was für ein Spaß. Wir spielten so gut es ging mit meinem Bett in den Gängen Achterbahn. 🎢 Alles wurde nun einfacher: die Besuche, die Mahlzeiten, die Nächte, weil nicht mehr ständig jemand reinkam und irgendeine Maschine piepte, und ich durfte auch wieder raus. Es war Sommer und wunderbar warm. Himmlisch, oder? Ich verstand allerdings immer noch nur Bahnhof, wenn es um die mysteriösen Berechnungen vor *dem Essen ging, und es war mir auch immer noch schleierhaft, ob das nun ewig so weitergehen sollte. Aber ich sah die Sonne draußen und fühlte die Wärme wieder auf meiner Haut. Und ich war glücklich, dass meine ganze Familie hier war. Sie lachten mit mir und nahmen mich in den Arm. Da war so viel Liebe und das fühlte sich großartig an.*

Ich hörte immer wieder, wie Mama und Papa zusammen mit den Ärzten diskutierten, wie ich denn nun nach München, wo wir wohnten, gebracht werden sollte, hunderte von Kilometern entfernt. War das eigentlich viel? Keine Ahnung. Aber sie würden das schon regeln. So lieb hatte ich sie. Ich spürte ganz doll, wie sie alles dafür taten, dass ich wieder gesund und munter werden würde.

#dankemama #dankepapa #seediabetes

2019 – Teil 9

Schau mal, Skye

Meine Freundin Skye von **@pawpatrol** *half mir anfangs sehr, weil sie mir zuhörte und meine Verwirrung verstand. Sie hatte Geduld mit mir und passte auch nachts auf mich auf, obwohl Mama oder Papa immer bei mir waren. Aber mit Skye an meiner Seite war es eben etwas anderes. Sie brachte mir bei, eine Heldin zu sein und auf mich selbst aufzupassen. Die Zahlen auf meinem neuen Gerät verstand ich allerdings nicht so recht. Je höher, desto besser, oder, Skye? Wir lernten gemeinsam, wie das alles jetzt funktionierte und was es zu tun galt in meinem neuen Alltag. Und wenn mich mein Mut verließ, machte Skye einen ihrer famosen Saltos oder auch gleich zwei oder drei oder so viele, dass ihr ganz schwindelig wurde, und tröstete mich damit auf ihre Art. Danke, Skye, dass Du da warst, als ich Dich am meisten brauchte!*
Und als nächstes wollten wir nun endlich entscheiden, wie ich sicher nach Hause kommen konnte.

#pawpatrol #pawpatrolskye #heroes #helden #zusammenlernen #seediabetes

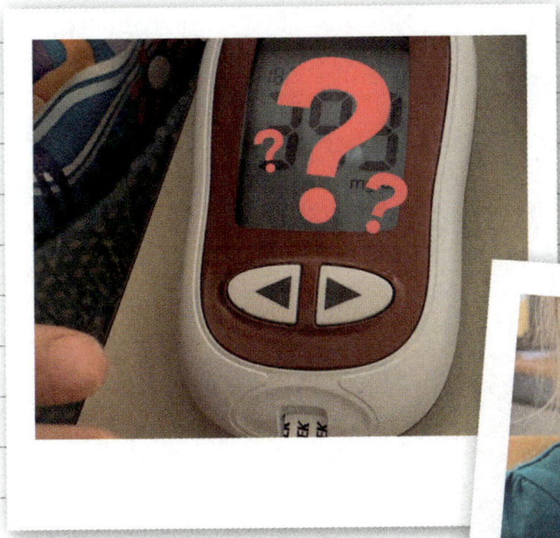

Das ist Skye!

2019 – Teil 10

Let's have fun!

Der Transport zurück nach Hause war jetzt die Hauptsorge meiner Eltern, was ich so mitbekam. Im eigenen Auto durfte ich wohl nicht transportiert werden als Diabetes-Frischling, wenn ich das richtig verstand. Aber warum? Ich war doch nicht mehr krank … Anyways, wie meine Schwestern zu sagen pflegten, das war der Moment, an

dem meine einzigartige Rückreise beschlossen wurde: DER Held von Eschede war der Mann der Stunde. In Eschede gab es einmal einen fürchterlichen Zugunfall. Er war damals vor Ort als leitender Notarzt im Einsatz, also definitiv ein echter Held! Vielleicht der erste echte, den ich in meinem Leben treffen durfte. Habt ihr schon einmal einen echten Superman getroffen? Sein Name ist Ewald Hüls.
Es war ein **#wilderritt** *in meinem eigenen* **#krankenwagen** *durch ganz Deutschland. Ich war stolz wie Bolle. Und immer, wenn wir anhielten, schauten die Leute mit großen Augen fragend zu uns hinüber, um was für einen* **#notfall** *es sich wohl handelte. Und dann, tataaa, ging die Tür auf und ich* **#kleineprinzessin** *stieg happy und entspannt aus. Da haben sich einige sicherlich so richtig gewundert und die Welt nicht mehr verstanden. Was für ein Abenteuer!*
In München angekommen, blieb ich noch ungefähr zehn Tage im Krankenhaus, in der Kinderklinik **#dritterorden**. *Wir lernten Schritt für Schritt, als Familie mit dem Diabetes umzugehen. Auch meine Geschwister erhielten Unterricht in der Klinik und Mama und Papa waren fast durchgehend mit den Ärzten im Gespräch.*
Leider erfuhr ich in jenen Tagen auch, dass ich nicht mehr in meinen geliebten **#kindergarten** *zurückkehren würde, weil es so kurz vor den Sommerferien war. Und danach würde direkt mein nächstes Abenteuer mit dem Namen* **#schule** *starten. Aber ganz anders als ursprünglich geplant.* 😔

Instagram: @klinikumdritterorden
#seediabetes

2019 – Teil 11

Willkommen Elisa

*Meine liebe Elisa,
schon vor meiner Diabetes Typ 1-Diagnose wollte ich Dich unbedingt haben. Und nun, nur ein paar Tage nach meiner Ankunft in München, bist Du bei mir, unglaublich. Danke, dass Du ab jetzt in meinem neuen Leben an meiner Seite bist. Danke, dass Du von nun an meinen ganzen* **#diabeteskram** *für mich trägst und mir eine Freundin bist, einfach da mit Deinem Lachen und Deiner guten Laune. Danke, dass Du bei mir bleibst, auch wenn ich allein bin und manchmal vielleicht ein bisschen traurig, weil ich Dich gerne normales Gepäck tragen lassen würde, normalen Mädelskram. Keine Nadeln, Desinfektion, Pflasterentferner, Schläuche. Einfach mit Dir und normalem Mädelsgepäck mal wieder durch die Welt schlendern möchte. Das wär's.
Danke für Deine Umarmungen in diesen Momenten und dass Du*

mich dann immer mit Deinen großen, süßen Augen anschaust und mir neuen Mut machst. »Wir packen das zusammen«, flüsterst Du dann, sodass nur ich es hören kann.
Aber was kann ich Dir zurückgeben dafür, dass Du Dich so toll um mich kümmerst? Ich kann Dir sagen, dass meine Welt ohne Dich viel weniger bunt wäre und meine Abenteuer nur halb so viel Spaß machen würden. Du hast Dich schon jetzt ganz tief in mein Herz gegraben, meine liebe Elisa **#besterkumpel**. Danke, dass mein Diabetesalltag durch Dich fröhlich wird, denn wenn ich Dich sehe, kommt mir ein Lächeln ins Gesicht und alles wird leichter.

Deine Nonie

#seediabetes #t1dgirl #type1warrior #typ1diabeteskriegerin

Das ist Elisa!

2019 – Teil 12

Eine liebevolle Geste aus dem Kindergarten

Das Ende meiner Kindergartenzeit kam ungeplant und abrupt durch die Diagnose. Eigentlich wollte ich nach meiner Zeit bei Omi und Opi noch mal in den Kindergarten zurückkehren, um Tschüss zu sagen und zu feiern, bevor es dann in die Sommerferien und danach in die Schule ging. Aber stattdessen verließ ich nichts ahnend den Kindergarten, um zu Omi und Opi zu fahren, und kam einfach gar nicht mehr in den Kindergartenalltag zurück. Das machte mich tieftraurig. Ich hatte mich so sehr darauf gefreut, mit meinen Freunden und Freundinnen das Ende meiner Kindergartenzeit ausgiebig zu feiern. Es waren viele schöne Aktionen geplant für die letzten beiden Wochen und wir fieberten schon so lange darauf hin. Soooo unfair!

Die Familien meiner Kindergartenfreunde und -freundinnen verstanden auch gar nicht so richtig, was hier eigentlich gerade passierte, und auch wir waren immer noch überfordert mit der Situation. Diabetes Typ 1 hatte es bisher bei uns in der Gemeinde nicht gegeben, nicht bei einem Kind in meinem Alter. Ich war die erste. Wir spürten ganz viel Herzlichkeit in dieser Zeit vom Kindergarten und von den Eltern. Und das Beste war das Geschenk, was sie sich für mich ausgedacht hatten. Ich dachte, ich guck nicht richtig: Sie hatten an einen bunten Regenschirm Geschenke gehängt. Ich konnte den Schirm kaum tragen. Ich war so glücklich in dem Moment.

Danke an Euch alle nochmals auf diesem Wege für Eure Unterstützung, Eure lieben Gedanken und Eure offenen Herzen.

Mama hat dem Kindergarten und den Kindergarteneltern ein paar Wochen nach der Einschulung einen Dankesbrief geschrieben (Originalwortlaut):

DANKE …

… für Eure beherzte Anteilnahme! Das war eine Riesenfreude für Nonie und hat uns das Herz sehr erwärmt!

Diabetes ist keine Krankheit …

… sondern ein cooler Lifestyle, bei dem man sogar Gummibärchen essen darf!

Wie geht es unserer Nonie?

Sie ist inzwischen fröhlich, unbeschwert, cool und schon ein echter Profi! Tough & voll positiver Energie!

Und wie geht es uns Eltern? Wir tragen ihre Last und sind stark für unsere tolle Kleine! Wir nehmen ihr die Verantwortung ab, lassen sie in ihrem neuen Rahmen ein fröhliches Kind sein mit neuen, coolen Regeln (Nutellabrot abends um 21 Uhr, Fruchtsaft nachts um 3 Uhr, wenn erforderlich essen, wann immer sie Hunger hat, Wurst ohne Brot, ab und an mal Schule schwänzen, Gummibärchen vor dem Sport und nicht hinterher …) ;-). Man kann alles positiv verpacken, wenn man sich anstrengt. Das ist nun unsere Herausforderung und ich glaube, wir sind für den Anfang nach dem ersten Schock ganz gut darin. Und wenn wir alleine sind mit all diesen Veränderungen, dann hadern wir noch mit diesem einschneidenden Schicksal, weinen, trösten uns und stehen wieder auf mit einem Lächeln im Gesicht für unsere kleine, große, tapfere Kriegerin!

#diabetesawareness #diabeteswarrior #diabeteskriegerin

2019 – Teil 13

My Way – Ende

Als ich endlich nach Hause durfte, begann mein neues »Irgendwie weiß ich noch nicht, wie alles wird«-Leben. Wir fingen an, so vieles neu zu denken und anders zu organisieren. Nichts war wie früher. Und da entschied ich, wenn schon, dann auf meine Art – MY WAY! Frech, wild und wunderbar, wie schon **#PippiLangstrumpf** *damals. Ich schnappte mir also Mamas* **#wintermuetze** *mitten im Sommer und stylte mich. Zu verlieren hatte ich ja nichts und alle Blicke waren auf mich gerichtet. Es tat mir gut, zumindest hier*

auszubüxsen und mich nicht an Regeln zu halten. Dabei schaute ich in ganz viele lachende Gesichter. Sie lachten nicht über mich, sondern ich schaffte es, sie mit meinem Outfit aufzumuntern. Und so lachten wir gemeinsam unsere neuen Herausforderungen für einen Moment lang weg. Ein Stückchen Unbeschwertheit. Alle bemühten sich so sehr um mich, kümmerten sich, kuschelten mit mir, waren einfach da. Die Welt war gut zu mir. **#loveintheair** , wohin ich auch blickte.

Ferienzeit. Noch ein bisschen dürr, aber ich kam gerade wieder auf die Beine. MY WAY. Alle ließen mir diese Freiheit, soweit es ging. Zeit für neue Wurzeln in diesem neuen Leben. Neue Eindrücke, neue Fußabdrücke. Zarte Wurzeln waren das anfangs, aber sie wurden genährt, jeden Tag, mit Liebe und Nähe, Rücksicht und Zuversicht, Verständnis, Herzlichkeit und viel Geduld. Und so konnten sie schnell wachsen. »Lasst es mich einfach auf meine Weise machen, auf meine Weise damit klarkommen. Lasst meine Seele ankommen, bitte.« Ihr habt gespürt, was ich ohne Worte sagte. Und Ihr tatet es. Ihr habt mich getröstet, mir meine Fragen beantwortet, sodass ich besser verstand, was eigentlich los war, habt mit mir gekämpft, jeden Tag ein paar Schritte nach vorne zu gehen. Dennoch begriff ich das alles immer noch nicht so ganz. Aber ich war nicht allein. Und da draußen wartete die ganze Welt darauf, von mir entdeckt zu werden, und wollte, dass ich Spaß habe. Also los. Hinein ins nächste Abenteuer. Wir schreiben **#sommer19** – und wie hätte uns zu dem Zeitpunkt auch bewusst sein können, dass da ganz dunkle Wolken noch nicht sichtbar am Himmel auf uns warteten und sich im **#fruehling20** mit voller Wucht auf uns entladen würden, die Welt ertränken würden, wie hätten wir das ahnen können?

#diabetesawareness #t1dalltag #myway #aufmeineweise

ENDE

2

Über dieses Buch

Bähm. Bei meiner Tochter Nonie wurde im Sommer 2019 im Alter von sechs Jahren acht Wochen vor ihrer Einschulung Diabetes Typ 1 diagnostiziert. Komplett dehydriert. Nur noch Haut und Knochen. Zwölf Stunden später hätte man laut der Ärzte nichts mehr für sie tun können.

Notaufnahme.

Intensivstation.

Künstliche Ernährung.

Und »wir Großen« komplett überfordert.

Ein echter Albtraum, denn ich fühlte mich anfangs so gar nicht angesprochen von der Diagnose. »Das kann nur ein Irrtum sein. Es klärt sich bestimmt gleich alles auf, sie werden die Proben verwechselt haben« waren meine ersten Gedanken. »Nein, Irrtum leider ausgeschlossen. Es liegt keine Verwechslung vor« kam als ernüchternde Antwort von den betreuenden Ärzten zurück.

Aber wie kann das sein? Es sind keine Diabetes Typ 1-Fälle in unserer Familie bekannt und es handelt sich doch ganz klar um eine Erbkrankheit, oder etwa nicht? Dazu mehr in Kapitel 3.

Unseren aufreibenden Start in das Leben mit Diabetes Typ 1 kennt ihr ja nun bereits. Gerne hätten wir Nonie zumindest die Intensivstation erspart. Mit einer korrekten Deutung der Symptome im frühen Stadium kann das gelingen. Die Verzögerung des Ausbruchs des T1D sowie ein sanfterer Start, auch psychologisch, in dieses neue Leben ist bei frühzeitigem Befund einer Veranlagung heutzutage bereits möglich.

Was es konkret bedeutet, wenn die Diabetes Typ 1-Diagnose über einen hereinbricht, ist von außen schwer ersichtlich, und so können oftmals nur Eingeweihte einschätzen, was dies für den Alltag der Familien wirklich heißt. Dieses Buch nimmt euch mit hinter die Kulissen und bietet jedem Leser und jeder Leserin die Chance zu sehen, was sonst unsichtbar bleibt.

Eines ist mir wichtig: Es ist kein klassischer Kinder-Diabetes-Ratgeber (Bücher hierzu findet ihr in dem Abschnitt »Weiterführende Literatur« am Ende des Buches). Ich starte vielmehr einen Anlauf, zuckerblutigen Anfänger*innen, Einsteiger*innen und Neugierigen die Tür zur komplexen, turbulenten und ungeplanten Typ-1-Familien-Diabeteswelt anhand von Basiswissen und Alltagseinblicken zu öffnen. Diese Tür, hinter der man von außen betrachtet gar nicht so viel Aufruhr erwartet. Diese Tür, die vielen bisher verschlossen blieb und für deren Öffnung es vielleicht gar keine Notwendigkeit gab in eurem bisherigen Leben. Im Zweifel waren da einfach keine Berührungspunkte mit dem Typ-1-Diabetes, und somit fehlte der Grund, verstehen, lernen und sich hineinfühlen zu wollen. Mir ging es vor der

Diagnose zumindest so. Aber dann tauchte plötzlich vielleicht auch in eurem Leben ein Berührungspunkt auf, durch welche Gegebenheiten auch immer.

Wenn ihr nun mehr erfahren möchtet, den T1D-Familienalltag besser begreifen und euch erstes Wissen aneignen wollt, seid ihr hier ganz richtig.

T1D tanzt sich wild, leicht ausartend und mit gnadenlos schnellem Takt: Rock 'n' Roll, eine Welt voller Höhen und Tiefen, geradezu künstlerischer Akrobatik und Improvisation, mit harten Bandagen und schwindelerregenden Beats. Es ist ein intensiver Ritt, manchmal out of control, ohne Aufwärmphase oder cool down, Ausstieg unmöglich. Und vor allem ist es 24/7 – also *around the Clock.*

Viele vergleichen das T1D-Leben auch mit einer Achterbahn, der Spruch »Du bist mehr als Deine Höhen und Tiefen« ist in der T1D-Welt weit verbreitet.

Warum ist für euch dieser Blick hinter die Kulissen wichtig und wertvoll?

Für euch als Freunde oder Bezugspersonen einer Diabetes-Familie: Unsicherheit, Unwissenheit, die Sorge, Dinge mit falschen Worten und Gesten zu verschlimmern, anstatt zu verbessern, sowie ein Gefühl von Ohnmacht können dazu führen, dass sich das direkte Umfeld von Betroffenen nicht (mehr) herantraut an die eigentlich so lieben und nahestehenden Menschen, wenn diese Schicksalsschläge erleiden. Sei es der Tod, ein Unfall oder die Diagnose einer schweren, vielleicht sogar tödlich verlaufenden Krankheit. Oftmals verstummt das Umfeld, Menschen kapseln sich gegenseitig ab, hilflos und überfordert, obwohl es eigentlich der größte Herzenswunsch ist, ganz nah an die Betroffenen heranzurücken. Und diese sind in der Erstphase oftmals auch ratlos und stricken sich ihr Lebenskonzept erst wieder Schritt für Schritt, sortieren und erfinden sich aus dem entstandenen Chaos heraus neu. Ein Blick hinter die Kulissen ermöglicht es, die Perspektive der T1D-Familie einzunehmen, sich hineinzufühlen in ihre Herausforderungen und Nöte, Bedürfnisse und Anstrengungen. Daraus kann ein tieferes Verständnis wachsen, das Einfühlungsvermögen gestärkt werden und somit vielleicht auch der Nährboden für eine empathische und konstruktive Kommunikation gelegt werden.

Für euch als Familie mit Diabetes Typ 1:
Auch frisch diagnostizierten Familien kann dieser Blick hinter die Kulissen dienlich sein, denn er macht ein wenig vertraut mit dem von nun an ungewollt Alltäglichen. Er zeigt an vielen Stellen, dass frisch Betroffene nicht allein dastehen mit ihren Sorgen, Ängsten, Zweifeln, Nöten und auch ihrer Wut und Überforderung.

Und so ist es zudem auch ein bisschen Mutmachbuch für Einsteiger*innen, aber ohne das lapidare »Wird schon alles wieder gut«. Mein Blick ist positiv: Die Familienautorin Nicola Schmidt vom artgerecht-Projekt nennt es die »Ja-Umgebung«, und ihr werdet in den von mir selbst hier verfassten Zeilen kein einziges »Muss« finden. Ich hoffe, dass ich euch mit dieser »Ja-Umgebung« ein wenig anstecken und euch und eurem Diabetes-Umfeld auf diese Weise Mut machen kann, euren eigenen Weg in dem durch den T1D neu gesteckten Rahmen zu finden. Und bitte vergesst das Leben auf der Suche nach eurem eigenen Weg nicht. Gewissenhaftes Diabetesmanagement ist die eine Seite. Dafür möchte ich euch hier ein paar – hoffentlich hilfreiche – Impulse geben. Dennoch auch einmal für ein paar Stunden abzuschalten in dem

Wissen, dass der Unterzuckeralarm sich schon meldet, wenn Gefahr im Verzug ist, aber ansonsten Herz und Hirn einmal eine Auszeit zu gönnen, ist so wichtig für die Gesamtbalance. Eine Vorbildfunktion für die Kinder zu sein, bedeutet, dass sie sich von euch Gewissenhaftigkeit und Disziplin abschauen dürfen und den Ernst des Ganzen prinzipiell verstehen, aber auch, dass ihr ihnen Möglichkeiten der Entspannung aufzeigt, des Mal-abschalten-Dürfens, des »Mein Leben ist mehr als eine Ansammlung von Werten«.

Dieses Buch gibt Neulingen,
egal ob selbst T1D-Familie oder -Umfeld:

- die wichtigsten Wissensgrundlagen für den Einstieg und für ein generelles Verständnis in Bezug auf den Typ-1-Diabetes,
- einen Blick hinter die Kulissen durch die Gewährung von Alltagseinblicken und auch durch Zutritt hinter die emotionale Fassade,
- positive Impulse und Herangehensweisen als Alternative zu Frust und Negativkommunikation,
- Praxistipps für das Diabetesmanagement im turbulenten Familienalltag und
- Ausführungen und Lösungsvorschläge auch zu komplexeren Zusammenhängen im Täglichen – für Fortgeschrittene.

Zudem zeigt das Buch auf, wie schlagartig und vollkommen unerwartet »normale« Familien zu Betroffenen und somit mit dem »Altes Leben – bye bye!«-Vorschlaghammer konfrontiert werden. Vielleicht ist es auch eher eine Abrissbirne, betrachtet man die Abruptheit, mit der sich hier von einem Tag auf den nächsten das komplette Leben einer gesamten familiären Struktur inklusive des Umfelds ändert.
Beide Seiten, also T1D-Betroffene sowie deren direktes Umfeld, finden durch dieses Buch Unterstützung, denn es erklärt im Stil-

len, ohne dass die Betroffenen selbst verbal von ihrem Umfeld zu Erklärungen aufgefordert werden. Die Weitergabe dieses Buches kann zu einer liebevollen Geste werden, ein Geben und Empfangen, ohne dass es großer Worte bedarf. Denn Worte können anfangs dünnes Eis bedeuten, und niemand ist sich in diesem anfänglichen Stadium der Tiefe des Gewässers bewusst. Es kann zu einer Geste des gegenseitigen Verstehens werden und somit das gegenseitige Verständnis nähren und wachsen lassen.

Als Selbst-Betroffene wünsche ich mir, all den Menschen um uns T1D-Familien herum einen ersten Zugang zu unserer Welt zu gewähren, die sich so plötzlich änderte und uns nun rund um die Uhr beschäftigt, fordert und aus der Puste bringt. Rock 'n' Roll einmal anders, mit *»around the Clock«*-Garantie: Willkommen in unserer Welt!

Mit der Diabetes Typ 1-Diagnose stirbt das bisherige Leben und mit ihm werden oftmals Alltagsgewohnheiten und Zukunftsbilder, die Kopf und Herz erfüllten, über Nacht obsolet. Dessen sind wir uns auf Raten bewusst geworden, als der Nebel des ersten Schocks und der ersten Überforderung sich langsam lichtete. Reisen, Arbeit, Kinderbetreuung, Schule, Familie, Nachwuchs, Hobbies, Ernährung, Sport, Schlaf, Ehe, Versicherungen, Umgang im Freundeskreis etc. – quasi alle Bereiche des Lebens benötigen durch die Diagnose einen Neustart. *»Häufig können Kinder mit Typ-1-Diabetes nicht gleichberechtigt an allen schulischen Veranstaltungen wie Sportveranstaltungen, Schulausflügen und Klassenfahrten teilnehmen.*

Eine Onlineelternbefragung der AGPD aus dem Jahr 2018 belegt dies und zeigt darüber hinaus, dass ein Großteil der Sorgeberechtigten die Berufstätigkeit reduziert oder ganz aufgibt, um die Versorgungslücke des Kindes zu schließen. Das führt zu finanzieller und psychosozialer

Benachteiligung der betroffenen Familien. Der Anteil der Kinder mit Diabetes, die keine Regelschule besuchen, ist alarmierend höher als der Anteil in der Allgemeinbevölkerung.«[1]

Zum Glück gibt es seit nunmehr 100 Jahren eine gute und stetig ansteigende Lebenserwartung durch die verfügbare Insulintherapie: »Mehr als 100.000 Menschen mit Typ-1-Diabetes in Deutschland sind mittlerweile älter als 70 Jahre.«[2] Und die Zeit spricht aufgrund wissenschaftlicher und technologischer Errungenschaften für Menschen mit T1D. Diesbezüglich sind wir demütig und unendlich dankbar zugleich, denn noch **vor gut 100 Jahren bedeutete Diabetes Typ 1 zugleich ein sicheres Todesurteil nach im Schnitt ein bis zwei Jahren.** Zum Thema Insulin komme ich ausführlich in den Kapiteln 3 und 4.

Einmal auferstanden, bezeichnen sich Diabetes Typ 1-Betroffene oftmals als Warrior, also Krieger*innen, Überlebenskämpfer*innen oder mit einer bewusst gewählten Einstellung auch Überlebenskünstler*innen im wahrsten Sinne des Wortes. Denn den Diabetes im Trubel des Alltags zu managen, ist eine echte Kunst.

Die Zeit der Unbeschwertheit, Spontaneität, der Sorglosigkeit endet mit der Diagnose abrupt. Wollte eine Familie kurz vor der Diagnose noch einen Trip durch die USA machen und hatten die Eltern im Anschluss daran geplant, die Kids ein paar Tage bei den Großeltern abzugeben, um Zeit zu zweit zu verbringen, wird dies kurz nach der Diagnose nicht mehr ohne Weiteres möglich sein. Warum, werdet ihr im Verlauf dieses Buches verstehen. Hatte ein Kind Ambitionen, Extremsportler*in zu werden, sind diese nach der Diagnose zwar nicht unmöglich, bedürfen aber einer voll-

---

[1] Aus der »Monatsschrift Kinderheilkunde, Band 168, Heft 4, April 2020«, S.358/359, Korrespondenzadresse PD Dr. Thomas Kapellen, Universitätsklinikum Leipzig. Herausgeber: Springer Medizin Verlag.

[2] Heidi Buchmüller: »Mit der Lebenserwartung steigt die Diabetesrate«. In: www.diabetes-news.de. Abgerufen am 22.04.2022

kommen neuen Herangehensweise, um deren Realisierung zu ermöglichen. Es gibt kein Davor mehr ab Diagnosestellung und auch kein Zurück ins alte Leben – nur noch das neue Leben, das wir nie wollten, in das wir nach der Diagnose über Nacht hineinerwacht sind. Auf einen Schlag waren alle Tagesabläufe anders, fremd und zunächst für Viele angsteinflößend. Wie gerne wären wir erwacht mit der Erleichterung im Herzen »alles ist wie früher«.

Welche Träume tragt ihr im Herzen in Bezug auf die Zukunft eurer Familie und eurer Kinder? Welche Bilder erscheinen, wenn ihr an ihre Zukunft denkt? Wie sehen eure Familienpläne für die nächsten Monate und vielleicht auch Jahre aus? Träumt ruhig ein wenig, nur ein paar Gedanken, nur ein kurzer Film, jetzt, bitte, bevor ihr weiterlest.

Und dann stellt euch den Filmriss vor und seine abrupte Konsequenz. Mein erstes Bild war meine Tochter im Hochzeitskleid, Zucker messend mit Spritze in der Hand und Geräten an ihrem Körper, am schönsten Tag ihres Lebens. Als nächstes fragte ich mich direkt im Anschluss, wie sie das wohl in ihrer Hochzeitsnacht macht. Und dann kamen die Tränen.

Heute, zweieinhalb Jahre später, ist dieses neue Leben auf der Bühne des Alltags oftmals recht bunt. Dennoch kommt es vor, dass auch ich hinausblicke und mich frage, wie alles geworden wäre, hätte uns diese Diagnose vor zweieinhalb Jahren nicht niedergeschmettert und komplett aus unserem bisherigen Lebensformat herausgerissen.

Zum Abschied gehört Trauer. Trauer zulassen ist wichtig. Ich kenne keine Diabetes-Typ-1-Familie, die nicht durch ein Tal der Tränen gegangen ist. Dann ist da die Wut, die Verzweiflung, der

Versuch, alles zu ignorieren und zu verdrängen.[3] Letztlich sitzt der Diabetes am längeren Hebel. Sich ihm zu fügen, ist vielleicht der erste Schritt, aus dem Tal hinauszukriechen. Nicht mehr gegen ihn ankämpfen, denn er ist da und wird es bleiben. Sich arrangieren, heißt die Zauberformel. Nur will man das am Anfang so gar nicht hören. Es braucht Zeit, ihn zu akzeptieren und sich zu arrangieren, viel Zeit.

Es gibt gute Tage, an denen wir fast unbeschwert leben, und der Diabetes lebt mit uns, wie im besten Fall neckische Sommersprossen, irgendwie da, unverkennbar, aber ohne Wertung, ohne Einfluss auf unser Gemüt. Und dann kommen wieder dunkle Tage, an denen wir zweifeln, überfordert und allein sind hinter der Bühne, und der Diabetes übermächtig mit einem höhnischen Lachen über uns steht und »Ich krieg Dich doch, Du kannst mich nicht ignorieren« in sein Mikrofon brüllt.

Warum gleich zu Beginn so ernste Worte ganz ohne Vorankündigung? Weil auch wir genau so abrupt hineingeworfen wurden in dieses neue Leben. Es geht mir darum, dies greifbar zu machen.

Hinter den Kulissen der Bühnen dieser Welt fallen die Fassaden, die Hüllen, die Masken. Besucher*innen werden still, folgen der Einladung, zum Teil gar ein wenig ehrfürchtig, nehmen wahr, inhalieren das, was sie sonst nicht zu sehen bekommen. Sie verbinden sich mit den Akteur*innen, mit den Künstler*innen, oftmals voller Respekt, wenn sie in deren Sphäre eintauchen dürfen.

---

[3] Kathy Dalinger: »Annehmen der Diagnose Diabetes Typ 1 – die 5 Phasen der Akzeptanz«. In: www.kinder-mit-typ1-diabetes.net. Abgerufen am 22.04.2022

Danke allen Diabetes-Krieger*innen und -Held*innen da draußen für eure Kraft, euren Mut, eure Stärke und Tapferkeit, jeden Tag aufs Neue die Sonne in eure Herzen zu lassen und euer Strahlen zu teilen mit denen, die gerade einen dunklen Tag erwischt haben.

Danke allen Einsteiger*innen, dass ihr euch auf dieses Buch einlasst, um besser zu verstehen, wie unsere Welt tickt, was sie so turbulent macht, danke, dass ihr zuhören, verstehen, lernen und helfen möchtet.

So, jetzt aber los: *Let's rock*, und zwar *around the Clock*.

Technik-Disclaimer:

Unsere kleine Diabeteskriegerin verwendet die *Accu-Chek Combo* Insulinpumpe, das Insulin *NovoRapid* und das *Dexcom G6* CGM System (Sensor). Vieles, was ich erzähle, basiert also auf Alltagserfahrungen mit eben diesen Geräten. Wir empfehlen diese Geräte nicht ausdrücklich und haben keine Kooperation mit den Firmen, es sind einfach die Geräte, für die wir uns direkt nach der Diagnose entschieden haben. Die Ausführungen dieses Buches lassen sich nicht in jeglichen Belangen, aber weitestgehend übertragen auf andere Formen des Diabetesmanagements.

3

Wichtige Basics und ein Hauch Statistik

Es geht um Zucker! Richtig! Diabetes mellitus ist im Volksmund auch bekannt als die »Zuckerkrankheit«, ein Begriff übrigens, den meine Tochter gar nicht schön findet, denn er impliziert, lebenslang krank zu sein. *»Der Begriff ›Diabetes‹ leitet sich aus dem Griechischen ab und steht für ›hindurchfließen‹, das lateinische Wort ›mellitus‹ bedeutet ›honigsüß‹. Zusammen beschreiben sie das Krankheitszeichen, an dem Diabetes bereits in der Antike erkannt wurde: eine vermehrte Ausscheidung von Zucker im Urin.«*[4]

Um damals herauszufinden, ob jemand zuckerkrank war, tauchten Mediziner ihren Finger in den frischen Urin des Kranken und leckten daran, um festzustellen, ob er nach Zucker schmeckte.

Aber Diabetes ist nicht gleich Diabetes. Der Typ 1 ist der im Volksmund »schlimme« Typ, der, der im Vorfeld nichts mit Ernährung, Bewegung und gesunder Lebensweise zu tun hat. Es ist der, bei dem der Körper ein Leben lang Insulin von außen, in gespritzter Form via z. B. Pen oder Pumpe, bekommt, und das mehrfach täglich zu kohlenhydrathaltigen Mahlzeiten und oftmals auch darum herum.

[4] »Diabetes mellitus«. In: www.internisten-im-netz.de. Abgerufen am 22.04.2022

Vererbung scheint eine Rolle zu spielen, und bei Familien mit autoimmuner Vorgeschichte ist das Risiko einer Erkrankung grundsätzlich erhöht, dennoch sind die Prozentzahlen insgesamt gesehen als Anteil an den Diagnosen eher gering.[5]

Oft gibt es keine bekannte Vorgeschichte in Richtung Diabetes Typ 1 in der eigenen Familie. Wenn doch, sind die Betroffenen in der Regel bereits auf einen eventuellen Ausbruch des T1D bei ihrem Kind sensibilisiert und sehr wachsam bezüglich der Symptome. Dennoch trifft auch sie die T1D-Diagnose eines ihrer Kinder hart, nur konnten sie sich bereits gedanklich darauf vorbereiten. Das Leben mit dieser jahrelangen Ungewissheit ist aber sicherlich auch kein leichtes. Oft bleiben Familien mit einer T1D-Vorgeschichte allerdings zumindest die Intensivstation und der gnadenlose Erstaufprall erspart.

Sätze wie »Aber Dein Kind ist doch gar nicht dick«, »Ach so, Diabetes, dann ist es ja nicht so schlimm« plus eventuell noch ein schneller Bodyscan mit den Augen oder »Bei Euch wieder alles gut? Alles eine Einstellungssache, oder? Wirken die Tabletten? Weil Du ja (schon) wieder Zucker isst …« helfen überhaupt nicht und decken erst auf, wie wenig Allgemeinwissen zum Thema Diabetes herrscht. Leider hat man Typ 1 und 2 denselben Wortstamm verpasst. Aus diesem Grund werden die vorhandenen Erfahrungen und Kenntnisse rund um den sogenannten Altersdiabetes, Typ 2 – der übrigens inzwischen auch immer häufiger bei jungen Menschen auftritt, also der Typ, den man oft mit Bewegung, Ernährung, Lebensstil und Tabletten beeinflussen kann – von der Bevölkerung wider besseren Wissens einfach auch dem Typ 1 übergestülpt. Wenn in der überzogenen Wahrnehmung der Bevölkerung stark

[5] »Typ-1-Diabetes«. In: www.diabetes-deutschland.de. Abgerufen am 22.04.2022; Anne-Bärbel Köhle: »Diabetes: Ist mein Kind gefährdet?«. In: www.apotheken-umschau.de. Abgerufen am 22.04.2022

pauschalisiert übergewichtige, Süßigkeiten essende Menschen, die sich nicht bewegen, krank werden, dann sind sie eben selbst schuld. Und wenn das Kindern passiert, na, dann liegt doch auf der Hand, dass die Eltern ja so einiges falsch gemacht haben in ihrer Erziehung. Warum kriegen die überhaupt Kinder? Unverantwortlich. Und so weiter.

NEIN, STOP!

»Diabetes mellitus Typ 1 ist eine Autoimmunerkrankung, bei der Betroffene kein oder kaum Insulin produzieren. Er entsteht, wenn das körpereigene Immunsystem, das in erster Linie der Abwehr krankmachender Keime dient, sich gegen die Insulin produzierenden Beta-Zellen der Bauchspeicheldrüse richtet und sie zerstört. In der Folge kommt es oft sehr schnell zum Ausbleiben der Insulinproduktion.

Das Hormon Insulin hat die Aufgabe, den mit der Nahrung aufgenommenen Zucker aus dem Blut in die Zellen zu schleusen. Die brauchen ihn, um Energie zu gewinnen. Bei einem Insulinmangel sammelt sich der Zucker im Blut an: Der Blutzuckerspiegel steigt.«[6]

Insulin kann man also vereinfacht und bildlich gesprochen als Schlüssel bezeichnen, der dem Zucker die Zellen aufschließt. Beim Typ 1 liegt ein absoluter Insulinmangel vor,[7] d. h., es wird in der Regel kein Insulin mehr produziert. Beim Typ 2 spricht man von einem relativen Insulinmangel, d. h., dass die Bauchspeicheldrüse noch Insulin herstellt, dieses aber dennoch nicht für eine ausreichende Versorgung der Zellen genügt. Warum? Die Körperzellen verlieren die Empfindlichkeit für das Hormon Insulin, können es trotz seines Vorhanden-

---

[6] »Diabetes mellitus Typ 1«. In: www.apotheken-umschau.de. Abgerufen am 22.04.2022

[7] »Was ist Diabetes Typ 1?«. In: www.diabetesde.org. Abgerufen am 22.04.2022

seins also nicht mehr ausreichend aufnehmen (sog. Insulinresistenz). Die Bauchspeicheldrüse versucht dies auszugleichen, indem sie immer mehr Insulin ausschüttet. Doch trotz erhöhten Insulinspiegels gelangt immer weniger Zucker in die Körperzellen.[8]

Tabletten helfen nur beim Typ-2-Diabetes und senken über verschiedene Wirkmechanismen den Blutzuckerspiegel.[9]

Beim Typ 1 hilft nur das Spritzen von Insulin, engmaschig und sehr diszipliniert mit viel Kalkül, Denkarbeit und wachsender Erfahrung, ein Leben lang, mehrfach täglich zum Essen und auch drum herum, wenn notwendig. Von einer streng kohlenhydratarmen Ernährung bzw. sogar ketogenen Ernährung, also komplett ohne Kohlenhydrate, wird im Sinne einer ausgewogenen Ernährung, die auch gerade die Entwicklung von Kindern fördert, in der Fachwelt weitestgehend abgeraten. Dennoch gibt es zu diesem Thema kontroverse Sichtweisen und Diskussionen.[10]

Ein Diabetes Typ 1 entwickelt sich oft schleichend, lautlos, über Monate oder Jahre und lange Zeit ohne nach außen sichtbare, auffällige Symptome. Im Rahmen von Initiativen und Studien wie »Fr1da« und Co (siehe Kapitel 15) können Eltern seit ein paar Jahren ihre Kinder einer Früherkennungsuntersuchung unterziehen.[11] Bayern war hier Vorreiter. Das Thema ist wohl leider im Rahmen unseres Umzugs nach Bayern in Nonies Kleinkindphase an uns vorbeigegangen. Und ich weiß ehrlich gesagt auch nicht, ob ich von mir aus darauf angesprungen wäre, so ganz ohne familiäre Vor-

---

[8] »Was ist Diabetes Typ 2?«. In: www.diabetesde.org. Abgerufen am 22.04.2022

[9] Constanze Löffler: »Tabletten gegen Diabetes - Schlucken statt spritzen«. In: www.stern.de. Abgerufen am 22.04.2022

[10] Rüdiger Meyer: »Diabetes Typ 1: Strenge kohlenhydratarme Diät verbessert HbA 1c -Werte«. In: www.aerzteblatt.de. Abgerufen am 22.04.2022;
Dexcom Redaktion: »Ran an den Speck! Abnehmen mit Typ-1-Diabetes«. In: www.dexcom-community.de. Abgerufen am 22.04.2022

[11] »Fr1da«-Studie in Bayern: »Früherkennungs-Screening des Diabetes Typ 1 bei Kindern«. In: www.ernaehrungs-umschau.de. Abgerufen am 22.04.2022

geschichte. Dabei ist es nur ein kleiner Fingerpiks für etwas Blut, welches man für die Untersuchung benötigt. Heute würde ich es jedem empfehlen.

T1D ist die häufigste Stoffwechselerkrankung bei Kindern und Jugendlichen heutzutage. Das heißt allerdings nicht, dass sie absolut gesehen häufig ist. Ca. 341.000 Menschen in Deutschland haben T1D, der Rest der 8 Millionen Menschen mit Diabetes hat meist Typ 2. Es gibt allerdings noch ein paar mehr Typen des Diabetes, z. B. den Schwangerschaftsdiabetes und weitere seltene Sonderformen.[12]

Unter den 341.000 T1Dlern befinden sich ca. 32.000 Kinder und Jugendliche unter 18 Jahren, also bei ungefähr 14 Millionen Kindern in Deutschland hat ca. ein Kind von 500 T1D.[13]

Das ist zu wenig, um auf selbstverständliche Weise ein erstes Allgemeinwissen zu diesem Typ aufzubauen. Meist kennt man schlichtweg niemanden mit Typ-1-Diagnose im Umfeld. Was also bleibt, ist das angeeignete Halbwissen zu Typ 2, denn bei gut 7,5 Millionen Betroffenen in Deutschland hat man dazu schon eher etwas in seinem direkten Umfeld aufgeschnappt. Und genau hier liegt das Dilemma. Zudem fehlt immer wieder die Präzisierung von Typ 1 und 2 in den Ausführungen, zum Teil sogar in den Ausführungen fachlicher Natur, mehr dazu in Kapitel 7, »Irrtümer, Vorurteile und dummes Zeug«.

Ich möchte euch an dieser Stelle mit etwas Diabetes-Einmaleins unsere Sprache ein wenig näherbringen, um bei Bedarf mitreden zu können und nicht nur Bahnhof zu verstehen. Hier nun also ein paar

---

[12] »Formen des Diabetes«. In: www.zuckerkrank.de. Abgerufen am 22.04.2022

[13] DDG: Deutscher Gesundheitsbericht Diabetes 2021, S.130, Verlag Kirchheim+Co GmbH; »Diabetes in Zahlen«. In: www.diabetesde.org. Abgerufen am 22.04.2022

erste Vokabeln sowie die dazugehörigen Erläuterungen für euren Einstieg in die Materie. Normalerweise findet sich derartiges Glossar am Ende eines Buches. Das ist mir bewusst. Allerdings erscheint es mir erforderlich für den weiteren Verlauf der Lektüre, dass diese Begriffe hier allen Leser*innen anfangs zugänglich gemacht werden. Nennen wir es die gemeinsame Basis für das weitere Verständnis:

Maßeinheiten:

Die Blutzuckerwerte können in mg/dl oder mmol/l angegeben werden. *»Während sie in Westdeutschland üblicherweise in Milligramm pro Deziliter gemessen und angegeben werden, ist in Ostdeutschland und in vielen Kliniken bundesweit die internationale Maßeinheit Millimol pro Liter gebräuchlich.«*[14] Mehr dazu, eine Umrechnungshilfe sowie eine Tabelle zum Nachschlagen findet ihr hier:
https://www.diabsite.de/diabetes/labor/umrechnung.html

Am Ende des Buches findet ihr die Umrechnungstabelle nochmals. *»Die Angabe mg/dl bezieht sich auf das Gewicht der gelösten Zuckerteilchen pro Volumen. Dagegen berechnet die Angabe mmol/l die Anzahl der Teilchen, also die Stoffmenge, pro Volumen.«*[15]

Im Sprachgebrauch werden die Einheiten in der Regel weggelassen, was auch ich ab dem Absatz »Time in Range« der Einfachheit halber tun werde. Die erstgenannte Zahl bezieht sich hier im Buch grundsätzlich auf die mg/dl-Angabe, die Zahl in Klammern auf die mmol/l-Angabe. Bei uns zu Hause wird die Maßeinheit mg/dl verwendet. Abbildungen, Fotos und Screenshots in diesem Buch, die Blutzuckerwerte oder Blutzuckerkurven zeigen, stellen diese folglich in der Maßeinheit mg/dl dar.

[14] »Umrechnung der Blutzuckerwerte bei Diabetes«. In: www.diabsite.de. Abgerufen am 22.04.2022

[15] »Blutzucker-Maßeinheiten«. In: www.apotheken-umschau.de. Abgerufen am 22.04.2022

Im Korridor sein bzw. im Zielbereich sein:

Ungefähr zwischen 80 mg/dl (4,4 mmol/l) und 160 mg/dl (8,9 mmol/l) bewegt sich der Blutzuckerspiegel eines nicht an Diabetes erkrankten Menschen.[16]

Das ist auch für Diabetiker*innen der Zielkorridor, der oftmals aber eben nur mit medikamentöser Unterstützung, im Fall Typ 1 in Form von gespritztem Insulin, erreicht und gehalten werden kann. Neuere Empfehlungen sprechen von 70-180 mg/dl (3,9-10,0 mmol/l) als Zielkorridor für Diabetiker*innen.[17]

120 mg/dl (6,7 mmol/l) ist hierbei oftmals der angepeilte Durchschnitts- und Idealwert. Vor dem Essen liegt der Wert idealerweise im hohen zweistelligen Bereich (zwischen 4,4 und 5,5 mmol/l), nach dem Essen in der Regel über 120 mg/dl (6,7 mmol/l), sofern man Kohlenhydrate aufnimmt.

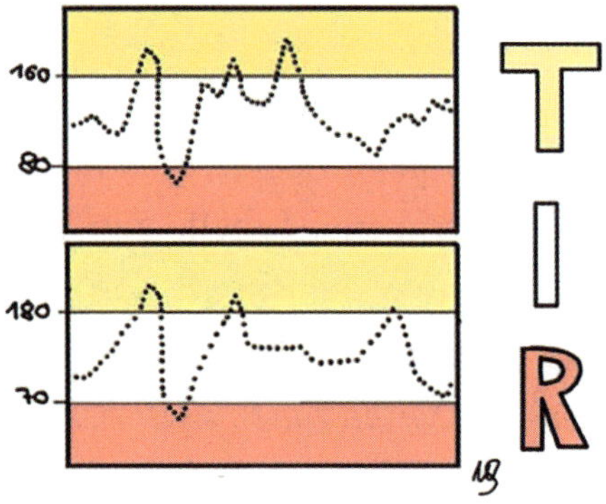

Time in Range:

Die Time in Range (TIR) ist die Zeit im Korridor bzw. Zeit im Zielbereich. Mit einer Insulinpumpe sagt man, sollte diese Zeit mindestens 70% betragen, ohne Pumpe bei Kindern mindestens 60%. Als ich dies das erste Mal hörte, dachte ich: »Easy. Alle, die das nicht schaffen, haben es eben nicht drauf. Kinderspiel.« Aber: Ich krieche demütig zu Kreuze. Es ist so viel komplexer und schwieriger, als ich dachte … Der Korridor scheint komfortabel, bedenkt man jedoch,

[16] »Blutzuckerwerte – was ist normal?«. In: www.gesund-vital.de. Abgerufen am 22.04.2022

[17] Thomas Dalle, Olga Kordonouri et al: »Time in Range: Ein neuer Parameter – komplementär zum HbA 1c«. In www.aerzteblatt.de. Abgerufen am 22.04.2022

dass 10 Minuten Trampolinspringen für ein Kind einen Sinkflug von 240 auf 60 (13,3 auf 3,3) bedeuten kann oder andersherum einmal Spritzen vergessen den Wert von 80 (4,4) auf über 400 (22,2) schießen lassen kann innerhalb von 30 Minuten, dann ist dieser so komfortabel aussehende Korridor nur ein dünner Grat zwischen einem mächtigen Abgrund und einem riesigen Felsbrocken, den zu treffen nicht immer einfach ist!

HbA1c:

HbA1c[18] ist die Abkürzung für Hämoglobin A1c. »Hb« steht für »Hämoglobin«, den Farbstoff in den roten Blutkörperchen. »A1c« ist eine blutzuckerbindende Eiweißkette. Hämoglobin A1c ist also der »verzuckerte« Anteil des roten Blutfarbstoffs. Der HbA1c-Wert sagt in Prozent aus, wie viel Blutzucker sich in den letzten zwei bis drei Monaten an die roten Blutkörperchen gebunden hat. Deshalb ist er vor allem für Menschen mit Diabetes von Bedeutung.

Ein HbA1c über 6,5% gilt außerdem als Diagnose für Diabetes mellitus. Je niedriger der HbA1c-Wert, desto besser ist ein Mensch mit Diabetes eingestellt: Ein Wert unter sechs Prozent ist hervorragend. Bei sechs bis sieben Prozent ist die Einstellung gut bis ausreichend. Acht bis zehn Prozent sind hingegen schlecht. Sehr schlecht eingestellte Diabetiker*innen können Werte von 15 Prozent und höher erreichen. Ist der HbA1c-Wert dauerhaft erhöht, können beispielsweise Schäden an Augen, Nerven oder Nieren folgen. Typ-1-Diabetiker*innen sollten den Wert ein- bis zweimal pro Quartal zur Kontrolle und Diskussion mit dem behandelnden Ärzteteam messen lassen.

Aber Achtung: Da sich der HbA1c aus einem Durchschnitt bildet, »erkauft« sich der eine oder die andere einen guten Mittelwert durch vermehrte Unterzucker, die die zu hohen Blutzuckerwerte ausgleichen.

[18] »HbA1c«. In: www.diabetesde.org. Abgerufen am 22.04.2022

Davon ist abzuraten, denn Unterzucker sind sehr belastend für den Körper. Die eben beschriebene TIR ist der inzwischen häufiger genutzte Richtwert, denn es gilt, große Schwankungen nach oben und unten möglichst zu vermeiden.[19]

So haben z. B. zwei Personen, die eine mit einem Wert von 50 (2,8) und einem zweiten von 190 (10,5), die zweite mit einem Wert von 90 (5,0) und einem zweiten Wert von 150 (8,3), beide den gleichen HbA1cWert, da beide Male der Durchschnitt bei 120 (6,7) liegt. Die zweite Person lebt allerdings auf deutlich gesünderem Fuß, da die Schwankung geringer ist.

Blutzuckermessung:

- Blutig messen: Dies bedeutet, sich in den Finger zu stechen, das Blut auf einen Teststreifen zu geben und mit einem Zuckermessgerät auszuwerten. Typ-1-Diabetes-Kinder, die mit dieser Methode den Blutzucker bestimmen, messen in der Regel vor jedem Essen, rund um Aktivitäten, wenn sie sich »komisch« fühlen, zur Nacht, in der Nacht zur Kontrolle bzw. präventiv. Diese Aufzählung ist nicht abschließend. Es kommen also locker 5–15 Messungen pro Tag zusammen. Und jedes Mal wird in die Fingerkuppe gepikst. Dabei versucht man, nur die Finger zu benutzen, die nicht so häufig gebraucht werden, also Mittel-, Ring- und den kleinen Finger, und bei diesen auch möglichst nicht mittig auf die Fingerkuppe zu stechen, da hier am häufigsten Berührung mit dem jeweiligen Finger stattfindet. Blutigmessungen für den Hausgebrauch gibt es erst seit den 1990er Jahren. Vorher waren die Geräte, in

[19] Ein Vergleich zweier Patienten mit ähnlichem HbA1c aber stark differierender TIR findet sich z. B. in der »Monatsschrift Kinderheilkunde, Band 168, Heft 1, Januar 2020«, S.57/58, Korrespondenzadresse Prof. Dr. Thomas Danne, AUF DER BULT Hannover. Herausgeber: Springer Medizin Verlag.

Deutschland z. B. mit ca. 500 DM (ca. 250 €), einfach viel zu teuer. Auch die Genauigkeit wurde diskutiert und ob es überhaupt ratsam sei, dass Patient*innen zu Hause eigenständig ihren Blutzucker bestimmen.[20]

- CGM Systeme (Continuous Glucose Monitoring), z. B. über Sensoren, die auf der Haut kleben, messen durch unter die Haut »geschossene« Sensorfäden den Gewebezucker im Unterhautfettgewebe. Sie stellen die jüngste Entwicklung im Bereich der invasiven, also eindringenden, Messverfahren für Menschen mit Diabetes dar. Die daraus resultierenden Kurven werden auf Displays, z. B. in Form einer Smartphone-App, sichtbar gemacht. Damit ersparen sich Diabetiker*innen das ständige Gepikse. *Dexcom* erhielt die erste Zulassung für ein derartiges Monitoring System 2006.[21] *Abbott* mit dem *Freestyle Libre* folgte 2008.[22]

Die Sensoren halten mehrere Tage, bei uns sind es z. B. zehn, wenn alles gut geht mit dem Sensor. Zudem macht die aus den Werten resultierende Kurve den Blutzucker nicht nur punktuell, sondern kontinuierlich sichtbar, eine Transparenz, die für Diabetiker*innen bahnbrechend ist, uns aber auch immer wieder staunen lässt, wie schnell es zu Schwankungen kommt. Oftmals sind diese unvorhersehbar und geben uns das Gefühl, wir bräuchten erst eine abgeschlossene Doktorarbeit, bevor wir die Zusammenhänge in ihrer Gänze erfassen und erklären können. Manchmal hilft nur, ungeklärt abhaken – neuer Tag, neue Chance, neues Glück.

[20] »Blutzuckermessgerät«. In: www.de.wikipedia.org. Abgerufen am 22.04.2022

[21] »Dexcom«. In: www.de.wikipedia.org. Abgerufen am 22.04.2022

[22] »Blutzuckermessgerät«. In: www.de.wikipedia.org. Abgerufen am 22.04.2022

BEs, K(H)Es und IEs bzw. Us:

BEs sind Broteinheiten und decken auf, wie viele Einheiten Kohlenhydrate in Mahlzeiten stecken. Da die Umrechnung hier allerdings nicht leicht ist, wird heute in der Regel mit KEs bzw. KHEs, Kohlenhydrateinheiten, gerechnet. 10 g Kohlenhydrate entsprechen 1 KHE, bei den BE sind es 12 g, was wesentlich umständlicher zu rechnen ist. Eine Umrechnung mit 10 g Kohlenhydrate pro Einheit können viele gut im Kopf rechnen. Sogar ältere Grundschulkinder können das bereits schaffen.

Wir hier zu Hause nennen sie KEs, das ist kürzer als KHEs. KEs brauchen wir, um die Insulineinheiten (IE bzw. aus dem Englischen »Unit«, also U) zu bestimmen, die dann über eine Spritze, einen Pen oder eine Pumpe in den Körper gespritzt werden. Je nach Tageszeit, Gesundheit, Aktivität, hormonellen Schwankungen im Körper etc., die Liste ist sehr lang, benötigen Diabetiker*innen für dieselbe Menge KEs unterschiedliche Mengen an Insulin – eine Wissenschaft für sich.

Die Fernbedienung unserer Pumpe, die gleichzeitig im Bedarfsfall als Blutzuckermessgerät dient, berechnet nach Eingabe der KEs diese IEs selbständig anhand von individuellen Programmierungen, das ist eine große Hilfe. Bei manchen neueren Pumpenmodellen ist es heutzutage sogar schon möglich, lediglich die Kohlenhydrate einzugeben, was das Ganze noch um einen Schritt erleichtert, und die Pumpe berechnet daraus eigenständig die IEs. Ich weiß noch, wie wir anfangs in der Klinik in der Eingewöhnungsphase alles von Grund auf inkl. der IE-Bestimmung per Hand ausrechnen sollten, um den Prozess zu verstehen. Das war sicherlich lehrreich, fühlte sich allerdings aufwendig und fehleranfällig an. Und zu der Zeit verstanden wir sowieso nur Bahnhof.

Wichtig in diesem Rahmen ist für euch anfangs hauptsächlich, dass es einen Unterschied zwischen K(H)Es, BEs und IEs (Us)

gibt. Es sind also keine Synonyme. Auch uns passiert manchmal noch der Fehler, dass die Begriffe aus Versehen verwechselt werden und auch wir somit eine falsche Eingabe tätigen, was schnell zu Entgleisungen des Zuckerwertes führt.

Insulingabe:

- Spritze/Pen: Insulin kann mit einer ganz normalen Aufziehspritze in das Unterhautfettgewebe gespritzt werden. Häufig wird lieber ein sogenannter Pen verwendet. Dieser sieht aus wie ein großer Kugelschreiber, auf dessen Spitze eine Nadel sitzt. Er enthält, wie bei einem Füllfederhalter, Insulin. Bei T1D spritzen wir ca. 3–15 mal pro Tag Insulin.
- Pumpe: Eine Insulinpumpe wird am Körper getragen, z. B. über Gurte oder einen Clip, oder – bei den schlauchlosen Pumpen (auch Pods genannt) – direkt aufgeklebt. Ein angeschlossener Katheter führt über eine Nadel in den Körper und versorgt ihn nach Bedarf mit Insulin. Die benötigten Kohlenhydrate, KEs oder IEs werden in die Pumpe direkt oder über eine Fernbedienung eingegeben und die Pumpe gibt das Insulin dann ab. Katheter werden alle 2–3 Tage gewechselt, weil dann in der Regel die Abwehrreaktion des Körpers gegen den Fremdkörper stärker wird. Die Hautstelle »funktioniert« nicht mehr. Eine Insulinpumpe hat das Ziel, das täglich mehrfache, manuelle Piksen mit Spritze oder Pen zu vermeiden.

Langsame und schnelle KEs:

KEs kennt ihr nun schon, yippie! Schnelle KEs sind einfache Kohlenhydrate wie z. B. Traubenzucker, Fruchtzucker in vor allem süßem Obst bzw. Säften oder Weingummis. Sie wirken schnell, lassen den Blutzucker also schnell ansteigen, weil der Zucker aus dem jeweiligen Nahrungsmittel schnell verdaut wird und in die Blutbahn gelangt. Langsame KEs sind komplexe Kohlenhydrate, z. B. in Vollkornprodukten, aber auch Schokoriegeln etc. Hier wird der enthaltene Zucker durch andere Anteile, z. B. Fett oder Ballaststoffe, in der Nahrung daran gehindert, schnell ins Blut zu gelangen.

Besonders die schnellen KEs benutzt man bei niedrigem Zucker oder Unterzucker, um die Blutzuckerwerte zügig wieder zu stabilisieren. Langsame KEs helfen, den Blutzucker z. B. bei erhöhter Aktivität über Stunden konstant zu halten.

Denken wir einmal an eine vierstündige Sonntagswanderung. Da kann es, je nach bevorstehender Anstrengung, helfen – gesetzt den Fall, dass der Ausgangsblutzucker bei Start im höheren grünen Bereich liegt – dem Kind im Vorfeld ungespritzt ein Vollkornbrot zu essen zu geben oder einen Müsliriegel. Wenn es nach dem Kind geht, zumindest nach unserem, würden die Augen bei einem Schokoriegel noch mehr leuchten. Auch dieser wäre eine Option für langsame KEs.

Von der Wirkung her wird nun über Stunden aufgrund der Tatsache, dass die komplexen KEs nur langsam ins Blut gelangen, der Blutzucker beeinflusst und im Idealfall stabilisiert. Die erhöhte sportliche Aktivität verbraucht mehr Zucker als eine alltägliche Durchschnittsaktivität, da die Muskeln mehr beansprucht werden, deren Energiequelle oftmals Kohlenhydrate sind. Der Riegel versorgt also quasi die stärker geforderten Muskeln über eine längere Zeit und kann auf diese Weise den Blutzuckerspiegel konstant halten, wenn die Rechnung aufgeht.

Achtung: Die Stoffwechselprozesse im Körper sind sehr individuell, ich habe hier nur ein theoretisches Beispiel zur Veranschaulichung gewählt.

Basalrate:
Der menschliche Körper hat unabhängig von der Nahrungsaufnahme einen Grundbedarf an Insulin. Dieses wird von der Bauchspeicheldrüse individuell 24/7 abgegeben, ohne dass wir es bemerken. Da Typ-1-Diabetiker*innen dies nicht können, braucht der Körper eine Insulingabe, die über den Tag verteilt kontinuierlich erfolgt, ein Grundrauschen sozusagen. Bei uns übernimmt dies die Pumpe. Man stellt pro Stunde (!) einen individuellen Wert ein, das macht also 24 Werte, die täglich beobachtet und nach Möglichkeit optimiert und justiert werden.

Ohne Pumpe wird mit der Spritze oder dem Pen ein- bis zweimal pro Tag ein spezielles Langzeitinsulin gespritzt, das diese Funktion übernimmt, in der Regel aber nicht so genau gesteuert werden kann.

Was glaubt ihr, wie oft wir unsere 24 individuellen Pumpenwerte anpassen? Ich fragte kurz nach unserer Diagnose einen erfahrenen T1D-Papa danach. Sein Kommentar: »Naja, wenn ich mal drei Tage nichts schraube, habe ich Glück gehabt.«

Und ich dachte bei mir: »Das wird mir nicht passieren, ich war gut in Mathe und Analysieren fällt mir leicht. Bei mir hält das bestimmt länger und wird nicht nur ein glücklicher Zufall sein. Zwei Wochen? Ach, einen ganzen Monat schaffe ich bestimmt, kann ja nicht so schwer sein.« Pustekuchen.

Ich schraube im Schnitt alle zwei bis drei Tage. Und es ist genau, wie der Papa es damals berichtete: Wenn ich drei Tage lang nichts justiere, habe ich ein unbeschreibliches Hochgefühl von Glück und Urlaub gleichzeitig, gepaart mit einer Prise Ungläubigkeit.

Hypoglykämie oder Unterzucker:

Unter 80 (4,4) sprechen wir von einem »niedrigen« Blutzucker. Sinkt der Blutzucker auf 65 (3,6) oder tiefer, liegt ein Unterzucker, auch Hypoglykämie oder kurz Hypo genannt, vor.[23]

Der Wert 65 (3,6) wurde uns mitgegeben und entsprechend ist unser Diabetesmanagement ausgelegt. Es gibt hier allerdings auch abweichende Auslegungen, die sich im Großem und Ganzen zwischen 50 und 70 (2,8 und 3,9) bewegen. Dabei kommt es auch darauf an, wie sensibel der jeweilige Körper auf den niedrigen Zuckerspiegel im Blut reagiert und Symptome auslöst. Symptome können z. B. sein:

- Zittern,
- Schwindel / weiche Knie / Schwäche,
- Schweißausbrüche,
- Müdigkeit,
- Sehstörungen,
- Sprachstörungen,
- Herzklopfen / schneller Puls,
- Aggressivität,
- Blässe,
- Verwirrtheit,
- Heißhunger und
- Kopfschmerzen.

Die Extremform des Unterzuckers ist eine Bewusstlosigkeit. Bei einer Hypo fährt der Körper ein Notprogramm ab und schießt Zuckerreserven aus allen verfügbaren Quellen, also allen möglichen Zellen, ins Blut, um die Blutzuckerwerte zu stabilisieren. Für das menschliche System ist dieser Vorgang existenziell und sehr belastend. Eine

[23] »Unterzucker (Hypoglykämie)«. In: www.apotheken-umschau.de. Abgerufen am 22.04.2022

Schwierigkeit ist hier, dass sich die dafür angezapften Zellen diesen Zucker Stunden später, wenn die Gefahr für den Körper gebannt scheint, wieder zurückholen. Wenn man nicht aufpasst, führt das zu einem gefürchteten »Jo-Jo-Effekt«: Die Zellen holen sich ihren Zucker wieder, der Blutzuckerspiegel sinkt erneut und stürzt den Organismus in einen weiteren Unterzucker. Einer akuten Unterzuckerung wird mit den oben genannten schnellen KEs wie Traubenzucker, Säften oder Weingummi gegengesteuert.

Zur Vermeidung des »Jo-Jo-Effekts« kann zur Stabilisierung die zusätzliche Gabe von langsamen KEs helfen, bei uns oftmals der beliebte Schoko-Bon oder sonstige Schokolade in geringen Mengen. Langsam ist die Schokolade, weil durch den hohen Fettanteil der Zucker nicht so schnell ins Blut abgegeben werden kann, das Fett versperrt sozusagen temporär den Weg. Die Zellen haben einen erhöhten Zuckeraufnahmebedarf, bis ihre Reserven wieder aufgefüllt sind. Leider ist auch dies sehr individuell und schwer vorhersehbar. Natürlich ginge anstatt der Schokolade auch beispielsweise ein ernährungsphysiologisch wertvolles Vollkornbrot. Hier verhindert nicht das Fett, sondern der hohe Anteil an Ballaststoffen, dass die Kohlenhydrate schnell ins Blut gelangen.

Alternativ hat sich bei uns auch eine TBR bewährt. Was ist das? Eine temporäre Basalrate, die wir in der Pumpe einstellen können und die die Basalrate zeitlich begrenzt in ihrer Höhe ändert. Im Falle eines Unterzuckers stelle ich alternativ zur Schokolade, z. B. nachts, dann je nach Schwere des Unterzuckers 60–70% für 1–1,5 Stunden ein, um den »Jo-Jo-Effekt« abzufangen. Zur Not ist im Anschluss für den Fall, dass der Wert doch nicht wieder runterkommt wie antizipiert, das erneute Insulinspritzen gerade nachts leichter, als das Kind wieder und wieder zu wecken, um noch mehr Zucker zu verabreichen, da der »Jo-Jo-Effekt« einsetzt.

Wie so oft reagiert auch bei einem Unterzucker jeder Körper anders. Die TBR kann je nach Körperreaktion auch kontraproduktiv sein, wenn beispielsweise der Körper auch Zucker aus der Leber ausschüttet und deshalb der Zuckerwert extrem in die Höhe schießt. Nonies Leber scheint sich da in der Regel etwas zurückzuhalten.

Ich nutze die TBR auch bei hoher Aktivität, um die Basalrate temporär zu reduzieren und damit einer eventuellen Unterzuckerung rechtzeitig vorzubeugen, oder zum Beispiel bei niedrigerer Aktivität wie langen Autofahrten oder Krankheit, um sie temporär zu erhöhen. Bei Autofahrten funktioniert für die Dauer der Fahrt 160% bei uns gut. Achtung: Die Einstellung braucht eine Stunde Vorlauf und wirkt nach ihrer Abstellung eine Stunde nach.

Hyperglykämie oder Überzucker:

Bei Werten über 160 (8,9) oder 170 (9,4), je nach Auslegung, handelt es sich um einen »erhöhten« Blutzucker. Von einer Überzuckerung, auch Hyperglykämie genannt, spricht man bei Werten über 250 (13,9).[24]

Diese kann, wenn die Werte steigen und sie länger anhält, zu einer schweren Stoffwechselentgleisung führen, welche bei einer Nichtentdeckung und ausbleibender Behandlung lebensgefährlich ist, da sie zu einer Übersäuerung des Blutes führt, die sogenannte Ketoazidose.[25]

Hierfür sind chemische Körperprozesse verantwortlich, die mit der Umstellung auf den Fettstoffwechsel zusammenhängen, da keine Energie mehr durch Zucker gewonnen werden kann, weil das Insulin, also der Schlüssel zu den Zellen, fehlt. Die beim Fettstoffwechsel entstehenden Fettabbauprodukte, auch Ketone genannt, sind von ihrer Natur her sauer und leiten somit die Übersäuerung des Körpers ein.

[24] Gudrun Almássy: »Hyperglykämie«. In: www.minimed.at. Abgerufen am 22.04.2022

[25] Astrid Leitner: »Diabetische Ketoazidose«. In: www.netdoktor.de. Abgerufen am 22.04.2022

Wann genau eine Ketoazidose eintritt, ist individuell verschieden. Ein paar Stunden über 250 (13,9) sind in der Regel zumindest in Bezug auf eine Ketoazidose unkritisch, wohingegen mehr als zwölf Stunden oder auch mehrere Tage das Risiko einer Ketoazidose deutlich erhöhen. Typische Symptome für eine Ketoazidose, oftmals wird dadurch der Typ-1-Diabetes diagnostiziert, sind:

- ständiger Harndrang,
- übermäßiger Durst,
- starker Gewichtsverlust,
- begleitet von Übelkeit und Erbrechen,
- oftmals ein Acetongeruch aus dem Mund sowie
- eine nicht erklärliche, überhandnehmende, physische Schlappheit / Erschöpfung / Muskelschwäche / Schläfrigkeit.

Unbehandelt fällt der Körper früher oder später in ein sogenanntes diabetisches Koma. Darauf noch detaillierter einzugehen, würde hier den Rahmen sprengen.

Auch ohne einen so schweren Verlauf kann eine anhaltende oder sehr häufig auftretende Hyperglykämie – also über mehrere Monate und Jahre dauerhaft zu hohe Blutzuckerwerte bzw. immer wieder starke und anhaltende Schwankungen nach oben – den Körper einer schweren Belastung unterwerfen, was körperliche Langzeitschäden, wie z. B. Herz-Kreislauf-Erkrankungen, Augenschädigungen, das diabetische Fußsyndrom oder Nierenschädigungen, zur Folge haben kann, da Blutgefäße und Nerven geschädigt werden.[26]

Täglicher Insulinbedarf:

»Der tägliche Insulinbedarf beträgt bei Kindern und Jugendlichen ohne Diabetes etwa eine Einheit pro kg Körpergewicht.

[26] »Auswirkungen von Typ-1-Diabetes«. In: www.internisten-im-netz.de. Abgerufen am 22.04.2022

Bei Kleinkindern und Schulkindern (bis 12 Jahre) liegt der Insulintagesbedarf eher etwas niedriger, das heißt bei 0,8 Einheiten pro kg Körpergewicht, bei Jugendlichen (bis 16 Jahre) dagegen etwas höher, bis 1,2 Einheiten pro kg Körpergewicht. Das Verhältnis zwischen Mahlzeiteninsulin und Basalinsulin beträgt bei Kindern etwa zwei Drittel zu einem Drittel [...]«[27]

Korrekturinsulin:

Ist der Blutzuckerspiegel zu hoch, kann es sein, dass Insulin zur Korrektur gespritzt wird. Dies ist aber nicht immer der Fall. Kurz nach einer kohlenhydrathaltigen Nahrungsaufnahme beispielsweise kommt es bei Typ-1-Diabetes häufig vor, dass die Werte temporär oberhalb des Korridors liegen. Die Ansage »das Kind braucht eine Korrektur« bedeutet also, dass eine ausgerechnete IE-Menge Insulin gespritzt wird, um den Zuckerwert wieder in den Korridor zu bringen, wenn andere Maßnahmen, wie z. B. Bewegung, nicht greifen oder nicht anwendbar sind.

Spritz-Ess-Abstand (SEA):

Folgende Empfehlungen bekamen wir bei den anfänglichen Schulungen in der Klinik mit nach Hause: Im Idealfall warten wir bei einem Wert von ca. 120 (6,7) nach dem Spritzen des Mahlzeiteninsulins in der Regel ca. 10 Minuten, bis wir mit dem Essen beginnen. Alle hier gemachten Aussagen und Erfahrungswerte beziehen sich auf das Insulin *NovoRapid*. Diese Wartezeit ergibt sich auf recht natürliche Weise: spritzen, Hände waschen, an den Tisch setzen, Teller füllen, essen. Wenn der Blutzuckerwert sehr hoch ist, wurde uns angeraten, nach der Gabe des Insulins länger zu warten, bis mit dem

[27] Vgl. »Kinder und Jugendliche mit Diabetes« von Peter Hürter, Wolfgang von Schütz, Karin Lange, Springer Verlag, 4. Auflage, 2016, S. 71.

Essen begonnen wird. Hier wird dann im Vorfeld zusätzlich zum Mahlzeiteninsulin auch noch eine Korrektur gespritzt.

Aber Achtung: Verschätzt man sich oder wartet man zu lange, kann eine rasante Talfahrt des Wertes beginnen. Bei einem Blutzuckerwert von 200 (11,1) warten wir beispielsweise – wenn irgend möglich planbar und wenn wir daran denken, aber Ausnahmen bestätigen die Regel – 20–30 Minuten, bevor wir nach der Korrektur mit dem Essen beginnen. Bei Werten über 200 (11,1) versuchen wir 30–40 Minuten im Vorfeld die Korrektur zu spritzen. Bewegen sich die Werte hingegen im hohen zweistelligen Bereich (4,4–5,5), wird das Mahlzeiteninsulin bei uns idealerweise direkt mit dem Start der Mahlzeit gespritzt. Wir korrigieren normalerweise auf 120 (6,7). Pro 10 (ca. 0,5–0,6) zu wenig / zu viel, geben wir 0,1 U weniger / mehr Insulin ab. Bei einem berechneten Mahlzeiteninsulin von 3,8 U und einem Blutzucker von 80 (4,4) z. B. reduzieren wir die Insulingabe um 0,4 auf 3,4 U. Diese geben wir in der Regel mit Beginn der Mahlzeit ab, es sei denn, es sind nur langsame KEs beteiligt, dann spritzen wir verzögert. Liegt der Wert noch niedriger, spritzen wir ebenfalls verzögert, also nach Start der Mahlzeit. Bei unserer Pumpe gibt es ein Programm dafür. Hat man dies nicht, hilft ein Wecker, denn man kommt dann doch schnell darüber hinweg aus eigener Erfahrung. Und das Notieren des zu spritzenden Wertes hilft bei uns ebenfalls, denn man wundert sich, wie löchrig das Gedächtnis manchmal sein kann.

Aber Achtung: Alle in diesem Absatz »Spritz-Ess-Abstand« geschilderten Vorgehensweisen beruhen auf unseren individuellen Erfahrungen und personalisierten Empfehlungen unseres Diabetes-Teams und sind nicht als allgemeine Handlungsempfehlungen zu verstehen. Bitte besprecht für euch geeignete Vorgehensweisen mit eurem betreuenden Diabetes-Team.

4

Die Geschichte des Insulins

– kurz & knackig –

Wer hätte es gewusst?

a) Seit wann ist der Typ-1-Diabetes (T1D) keine tödlich verlaufende Krankheit mehr?
b) Welchem Lebewesen wurde als erstes Insulin gespritzt?
c) Wie alt war der erste Mensch, dem Insulin gespritzt wurde?
d) Welche Wissenschaftler stecken hinter diesem Erfolg?

Antworten:[28]

a) Am 27. Juli 1921 wurde das erste Mal Insulin erfolgreich aus einer tierischen Bauchspeicheldrüse extrahiert. Davor war es nicht möglich, T1D-Patient*innen zu heilen. Mit kohlenhydratarmer Ernährung konnten die Patient*innen ein bis zwei Jahre überleben, bevor sie meist abgemagert ins diabetische Koma, ausgelöst durch eine schwere Überzuckerung, (siehe auch Absatz »Ketoazidose« in Kapitel 3) fielen und starben.

b) Am 30. Juli 1921 wurde einem Hund, dem vorher die Bauchspeicheldrüse entfernt worden war, als erstem Lebewesen Insulin gespritzt. Seine Blutzuckerwerte konnten so um 40% gesenkt werden.

c) Am 23. Januar 1922, also genau vor 100 Jahren, wurde dem dreizehnjährigen Leonard Thompson tierisches Insulin (gewonnen aus der Bauchspeicheldrüse eines Hundes) injiziert. Er war der erste Mensch mit Diabetes Typ 1, der nicht verfrüht starb. Leonard wurde 26 Jahre alt und starb nicht am Diabetes, sondern an einer Lungenentzündung. 1923 begann die industrielle Herstellung von Insulin, zunächst aus Bauchspeicheldrüsen von Rindern und Schweinen.

d) Den kanadischen Forschern Frederick Banting, Mediziner, und Charles Best, Biochemiker, gelang an der Universität von Toronto als ersten die Isolierung von Insulin, in ihren Forschungsversuchen zunächst aus der Bauchspeicheldrüse von Hunden.

[28] »Diabetes Typ 1« von Tobias Sessler, S. 11; »100 Jahre Insulin«, Diabetes-Eltern-Journal 2/2021, S. 5.

(Foto: Leonard Thompson, erster Patient, der Insulin injiziert bekommen hat, in Toronto, Quelle: University of Toronto Archives)

EXKURS:

Tierisches Insulin vs. gentechnisch hergestelltes Insulin

»Durchschnittlich ein Schwein pro Woche ›verbrauchte‹ seinerzeit jeder insulinpflichtige Diabetiker. Rund 100 000 tiefgefrorene Schweinebauchspeicheldrüsen wurden allein in

Frankfurt am Main/Höchst täglich angeliefert, püriert und extrahiert, um an das für Diabetiker überlebenswichtige Hormon zu gelangen. Die Produktion von Rinderinsulin kam noch hinzu. Eine blutige Angelegenheit, die die Gefahr sowohl von Versorgungsengpässen als auch von möglichen Übertragungen noch unbekannter Erkrankungen vom Tier auf den Menschen birgt. […] Fast 300 Millionen insulinpflichtige Diabetiker gibt es inzwischen weltweit. Würden alle noch Insulin vom Schwein erhalten, benötigte man für die Produktion die Bauchspeicheldrüsen von rund 1,5 Milliarden Schweinen pro Jahr. Statistiken zufolge gibt es eine knappe Milliarde Schweine weltweit.«[29]

»Die gentechnische Herstellung von Insulin gelang erstmals 1979 bei Genentech. Hierzu wurden entsprechende Gene in E. coli-Bakterien eingeschleust. Zwei Jahre darauf war es zum ersten Mal möglich, dieses synthetische Insulin durch gentechnisch veränderte Bakterien in großen Mengen herzustellen, und das Produkt kam 1982 auf den amerikanischen Markt. Inzwischen übernehmen auch Hefepilze diese Aufgabe. In Deutschland wurde die Herstellung von Humaninsulin durch gentechnisch veränderte Bakterien erst im Jahr 1998 erlaubt.«[30]

[29] Maria Pues: »Hormon aus Bakterien, Hefen und Pflanzen«. In: www.pharmazeutische-zeitung.de. Abgerufen am 22.04.2022

[30] »Geschichte der Diabetologie«. In: www.de.wikipedia.org. Abgerufen am 22.04.2022, dieser Artikel bezieht sich wiederum auf folgende Quelle: Beate Meichsner, Uwe Wirth: Insulin - Protein mit langer Geschichte. Der Schlüssel zur Diabetes-Therapie. In: Chemie in unserer Zeit. Band 43, Nr. 5, Oktober 2009, ISSN 0009-2851, S. 340–346, doi:10.1002/ciuz.200900486 (wiley.com [abgerufen am 14. Mai 2018])

5

»Er«, »Sie« oder »Es«?

– Die Sache mit der Akzeptanz –

Da ist es nun, unser neues Familienmitglied mit dem Namen Diabetes. Er, sie oder es? Offiziell heißt es eindeutig »der Diabetes«. Ich habe allerdings über ein Jahr lang »die Diabetes« gesagt, »der« kam mir vor wie ein Eindringling, ein Feind, wirkte auf mich hart und schwer. Ich glaube, dass ich durch diese »Die«-Phase meinem persönlichen Kampf bis hin zur Akzeptanz Ausdruck verliehen habe. Die Sterbeforscherin Elisabeth Kübler-Ross beschreibt fünf Sterbephasen, die todkranke Menschen durchlaufen.[31]

Diese Phasen lassen sich auch auf Krankheiten und Alltagssituationen übertragen, also auf Abschnitte, in denen wir Krisen durchlaufen.[32]

Mit der Akzeptanz als letzte Phase der fünf zu durchlaufenden, die da sind:

1. »Nicht-Wahrhaben-Wollen / Verdrängung«,
2. »Zorn/Ärger/Frage nach dem Warum«,
3. »Aufschub/Verhandeln«,

[31] Irina Fernandes: »Die fünf Sterbephasen«. In: www.planet-wissen.de. Abgerufen am 22.04.2022

[32] Otto Beier: »Die fünf Phasen der Akzeptanz einer Krankheit«. In: www.pflege-durch-angehoerige.de. Abgerufen am 22.04.2022

4. »Depression/Trauer« und
5. »Akzeptanz«,[33]

ging mir dann auch das »Der« über die Lippen. »Das« würde es allerdings auch sehr gut treffen. Denn dieses Familienmitglied wirkt oftmals eigensinnig, kindisch, ungezogen, schwer regulierbar, eingeschnappt und wie ein trotziges Kind. Und links liegen lassen funktioniert überhaupt nicht.

Unser neues Familienmitglied vereinnahmt seit seiner ungebetenen Ankunft unglaublich viel Platz und Ressourcen in unserem Leben – ohne Eingewöhnungsphase, ohne Probezeit. Mit Pauken und Trompeten stand es plötzlich vor uns und wollte Teil unserer Familie sein, ging einfach nicht mehr weg. Frech, oder?

Ein Rückblick

Ich wurde gefragt, wie ich diese fünf Phasen bis hin zur Akzeptanz erlebt und durchlebt habe. Über das »Nicht-Wahrhaben-Wollen« habe ich hier ja bereits berichtet: »Blutprobe verwechselt«, »Das klärt sich bestimmt noch auf«, »Kann nicht sein, wir haben es nirgends in der Familie« waren einige meiner Gedanken dazu. Diese Phase dauerte bei mir allerdings nur wenige Tage, dann begriff ich, dass ich mit dieser Verdrängung nicht weiterkam. Als nächstes spürte ich keinen Ärger, aber die Frage nach dem Warum beschäftigte mich sehr intensiv und begleitete mich auch noch, während ich versuchte zu verhandeln, dabei scheiterte und somit meine depressive Phase einläutete. Mein Verhandeln sah so aus, dass ich mir ausmalte, der Diabetes Typ 1 würde nur vorübergehend bei uns sein, weil sich die Bauchspeicheldrüse wieder berappeln würde. Ich versuchte, mit meinem Verstand und meinem Herzen zu verhandeln, recherchierte

[33] Otto Beier: »Die fünf Phasen der Akzeptanz einer Krankheit«. In: www.pflege-durch-angehoerige.de. Abgerufen am 22.04.2022

im Internet und verbrachte viel Zeit damit, das Phänomen T1D ganzheitlich zu beleuchten, um Futter für meine »nur vorübergehend«-These zu sammeln. Das endete in besagter depressiver Phase, weil letztlich die Ausweglosigkeit siegte und ich mich geschlagen gab. T1D ist nicht vorübergehend, zumindest nicht nach dem aktuellen Stand der Wissenschaft. Da half und hilft auch heute noch kein Biegen, kein Brechen und kein Schönreden. Corona kam sicherlich als Absturzbeschleuniger noch hinzu.
Während all dieser Zeit sprach ich von »die Diabetes«. Im Spätsommer 2020, gut ein Jahr nach der Diagnose, begann ich zaghaft nach vorne zu blicken und den Diabetes zumindest teilweise gedanklich in unser Leben und unsere Zukunft zu integrieren. Ich las viel in jener Zeit und deckte ein großes Spektrum an Themen dabei ab, die mir bei der Verarbeitung halfen: Berichte anderer Betroffener von Schicksalsschlägen und unheilbaren Krankheiten nicht nur im Bereich Diabetes Typ 1, Abhandlungen über Glück, Schicksal, universelle Energie, den Sinn des Lebens, spirituelle Ansätze, Onlinekongresse zum Thema Heilung, Flow, Lebensbewältigung. 2020 war insgesamt eine Zeit, in der ich sehr in mich gekehrt war, zwar da für die Familie, aber sicherlich nicht ihr starkes und unverwüstliches Rückgrat. Ich verbrachte so viel Zeit wie möglich allein. Während der Lockdowns – wir waren durchgehend fünf bis sechs Personen bei uns zu Hause – stellte dieses Bedürfnis nach Ruhe und Einkehr allerdings eine Herausforderung dar, die mich oftmals in die Knie zwang und mir einige Rückfälle bescherte.

Ich begann mit Yoga, Meditation, Achtsamkeitsübungen und Resilienztraining, und zusammen mit all den neuen Erkenntnissen aus meinen Lektüren usw. schaffte ich nun endlich wirklich den Absprung, richtete den Blick nach vorne und lernte, die Dinge, so wie sie waren, zu akzeptieren. »Der Diabetes« ging mir immer häufiger über die Lippen, und wir lernten gemeinsam, uns nicht nur mit ihm zu arrangieren, sondern ihn auch endlich als Familienmitglied willkommen zu heißen und somit ganzheitlich in unsere Familie zu integrieren, auch vom Herzen her.

Nach der Akzeptanz des Diabetes nach innen und innerhalb unseres Familienkreises, circa eineinhalb Jahre nach der Diagnose, dauerte es dann noch eine Zeit lang, bis ich mich auch nach außen öffnen konnte, bereit dafür war.

Ich tat es durch die Initiierung des im ersten Kapitel bereits angesprochenen Instagram-Accounts @diabetesbluemchen im Herbst 2021. Wir schreiben also bereits den Beginn des dritten Jahres nach Diagnose. Ziel ist seit der Eröffnung des Accounts, die Awareness für die anfänglichen Symptome und den Typ-1-Diabetesalltag und seine Herausforderungen zu erhöhen, sich unter Gleichgesinnten auszutauschen, zu helfen, zuzuhören und endlich das Gefühl zuzulassen, nicht allein zu sein. Raus aus der Opferrolle, das Leben neu anpacken, andocken, Nähe und Verletzlichkeit zulassen, füreinander da sein, Höhen und Tiefen erlebbar machen, mich nicht mehr verstecken. Zudem ist es mir ein Anliegen, die Schwarmintelligenz der Diabetes-Community zu nutzen und zu stärken. Es steht der Versuch im Mittelpunkt, eine positive Umgebung zu schaffen, farbenfroh und konstruktiv, und unserem Diabetesalltag mit einem Lachen zu begegnen, sich aber auch gegenseitig aufzupäppeln, wenn es gerade einmal nicht so rund läuft.

Zeitgleich begann ich, dieses Buch zu schreiben.

Zurück ins Hier und Jetzt

Durch die Akzeptanz des Diabetes als Familienmitglied tritt nicht nur die Krankheit in den Hintergrund, sondern der Diabetes erhält sogar liebenswerte Züge, ist und bleibt er doch Teil unserer tapferen Nonie, die für all das ja nun überhaupt gar nichts kann. Jetzt mag sich der eine oder die andere an dem Wort »liebenswert« reiben. Sicherlich ist es ein für manche ungewöhnlicher und gewagter Ansatz. Vielleicht hilft dieser Gedanke: Auch die liebenswerteste Person hat Momente und Phasen, wo sie von ihrer Umwelt auf den Mond geschossen werden könnte. Umgekehrt hat auch ein Rüpel im Film liebenswerte Seiten, die ihn am Ende dann doch oftmals zu einem Guten machen. Das Wörtchen »liebenswert« an den Diabetes zu koppeln, hilft uns, ihn zu akzeptieren, anzunehmen, den unnötigen Kampf zu beenden, ihm als festes Familienmitglied einen Platz in unseren Herzen zuzugestehen. Und aus dem Herzen agierend, meistern wir viele schwierige Momente mit Frust-, Wut- oder Verzweiflungspotenzial so viel entspannter und gütiger, aus unserer Mitte heraus, da Mitgefühl und Liebe zu Wort kommen dürfen und unser Stress-Notsystem nicht anspringt.

6

Alltagshexereien

– Ein erster Eindruck –

Nach der Einführung, wie der Diabetes in unsere Familie kam und zu einem liebenswerten Familienmitglied wurde, sowie der Darstellung der wichtigsten Fakten & Begriffe kann ich ja nun so richtig loslegen. Aber wie? Da kommt mir Nicola Schmidts Ansatz in den Sinn. Er beginnt am Anfang mit einer simplen, aber entscheidenden Frage: »Ach, Maren, was willst Du denn erzählen?« Und dann, sagt sie, soll ich einfach losschreiben. Das kam bei diesem Versuch heraus:

Ich will erzählen, dass Diabetes Typ 1 ein dauerhaftes Hexenwerk ist mit viel mehr Hexenkunst, komplizierten Zaubersprüchen und mysteriösen Zaubertrunkzutaten, als man nach außen sieht. Ich möchte aber hier auch die Scheu nehmen im Umgang mit T1D-Familien. Hexen und Nicht-Hexen vertragen sich ja auch, wenn gewisse Grundregeln beachtet werden. Zumindest bei Bibi und Co.

Womit wir also bei Bibi Blocksberg wären – Dreifachmädelsmutter, ich geb’s ja zu. Bleiben wir nur für dieses Kapitel einmal im Hexenkosmos und dieser Analogie, gehen kurz weg von den Krieger*innen und Held*innen und nehmen die Bestandteile des eben Formulierten einmal auseinander …

Zum *dauerhaften Hexenwerk mit viel mehr Hexenkunst, als man nach außen sieht:*

Kein Tag ist wie der nächste für Menschen mit Diabetes Typ 1. Es ist wie bei einer Party: dieselben Gäste, dieselbe Musik, dasselbe Essen, aber an einem Tag wird die Party zum Erfolg und am nächsten floppt sie komplett.

Oder so betrachtet: Da kann also Barbara Blocksberg – »Bibis Mama« – zweimal genau denselben Zauberspruch aufsagen. Wenn aber in ihrer Hexenbibel steht, dass die Wetterbedingungen, ihr Puls und die millimetergenaue Länge ihrer Fingernägel den Zauber beeinflussen, hat sie quasi keine Chance, dass zweimal dasselbe Ergebnis herauskommt. Und wenn ihre Tochter Bibi übernimmt, kommt wieder etwas anderes heraus. Zum Mäusemelken.

Aber zurück in den Alltag mit Diabetes:
Welche Faktoren beeinflussen unseren Blutzuckerwert? Freiwillige vor. Denkt gern einmal kurz darüber nach. »Aber nicht gleich unten luschern«, würde jetzt meine ehemalige, norddeutsche Nachbarin sagen.

Die ersten zwei Faktoren leuchten recht schnell ein: Insulin und Ernährung. Aber es gibt noch mehr Einflussfaktoren, und die nun folgende Aufzählung[34] ist nicht abschließend, sonst wäre es ja kein verzwicktes Hexenwerk:

- Insulin,
- Ernährung,
- Aktivität,
- Stress,
- Aufregung, auch positive,
- Krankheiten und deren Anbahnung,
- Hormone,
- Wetter,
- Regenerationsprozesse,
- Medikamente,
- Tageszeit,
- Alkohol und
- Schlaf.

[34] Sandra Baumann: »Blutzucker – wodurch wird er beeinflusst?«. In: www.gesundheit.de. Abgerufen am 23.04.2022; Christian Kollmeier: »Zucker im Tank! - Wenn Diabetes Typ-1 auf einmal da ist«. In: www.zucker-im-tank.de. Abgerufen am 23.04.2022

In Kapitel 13, »Herausforderungen 2.0«, gehe ich näher auf diese einzelnen Faktoren ein. Eine der Aufgaben von uns T1D-Familien ist es also, »noch mal eben schnell zwischendurch« darüber nachzudenken, was heute bezüglich der oben genannten Einflussfaktoren alles los sein und den Diabetes beeinflussen könnte. Dabei ist unser Hirn durch die ganzen Rechnereien und komplexen Gedankengänge sowieso schon im Overloadmodus bzw. chronisch müde und erschöpft. In der »1 plus mit Sternchen«-Variante grübeln und brüten wir dann zudem auch noch darüber, was im Vergleich zu den letzten Tagen anders ist im nicht einmal eigenen Körper und seinem Umfeld. Entsprechend passen wir mehr oder weniger geübt und je nach Tagesverfassung mehr oder weniger enthusiastisch und akribisch unser Diabetesmanagement fortlaufend an – und das bei jedem kohlenhydrathaltigen Snack, jeder Mahlzeit, jeder Aktivität usw. und zwischendurch ebenfalls, wenn die Blutzuckerwerte nicht passen, also oftmals eine zweistellige Anzahl von Malen jeden einzelnen Tag. Hinzu kommen die Nächte, in denen der Körper weiter verdaut, regeneriert und bei Kindern auch gerne wächst und sich entwickelt, weshalb Nächte manchmal noch aufregender sind als die Tage. Der Diabetes hat doch ernsthaft Sorge, dass wir tagsüber noch nicht genug Spaß mit ihm hatten. Es kann also sein, dass wir an einem Morgen beim Gruß über den Gartenzaun einmal nicht so frisch aus der Wäsche schauen wie sonst und eventuell etwas länger brauchen, bis unser Prozessor auf Hochtouren läuft und sich unser »Alles ist gut«-Lächeln wieder seinen Weg an die Oberfläche bahnt.

Es könnte tagsüber plötzlich mitten im Gespräch auch einmal zu einer unsanften Unterbrechung unsererseits kommen à la »Hey, ich werde mal eben den Diabetes dazwischenschieben. Er lässt sich grad nicht abwimmeln. Warte kurz, ich bin gleich wieder bei Dir«. Und bei Wiederaufnahme des Gesprächs »Wo waren wir stehengeblieben?«

bitte nicht beleidigt sein, da wir so unhöflich unterbrochen und zudem den Faden verloren haben. Es gibt einfach verflixt komplizierte Zusammenhänge, die uns sonst durchrutschen, und in dem Fall hätten wir noch eine Nacht Spaß, denn den Diabetes zu ignorieren, führt häufig dazu, dass er sich rächt wie ein beleidigtes Kleinkind eben, und darin ist er Meister.

Zu den *komplizierten Zaubersprüchen und mysteriösen Zaubertrunkzutaten:*

Hexenfamilien arbeiten mit Krötenschleim und Spinnenbeinen, die in wortgewaltigen Zaubersprüchen wild kombiniert werden, bevor man sie in den Zaubertrunk wirft. Bei uns übersetzt sich das in haufenweise Traubenzucker, Bananen, Gummibärchen, Riegel, Säfte, Äpfel, Beeren und andere zuckrige Gesellen, ebenfalls für Außenstehende oftmals wild kombiniert, die den Körper vor einem so gefürchteten Unterzucker bewahren sollen.

Doch was sich selbst uns nicht wirklich erklärt, ist, dass einmal die Tüte Gummibärchen wirkt wie Hölle, man also von dem heftigen Ausschlag der Zuckerkurve nach oben quasi überrollt wird, Rock 'n' Roll pur, und ein anderes Mal Gummibärchen, Schokolade und der Apfel auf den Zuckerspiegel nicht die halbe Wirkung des Erwarteten zeigen.

Hinzu kommt, dass auch das gespritzte Insulin unterschiedlich wirkt, je nach Tageszeit, Gesundheitszustand und derzeitiger Grundsensibilität der Zellen zum Beispiel. Da ist schon wieder Mäuse melken angesagt.

Die erste, wirklich sehr hilfreiche Lektion, die ich im Krankenhaus zu den ständig schwankenden Blutzuckerwerten lernte, war diese:

Jeder Blutzuckerwert, egal wie niedrig oder hoch, ist per se erst einmal ein guter Wert, denn erst dadurch, dass er sichtbar ist, kann man (re)agieren.

Und es ist zudem eine beruhigende Lektion, denn dem war früher nicht so: der Diabetes Typ 1 trieb sein Unwesen unsichtbar im Körper und führte damit zum sicheren, recht schnellen Tod, Werte und Kurven gab es nicht.

Dann ist da noch die Lernkurve. Auch nach nunmehr zweieinhalb Jahren lerne ich noch dazu und stelle in der Retrospektive oft erst fest, wie schwierig dieses neue Leben zu Beginn war, weil wir ja mit einem komplett unbeschriebenen Blatt gestartet sind. Auch heute noch kommen jeden Tag Zeilen hinzu und füttern den auf diese Weise langsam entstehenden Roman, der Elemente von Drama, Krimi, Abenteuer, Komödie und Romanze enthält. Jeden einzelnen Tag stellen wir uns der ungewollten Herausforderung unseres zusätzlichen 24/7-Jobs ohne Urlaub und Feierabend, den wir nur zu gerne kündigen würden, und sind einen Tag frustriert, weil es überhaupt nicht klappt, und kurze Zeit später voller Stolz, an den guten Tagen.

Nochmals zurück zum anfangs Formulierten: Wie ist das mit dem *keine Scheu haben?*

Von außen wirken Hexenfamilien bei Bibi und Co irgendwie aufregend, werden aber auch mit etwas Vorsicht und ein bisschen »Ogottogott« beäugt. Dabei führen auch sie hinter den Kulissen ein ganz normales Leben mit ganz alltäglichen Herausforderungen. Nur darf eine Bibi nicht wahllos durch die Gegend hexen, wenn sie allein unterwegs ist, und Tina, als ihre Freundin, ist mit Bibi im Schlepptau grundsätzlich auf einiges gefasst. Auch Mutter Barbara rechnet unaufhörlich damit, einzuschreiten, Wogen zu glätten und Dinge wieder gerade zu hexen. Das ist nun einmal einfach so!

Ähnlich geht es in T1D-Familien zu. T1D-Kinder können, dürfen und sollen genauso Kind sein wie Kinder ohne T1D. Natürlich werden sie an ihre eigenen Herausforderungen herangeführt, wie kleine Hexen, die erst lernen, mit ihrem Zauberstab verantwortungsbewusst umzugehen. T1D-Eltern sind, genau wie Mamilein Barbara, quasi immer in Habachtstellung. Denn nur so können sie im Zweifel das noch ungeübte, aber durchaus teilweise schon auf kindliche Art altersgemäß reflektierte und gut gemeinte Verhalten des Nachwuchses in Bezug auf erste eigene Schritte im Diabetesmanagement glattbügeln. Oft schaffen sie es auf diese Weise, Schlimmeres zu verhindern.

Wie könnt ihr uns dabei unterstützen? Was uns T1D-Eltern gut tut, sind Flexibilität und Verständnis für die Dinge, die wir selbst nicht beeinflussen können, und ein »Ja, das kriegen wir zusammen hin«, wenn zum Beispiel eine Planänderung einen frischen Blick auf die Situation verlangt. Wenn der Diabetes dazwischenfunkt, ist das nun einmal so. Wir hätten das auch gern anders. Frisch nach der Diagnose versucht man vielleicht noch, auf Biegen und Brechen den Ursprungsplan durchzusetzen, irgendwo zwischen Sturheit,

Stolz und Ignoranz. Planänderungen dann irgendwann doch einzuplanen, also grundsätzlich von der Gesamteinstellung her flexibler zu werden, vielleicht manche Situationen auch gänzlich auf sich zukommen zu lassen, bedeutet nicht, dass man resigniert hat. Es zeigt lediglich, dass man anfängt darüber nachzudenken, für welche Kämpfe es sich lohnt mit dem sturen Kleinkind Diabetes in den Ring zu steigen und wo ein Schwimmen-mit-dem-Strom besser für die persönliche Energiebalance ist. »Choose your battlefields«, also »nicht zu viele Baustellen auf einmal«!

Zum Abschluss noch ein paar Worte zu den anfangs formulierten *gewissen Grundregeln*:

»Bibi, Du sollst in Deiner Freizeit doch nicht hexen.« – »Aber Mamilein, es war doch für einen guten Zweck, und dann habe ich da einfach etwas durcheinanderbekommen.«

Dieser Dialog übersetzt sich in »Mäuschen, Du weißt doch, dass Du schnellen Zucker mitnehmen sollst, wenn Du auf den Spielplatz gehst. Dadurch stellst Du sicher, dass Du Deinen Blutzuckerspiegel stabilisieren kannst, sollte er zum Beispiel durch das viele Herumrennen schneller sinken, als Du dachtest.« – »Aber Mama, es ging alles so schnell und als der Unterzucker da war, hatten wir eben nur die Laugenbrezel dabei. Tut mir leid.«

Kurze Wiederholung, damit ihr nicht blättern braucht: Schneller Zucker bedeutet schnell verfügbare, also schnell ins Blut gelangende Kohlenhydrate (KEs), z. B. Säfte, Obst, Gummibärchen, Traubenzucker. In der Laugenbrezel hingegen steckt massiv Butter, also Fett, plus das Weizenmehl als Kohlenhydrat, also Zucker, eine sehr komplexe Kombination mit eher langsamer Wirkung (langsame KEs) also, da das Fett die Kohlenhydrate daran hindert, schnell ins Blut zu gelangen. Bei einem Unterzucker, wo schneller Zucker gefragt ist,

ist die Laugenbrezel daher eher ungeeignet für die schnelle Stabilisierung der Blutzuckerkurve. Dennoch ist es natürlich prima, dass »Mäuschen« überhaupt daran gedacht hat, schnell etwas Verfügbares mit Kohlenhydraten zu essen, als es ganz sein zu lassen und einfach passiv abzuwarten. Und so könnte dieser Dialog abgeschlossen werden mit einem Lob à la »Mäuschen, prima aber auf jeden Fall, dass Du gleich gehandelt hast, als sich der Unterzucker ankündigte, und Kohlenhydrate, die Du schnell organisieren konntest, zu Dir genommen hast. Nächstes Mal einfach auch bitte etwas Schnelles im Gepäck haben, o.k.?«

Kleiner Zusatz für alle, deren Hirn jetzt noch nicht raucht: Zudem haben wir Diabetes Typ Fler – Auflösung folgt gleich – noch viele Stunden hinterher massiv Freude mit der Laugenbrezel und dürfen uns in höherer Mathematik verbunden mit Grübeleien üben, oftmals mit unbefriedigendem Ausgang. Warum? Das enthaltene Fett wird in der Regel Stunden später in Kohlenhydrate umgewandelt, was sich wiederum auf den Blutzuckerwert auswirkt. Aber mehr zu diesem so genannten FPE-Effekt in Kapitel 13, »Herausforderungen 2.0«. Und was sind jetzt Typ Fler? »Freunde«, »Familie« und alle, die als Bezugspersonen direkt mit betroffen sind im Diabetesalltag.

Hier ein paar *Grundregeln*, die helfen können, wenn Unterstützer sich eine Zeitlang kümmern:

- IMMER schnelle KEs dabei haben, denn man kann gar nicht so schnell agieren, wie ein Wert urplötzlich von einer komfortablen 180 (10,0) hinunter in den zweistelligen Bereich (unter 5,6) saust nur durch ein bisschen Herumrennen zum Beispiel.
- Insulin dabeihaben.
- Erreichbar sein, aber wirklich! Wie oft höre ich den Spruch »Jaja, klar« so nach dem Motto »Brauchste mir doch nicht

erzählen, Baby« und dann hebt eben doch keiner ab, wenn es dringend ist. »Mäuse, aufstellen zum Melken!«

- Aktivitätslevel kontrollieren und antizipieren, also z. B. Bewegung und Sport. Blutzucker dafür lieber einmal mehr als einmal zu wenig messen/prüfen, auch wenn der T1D-Schützling mit den Augen rollt.
- Mahlzeiten und Snacks durchgehen mit uns T1D-Eltern, und auch Planänderungen diesbezüglich absprechen und nicht selbst überlegen, ob der geplante Ersatz kohlenhydrattechnisch ähnlich funktioniert wie das ursprünglich Geplante. Für ein munteres Raten gibt es einfach zu viele versteckte Stolpersteine.
- Diabetesbelange haben Vorrang, dafür wird kurz unterbrochen und innegehalten. Und vor allem Unterzuckerungen vertragen gar keinen Aufschub, denn da ist schnelles Handeln gefragt – und kein Warten, auch keine fünf Minuten, bis das Erwachsenengespräch beendet ist, die Schulpause beginnt oder an der Kasse bezahlt wird. Gesundheit geht vor und da wird nicht diskutiert, postuliert auch Nicola Schmidt in ihren Erziehungsratgebern.

Wo sich die Kinder treffen, wie lange, was gute und heute eben nicht so gute Aktivitäten sind, da wünschen wir uns ebenfalls wieder Flexibilität und Verständnis, je nachdem, wie es um die Zuckerwerte und die Gesamtverfassung gerade steht bei unseren kleinen und größeren Krieger*innen. Und wir versuchen mit Leibeskräften, ihnen alles zu ermöglichen, da könnt ihr sicher sein, denn sie sollen möglichst normal aufwachsen. Wenn der Nachmittag zehnmal hintereinander bei uns stattfindet, weil wir die Situation im Blick haben möchten, um größeren Stress zu vermeiden, dann ist das so und dann ist das gut so. Die »Einmal bei uns und dann wieder bei euch«-Regel funktioniert nicht immer zuverlässig und das schlechte Gewissen, weil schon wieder bei uns, darf gerne außen vor bleiben. Wir werden alles dafür tun, unseren tapferen Held*innen die größtmögliche Freiheit und Eigenständigkeit zu gewähren und, sobald es die Situation erlaubt, den Spieß auch wieder umzudrehen. Dann freuen wir uns über euer Entgegenkommen und eure Unterstützung.

Trotz Rufbereitschaft zumindest kurz einmal durchzuatmen und unsere Gedanken neu zu sortieren, wenn ihr euch zeitweise um unser Diakind kümmert, den Kopf einmal freizubekommen und uns oftmals im wahrsten Sinne des Wortes wieder zu besinnen – mit eurer Hilfe, Geduld und eurem Verständnis kann es funktionieren, und dafür sind wir euch unendlich dankbar.

7

Irrtümer, Vorurteile und dummes Zeug[35]

Es gibt unzählige Irrtümer in Bezug auf T1D, im Folgenden einige Beispiele, die nicht fiktiv sind. Dahinter stecken oft Vorurteile sowie ein Un- bzw. Halbwissen, häufig basierend auf der Verwechslung von Typ 1 und 2.

Kurz vorweg:
Den T1D bezeichnet man auch als »unsichtbare Behinderung«. Menschen mit T1D sieht man ihren Diabetes nach außen hin meistens nicht an. Dennoch gelten z. B. Kinder mit Diabetes Typ 1 als derart beeinträchtigt, dass sie als schwerbehindert mit einem Behinderungsgrad von 50% oder sogar noch höher eingestuft werden können, je nachdem, ob ggf. weitere körperliche Einschränkungen vorliegen. Bei Kindern bis 16 Jahren kann auch das Merkzeichen »H« (für hilflos) zuerkannt werden. Aufgrund der aufwendigen Therapieführung versuchen viele Familien – zu Recht –, den Pflege-

[35] Quelle für dieses Kapitel sind eigene Erfahrungen und folgende Beiträge: Kathy Dalinger: »Bullshit-Bingo für Diabetes Eltern«. In: www.kinder-mit-typ1-diabetes.net. Abgerufen am 23.04.2022; Sandra Neumann @zucker.im.kopf: »Diabetes-Knigge für Menschen ohne Diabetes«. In: www.instagram.com. Abgerufen am 23.04.2022

grad 1 oder idealerweise 2 sowie das Merkzeichen »H« zu erlangen, was leider häufig mit zahlreichen bürokratischen Hürden und Kämpfen verbunden ist.

Auf Instagram @diabetesbluemchen findet ihr einige Beiträge zum Thema Pflegegrad. In Kapitel 13.9, »Verhinderungspflege«, weiter hinten in diesem Buch erläutere ich, unter welchen Umständen man die Pflege des Diabeteskindes durch Dritte, wenn man als Hauptbezugsperson verhindert ist, zumindest teilweise bei der Kranken- bzw. Pflegekasse geltend machen kann.

Durch die »Unsichtbarkeit« fällt es Außenstehenden tendenziell schwer, das Ausmaß des T1D in Bezug auf den zusätzlichen Betreuungsbedarf, die Einschränkungen im täglichen Leben, Sorgen, psychischen Faktoren, Stress für den Körper und Erschöpfungszustände bei den Betroffenen sowie auch den Bezugspersonen – bis hin zum »Diabetes Burnout« – zu erfassen.

1. Heilbar oder nicht?

»Diabetes Typ 1 ist heilbar.« – »Diabetes Typ 1 verwächst sich in der Pubertät.« – »Aber Dein Kind kann doch normal leben, oder?« – »Geht das wirklich nie wieder weg?«

Nein. Bei T1D handelt es sich um eine bis heute nicht heilbare Autoimmunerkrankung.[36]

Bücher mit reißerischen Titeln wie »Diabetes ist heilbar!«[37], die auf dem Cover nur klein und *unfett*, im Gegensatz zum fettgedruckten Titel selbst, mit Asterisk (im Sprachgebrauch »Sternchen« (*)), präzisieren, dass es sich um den Typ 2 handelt, helfen meiner persönlichen Meinung nach dabei kaum. Letztlich bleibt im Zweifel der fettgedruckte Titel im Gedächtnis. Im digitalen Buchhandel wird der Sternchen* Text ggf. auch gleich weggelassen, *Amazon* macht es vor, und eben dieser Titel ist dann ohne Sternchen* in den Medien und der Kommunikation rund um das Buch präsent, was aus meiner Sicht sehr in die Irre führen kann. Man hätte es doch auch gleich eindeutig, also ohne Sternchen und direkt im Titel, konkretisieren können, um somit jegliches Missverständnis zu vermeiden, à la »Diabetes Typ 2 ist heilbar!«. Warum hat man es nicht so gemacht? Vielleicht, und das ist meine persönliche Reflexion, klingt es nicht so aufsehenerregend mit dem Typ 2-Zusatz direkt im Titel? Das Ausrufezeichen wirkt auf mich bei dieser zweiten Version zumindest irgendwie fehl am Platz. Die Rückseite klärt dann auf, was ich der Fairness halber hinzufüge, nur hätte man vielleicht den Begriff »nicht reversibel« noch eindeutschen können für diejenigen aus der interessierten Leserschaft, denen »reversibel« ein Fremdwort ist. Aber bis zur Rückseite kommen einige aus meiner Sicht sowieso gar nicht

[36] Sigurd Lenzen, Anne Jörns: »Blick in die Forschung: Realistische Perspektive auf Heilung«. In: www.aerzteblatt.de. Abgerufen am 23.04.2022

[37] Svea Golinske: »Diabetes ist heilbar!: Aktuelle Wissenschaft und internationales Expertenwissen«. In: www.amazon.de. Abgerufen am 23.04.2022

und plötzlich steht Omi Lieselotte in der Tür und triumphiert mit eben diesem Buch in der Hand: »Schau mal, Euer Diabetes ist überhaupt nicht so schlimm.« Und schon geht die Mär um den heilbaren Typ 1 in die nächste Runde, genährt durch dieses Versäumnis in der den Diabetes thematisierenden, eigentlich von der Verantwortung her zur Aufklärung verpflichteten Fachliteratur selbst. Das Kleingedruckte hat Omi Lieselotte ohne ihre Brille in ihrem Enthusiasmus einfach gar nicht wahrgenommen, und für die Rückseite blieb keine Zeit.

Bezüglich der Frage »Heilbar oder nicht?« möchte ich eure Aufmerksamkeit noch auf einen anderen Aspekt lenken: Wissenschaftler*innen und Forscher*innen beleuchten seit einiger Zeit die Frage, inwiefern bei Erkennung des T1D noch vor seinem eigentlichen Ausbruch Heilungstherapieansätze erfolgversprechend sein können, die sich der noch vorhandenen gesunden Betazellmasse in der Bauchspeicheldrüse bedienen.[38]

Wir setzen große Hoffnungen in diese Forschungen.

2. Und die Nacht?

»Nachts ruht sich der Körper doch aber aus.« – »Die Nacht gehört den Eltern!« – »Müsst ihr immer noch in der Nacht den Blutzucker messen?« – »Nachts ist echt ein *Easy Win* (also hier ist es leicht, Werte im grünen Bereich zu erzielen, um die TIR insgesamt positiv zu beeinflussen).«

Nein, nein, ja und noch einmal nein. Gerade nachts ist unser menschlicher Organismus hochaktiv, vor allem bei Kindern: Regenerationsprozesse, Wachstumsprozesse, Hormonschübe, Krankheitsbekämpfung und vieles mehr hält unseren Organismus nachts

---

[38] Sigurd Lenzen, Anne Jörns: »Blick in die Forschung: Realistische Perspektive auf Heilung«. In: www.aerzteblatt.de. Abgerufen am 23.04.2022

auf Trab. Da die Nächte von der Außenwelt in der Regel stark unterschätzt werden, ich sage nur »*Rock around the Clock*«, habe ich ihnen ein eigenes Kapitel, Nr. 9, »Nächtliche Partys«, gewidmet.

Es mag sein, dass die Nächte bei Erwachsenen mit Diabetes Typ 1 *Easy Wins* sind, sofern sie vielleicht die letzte Mahlzeit des Tages bewusst daraufhin auslegen, Alkohol weitestgehend vermeiden und bezüglich ihrer Aktivitäten prinzipiell berechenbar sind? Wer kennt noch mehr Geheimtipps? Aber ob *der Win* mit diesen »Auflagen« dann immer noch so *Easy* ist? Das vermag ich als *nur* Diamama nicht beurteilen, Meinungen hierzu würden mich aber sehr interessieren.

3. Die Sache mit dem »Richtig Essen«

»Mit Zimt und grünen Smoothies kann man Diabetes heilen.« – »Ihr solltet auf langkettige Nahrungsfette verzichten. Dann gibt es keine Probleme mehr!«

Könnten die Mäuse zum Melken bitte noch einmal antreten? Auch hier spielt die Verwechslung der beiden Diabetestypen eine große Rolle. Natürlich beeinflusst die Nahrung den Stoffwechsel und somit auch den Blutzuckerspiegel, auch positiv, z. B. was Schwankungen angeht. Bewusstes Essen kann auch beim T1D-Management helfen und den Stoffwechsel leichtgängiger machen und somit die TIR begünstigen. Aber, wie schon in früheren Kapiteln aufgezeigt, gibt es weit mehr Stellschrauben, die den Blutzuckerspiegel beeinflussen, als nur die Nahrung. Und im Gegensatz zum Typ 2, wo nur ein relativer Insulinmangel besteht, die Bauchspeicheldrüse aber noch mehr oder weniger funktioniert, liegt beim T1D ein absoluter Insulinmangel vor. Es können schlichtweg gar keine Kohlenhydrate – egal wie gesund – einfach so verstoffwechselt werden, also auch keine Vollkornprodukte oder Früchte beispielsweise. Auch wenn ein Diakind einen Liter frisch gepressten Orangensaft trinkt, schießt der Zuckerwert in die Höhe und benötigt bei dieser Menge an Saft zweifelsohne gespritztes Insulin.

4. Entspann dich doch mal!

»Mensch, dass sie so schnell abstürzt, das konnte ich ja nicht ahnen, ist aber auch wirklich ungewöhnlich ...« – »Hey, Du bist 90% im Korridor, jetzt hast Du es. Alles easy von nun an, nicht wahr?« – »Jetzt entspann Dich doch mal. So schlimm ist ein Unterzucker nun auch nicht, passiert uns ja auch schließlich mal.«

Der Körper von Typ-1-Diabetiker*innen hat im Gegensatz zu einem Körper mit funktionierender Bauchspeicheldrüse keine eingebaute Notbremse, wenn der Blutzuckerwert nach unten rast. Die Achterbahn steuert mit Karacho in den Abgrund. Wird zu viel Insulin gespritzt oder sich für den im Blut befindlichen Zucker zu viel bewegt, ist ein Unterzucker vorprogrammiert und löst das körpereigene Notprogramm aus. Zuckerreserven werden aktiviert, der Körper ist im Existenzmodus, für ihn geht es um Leben oder Tod. Er mobilisiert alle Reserven.

Zudem ist es erfahrungsgemäß knifflig, das System im Anschluss wieder zu stabilisieren, weil viele der ausgelösten Körperprozesse verborgen bleiben und man quasi versucht, eine hochgradig aktive Blackbox von außen zu unterstützen. Es findet keine ausschließlich von innen gesteuerte Regeneration statt.

So kann es sein, dass der Blutzuckerwert in einer Achterbahntalfahrt innerhalb von 15 Minuten von kommoden 160 (8,9) oder gar über 200 (11,1) auf unter 70 (3,9) fällt, beim Trampolinspringen beispielsweise. Oder andersherum: Aus dem Off steigt der Blutzuckerwert plötzlich und klettert ohne erkennbaren Grund immer höher. Dahinter kann ein verzögerter Nahrungseffekt stecken, eine sich anbahnende Krankheit, akuter Stress, positive Aufregung oder auch ein

Problem mit Pumpe, Katheter oder dem verwendeten Insulin. Diese Aufzählung ist nicht abschließend.

Und das mit dem Korridor? Wir können gar nicht so schnell gucken, wie aus den 90% dann doch wieder weniger als 50% werden. Oft sind die sehr guten Prozentzahlen hart erkämpft, also genau so harte Arbeit wie ein durchtrainierter Körper etwa, nur dass der zumindest nicht aus dem Off seine Muskeln von einem Tag auf den anderen wieder komplett abbaut. Keine Garantie also bei guten Werten, oder: wie gewonnen, so zerronnen. Und noch ein unfairer Aspekt: Auch wenn die Prozentzahl im Korridor niedrig ist, kann schweißtreibende Arbeit dahinterstecken. In Wachstums- oder Krankheitsphasen z. B. kämpft man oft tagelang gegen zu hohe oder zu niedrige Werte an und erreicht mit seinen Bemühungen alles, nur nicht den Korridor. Ohne diesen Kampf sähe die TIR oft allerdings noch bescheidender aus, was viele in ihrem Frust vergessen. Der Körper führt gerade in für ihn schwierigen Zeiten ein schwer vorhersehbares Eigenleben mit einigem WTF (!) Potenzial – ja ich meine den englischen Ausdruck mit dem schlimmen »F-Wort« darin – und somit bleibt das T1D-Management eben wirklich ein dauerhaftes Hexenwerk.

5. Die Technik macht's!

»Mit Diabetes kann man heutzutage ja gut leben, sei froh, dass es kein Krebs ist.« – »Ihr habt doch eine Pumpe, die macht ja alles von allein.« – »Zum Glück ist Diabetes heutzutage kein Problem mehr.« – »Es ist doch nur Diabetes, sei froh, dass Du nicht im Rollstuhl sitzt.« – »Nach so vielen Jahren muss das Kind doch endlich gut eingestellt sein.«

Ja, Diabetes Typ 1 verläuft nicht mehr akut tödlich, das ist richtig, und ja, es stimmt, dass sich durch den Einsatz von Pumpen, Sensoren und Co die Werte und somit die statistische Lebenserwartung und die

Lebensqualität insgesamt stark verbessern. Auch die Pumpentechnik an sich wird stetig weiterentwickelt und die neuesten Systeme weisen durchaus schon eine gewisse Eigenständigkeit auf, ein Glück. Für viele Betroffene sind diese neuen Systeme aber noch Zukunftsmusik.

Die Äußerungen oben lassen dennoch außer Acht, dass das T1D-Management heutzutage vielfach doch noch ein vorwiegend manueller 24/7-Job ist, auch mit Pumpe, weil diese in der Regel die Insulinabgabe zum Essen noch nicht allein tätigt und nicht alle Pumpen bereits mit den zuckermessenden Sensoren kommunizieren und damit eine unterstützende »Selbststeuerung« des Diabetesmanagements ermöglichen können. Es kann vor allem nachts zu diversen Zwischenfällen kommen (mehr dazu in Kapitel 9) – und auch nicht alle Diabetiker*innen können oder möchten eine Pumpe verwenden. Gerade für unsere kleinsten Diakinder sind überhaupt erst vereinzelt mit den Sensoren kommunizierende Pumpen zugelassen. Die breite Masse der sich aktuell auf dem Markt befindlichen Pumpen verfügt in der Regel eben noch nicht über eine künstliche Intelligenz, sondern ist immer so intelligent, wie sie vom mehr oder weniger ausgeschlafenen Menschen, der sie bedient, gesteuert und programmiert wird. Und dieser versucht letztlich, auf sich ständig verändernde Körperprozesse und Umweltfaktoren zu reagieren mit dem, wie er die Pumpe regelt.

Dieser 24/7Job kann uns T1D-Eltern nie gänzlich erklärt werden, da sämtliche Körperprozesse hochgradig individuell ablaufen. Wir unterschreiben einen Vertrag ohne Urlaubsanspruch, ohne Feierabend, meist mit stillschweigend akzeptierten, unbezahlten Nachtschichten, ohne Pause, ohne Kündigungsmöglichkeit. Und es ist zudem ein Job, den sich niemand ausgesucht hat, und dennoch steht unsere Unterschrift auf dem Papier.

6. Ist doch 'ne Zucker-Sache, oder?

»Na, dann darf Dein Kind ja nie wieder Zucker essen, das tut mir leid.« – »Hast Du denn so schlimmen Zucker? In Deinem Alter schon?« – »Das Kind ist doch gar nicht so dick, und so unsportlich sieht es auch nicht aus.« – »Naja, wenn man seinem Kind auch ständig zu viel Zuckerkram gibt und Softdrinks und so, muss man sich ja nicht wundern, wenn es zuckerkrank wird. Unverantwortlich, selbst schuld.« – »Meine Oma hat das auch. Ich weiß, wie das ist. Immer dieses Kaffee-und-Kuchen, ihr Leben lang. Aber da gibt es Tabletten.«

Also noch einmal für alle: Bitte unterscheidet in Typ-1- und Typ-2-Diabetes. All die Kommentare betreffen den Typ 2, selbst wenn es natürlich auch da noch viel mehr Facetten gibt und ich hier der Anschaulichkeit halber ein wenig pauschalisiere: zu wenig Bewegung, zu viel Zuckerkonsum, nicht auf seinen Körper geachtet, Stress, und, und, und. Aber, wie gesagt, auch hier sollte man den Einzelfall näher betrachten, um die Ursachen bei jedem einzelnen Menschen mit Diabetes Typ 2 zu ergründen und dem Einzelschicksal eine Chance zu geben, gehört und verstanden zu werden. Es handelt sich beim Typ 2 ebenfalls um eine Stoffwechselstörung, deren Ursache in der Bauchspeicheldrüse zu finden ist. Oftmals sind die Ursachen hier allerdings erforschbar und formulierbar, manchmal kann die Störung mit einiger Kraftanstrengung sogar rückgängig gemacht werden. Nicht so beim Typ 1: Diese Form fällt oft vom Himmel und bleibt ein Leben lang, Bauchspeicheldrüse kaputt. Das war's.

7. »Ich könnte das nicht!«

Ja. Danke. So geht's mir auch. Ich kann das auch nicht!

Ja und jetzt? Wir können das beide nicht. Ich kann mein Kind nicht mehrfach am Tag absichtlich piksen. Ich kann meinem Kind nicht alle zwei Tage eine Nadel in den Po jagen. Ich kann nicht achtzehn von zwanzig Nächten immer wieder aus dem Bett hochgescheucht werden, oftmals mitten in meiner eigenen Tiefschlafphase. Ich kann nicht 24/7 erreichbar sein und auf Abruf. Ich kann meinem Kind nicht sagen, dass es nun nicht mehr allein zu Oma darf und auch nicht mehr allein bei Freunden übernachten darf, obwohl es genau das vorher ohne Probleme und sogar gerne durfte. Ich kann nicht vor jedem Essen ständig alles erst berechnen (da wird ja alles kalt!). Ich kann mir keine Zeit für diesen ganzen umständlichen Kram nehmen, denn ich habe einfach keine Zeit dafür. Ich kann meinem Kind doch nachts kein Zuckerzeug geben. Ja. Ich kann das auch nicht. Manchmal kann ich es auch einfach nicht mehr.

Was dann hilft, ist, meinem Kind zu sagen, wie unglaublich stark es ist und wie sehr ich es lieb habe. Und vielleicht die Verantwortung, wenn möglich, einmal kurz abzugeben, durchzuatmen, den Kopf freizubekommen. Vielleicht mit deiner Hilfe – und dann stehen wir das »Nicht-Können« gemeinsam durch.

8. Sind Ärzt*innen, Apotheker*innen und weiteres Fachpersonal mit allen Wassern gewaschen in Bezug auf T1D?

Apothekerin: »Nehmen Sie doch lieber flüssigen Traubenzucker anstatt des teuren Nasensprays. Das hilft viel besser bei Unterzucker. War ja nur ein Tipp, denn dafür sind wir Fachleute ja da.« – Diabetologin in der Zeit der Diagnose: »Ihr Kind darf leider nie wieder Gummibärchen essen.«

Beides stimmt nicht, denn die Gummibärchen sind bei vielen Diabetes Typ 1-Familien fester Bestandteil des Unterzuckernotfallkits, und das Apothekerinnenbeispiel hakt an folgender Stelle:

Noch nicht allzu lange gibt es ein spezielles Nasenspray (eigentlich Nasenpulver) namens *Baqsimi* für den Fall, dass ein Mensch mit T1D aufgrund eines schweren Unterzuckers ohnmächtig wird. Darüber sind wir Diabetikerfamilien extrem froh, denn davor galt es, dem Kind eine bestimmte Spritze mit einer Injektion (die besagte orange Box, in der sich das Ganze befindet, heißt *GlucaGen HypoKit*, die im Kühlschrank gelagert wurde) in den Oberschenkel zu rammen, notfalls auch durch die Kleidung hindurch, ohne dass wir das je hätten üben können. Nun kommt dieser Fall zum Glück eigentlich nie vor, aber für den Fall der Fälle sollte man gerüstet sein. Da ist dieses spezielle Nasenpulver, welches im Prinzip wie ein normales Nasenspray angewendet wird und Raumtemperatur verträgt, ein echter Fortschritt. Es geht nur eben nicht, entgegen der unqualifizierten Auslegung der Apothekerin, um die normale Unterzuckerung, sondern um die schwere Form mit Ohnmacht, was eine Apothekerin eigentlich als Fachfrau wissen sollte. Bei eben dieser Form von Ohnmacht bedingt durch Unterzucker ist das Einflößen von jeglicher Form an flüssiger oder fester Nahrung aufgrund einer dadurch drohenden Erstickungsgefahr sogar strikt untersagt.

Sicherlich wird weitestgehend mit Fachkompetenz agiert in der Betreuung von Typ-1-Diabetiker*innen und so bleiben die oben genannten Beispiele hoffentlich Ausnahmen. Auch eine gewisse Routine und Erfahrung im Umgang mit dem T1D spielt sicherlich mit hinein bei der Beantwortung der Frage, ob Fachkreise in Bezug auf T1D mit allen Wassern gewaschen sind.

Ich wünsche mir, der T1D-Community und gerade den T1D-Neulingen und ihren Familien, dass Fachkreise, die nur selten Umgang mit dieser Thematik haben, ihr T1D-Wissen regelmäßig auffrischen, sollte es eine gewisse Wahrscheinlichkeit geben, dass sie damit in Berührung kommen. Ich wünsche mir zudem Einfühlungsvermögen und Empathie von Seiten der betreuenden Fachkreise, gerade im Stadium des Ausbruchs des T1D, um adäquat auf Nöte und Bedürfnisse einzugehen und die Betroffenen sowie ihre Familien aufzufangen und behutsam in das neue Leben einzuführen. Für jede einzelne Familie und jede einzelne, frisch mit T1D diagnostizierte Person bricht mit hoher Wahrscheinlichkeit im ersten Moment eine Welt zusammen. Unreflektierte Sätze in der Erstkommunikation können hängen bleiben und die schwierigen Erinnerungen an diese erste Zeit nach der Diagnose noch verschlimmern. Zudem kann die erste Zeit prägend sein für den Umgang mit dem eigenen T1D – und vielleicht schaffen es Fachkreise mit einer adäquaten und personalisierten Ansprache, einem positiven weiteren Verlauf in Sachen Grundeinstellung und Akzeptanz des T1D den Weg zu ebnen.

Fazit

Niemand meint es böse – wir brauchen nur einfach mehr Informationen für alle.

Der T1D macht nun einmal nur einen kleinen Bruchteil aller Diabetes-Typen aus, da ist es schwierig, den Überblick zu behalten und präzise zu bleiben, sogar zum Teil in Fachkreisen.

Mir läge eine breite **Aufklärungskampagne** am Herzen, die plakativ und fokussiert die **Unterschiede zwischen Typ 1 und 2** aufdeckt, und nochmals sachlich aufzeigt, was eine T1D-Diagnose im Vergleich zu einer Typ-2-Diagnose bedeutet. Hierbei sollte es auch um **Ursachen** gehen, denn mit Verwechselungen diesbezüglich werden aus eigener schmerzlicher Erfahrung auch schon die kleinsten, tapfersten T1D-Patient*innen konfrontiert. Dabei können sie absolut nichts dafür, dass der T1D sie auserwählt hat und sie nun ein Leben lang als Familienmitglied begleiten möchte. Zudem sollten **die Symptome für T1D** auch nochmals allen zugänglich gemacht werden, in deren Umfeld es zu T1D-Manifestationen kommen kann. Gerade das Umfeld kann gegebenenfalls entscheidende Hinweise geben.

Ein Erwachsener mag den Kampf mit den Vorurteilen und Falschaussagen noch aufnehmen wollen, um die Welt ein Stück besser und verständiger zu machen. Aber selbst hier besteht die Gefahr, dass mit der Zeit all das zwar nicht bös gemeinte, aber dennoch un- und halbwissende Zeug, dem man als T1Dler ausgesetzt ist, auch bei hoher Toleranzgrenze irgendwann zu Frust oder gar Wut führt. Was aber ist mit einem Teenager oder einem noch jüngeren Kind, die/der/das dem Ganzen noch viel weniger gewachsen ist, damit beschäftigt, sich selbst zu ergründen, auch ohne Typ-1-Diabetes schon? Hier haben wir eine noch größere gesellschaftliche Verantwortung, ihnen nicht noch zusätzlich ein Päckchen zuzumuten und ungerechtfertigte Schuld in die Schuhe zu schieben, die sie ihr Schicksal gegebenenfalls noch schwerer ertragen lässt.

8

Positive Kommunikation

Von Anfang an, nachdem der allererste Schock überstanden war, haben wir versucht, den Diabetes möglichst positiv zu besetzen, gerade bei unserer Tochter, auch, gerade und sehr bewusst in der Zeit, als wir noch mitten in den fünf Phasen der Akzeptanz feststeckten. Sätze wie »Das ist aber schlimm, meine Kleine« oder »Wie furchtbar, jetzt bist Du ja Dein ganzes Leben lang krank« konnten wir dadurch glücklicherweise weitestgehend unterbinden. Auch Äußerungen wie »Dein Wert ist mal wieder zu hoch, Du musst Dich bewegen«, die zum einen implizieren können, dass der hohe Wert ihre Schuld ist und zum anderen aussagen, dass sie nun in einer ungeliebten Pflicht steht, obwohl sie am allerwenigsten dafür kann, drehe ich um ins Positive: »Dein Wert ist gerade sehr hoch. Möchtest Du Dich bewegen, wollen wir vielleicht gemeinsam durchs Haus rennen, oder sollen wir zusammen schauen, was wir gegenspritzen können?«

Das hat natürlich auch Auswirkungen darauf, wie wir selbst als Typ Fler den Diabetes wahrnehmen. Wir leben von nun an bis an unser Lebensende mit ihm nach heutigem Stand der Wissenschaft. Ist es da nicht angenehmer, wir vertragen uns und respektieren uns? Es ist immer alles so gut oder schlecht, wie wir es äußern und fühlen, gerade für unsere Kinder, für die es kein größeres Vorbild gibt als uns selbst, und die uns, gerade wenn sie noch jünger sind, nacheifern, ob bewusst oder unbewusst. Gedanken formen unsere Realität und auch unser Körper reagiert vehement auf die Signale, die wir ihm senden. Ich war und bin sehr wachsam, wie Nonies direkte Umwelt bezüglich des Diabetes mit ihr kommuniziert und nehme jede*n beiseite, die oder der hier querschlägt.

Wir sprechen sowieso nicht von Krankheit, sondern einfach vom Diabetes. »Er ist jetzt bei Dir, wie die Allergie Deiner Schwester oder meine Leberflecken.« Ist euch schon aufgefallen, dass man im Sprachgebrauch bei einer Allergie in der Regel auch gar nicht von Krankheit spricht? Als mir einmal doch »Deine Krankheit« rausrutschte, fragte meine Tochter mich: »Aber Mama, was meinst Du denn? Ich bin doch gar nicht erkältet und Magen-Darm habe ich auch nicht. Du kannst Dich also entspannen.«
#TausendSteineVomHerzenGefallen

Wir sprechen nicht von der Schwerbehinderung mit Zusatz »hilflos«, sondern davon, dass Nonie nun kostenlos U-Bahn und S-Bahn fahren darf. Das macht sie stolz. Da fühlt sie sich im Positiven besonders, bis sie die ganze Wahrheit begreifen kann.

Wir sprechen nicht davon, dass es für sie belastend ist, ständig auf Abruf und trackbar zu sein, sondern davon, dass Nonie vier Jahre vor ihren Schwestern ein eigenes Handy haben darf. Da schwillt die Brust.

Wir sprechen nicht von den äußerst schwierigen Nächten, in denen Nonies Schlaf wegen eines oder mehrerer Unterzucker gestört wird, sondern davon, dass sie nachts Gummibärchen essen darf. Wir nennen das Gummibärchenparty. Manchmal erinnert sie sich am nächsten Morgen allerdings gar nicht mehr daran. Warum Gummibärchen? Weil sie sie, also die Kleinen, recht gut unzerkaut herunterschlucken kann und sich das Zuckerzeug somit nicht ganz so schlimm in den Zähnen festsetzt, denn Zähneputzen nachts mag ich ihr nun wirklich nicht auch noch zumuten. Bei anderen T1D-Familien ist es nachts oft auch ein Tetrapack Saft, aber das lehnt unsere Maus kategorisch ab.

Als Nonie bei der psychologischen Betreuung in der Klinik daraufhin ein gutes Jahr nach der Diagnose den Diabetes malen sollte, malte sie eine Blume. Dazu erklärte sie: »Mama, der Diabetes wäre ja ganz traurig, wenn ich ihn wie die anderen Kinder auch als böses Monster malen würde. Bei mir ist es eine schöne Blume, und sie ist ganz nah bei mir.« Da schossen mir die Tränen in die Augen.

Für die Buchillustrationen haben wir uns für ein einzigartiges, freundliches Wesen und keine Blume als personalisierten Diabetes entschieden, weil aus unserer Sicht die Nahbarkeit und Akzeptanz als liebenswertes, aber dennoch eigensinniges und manchmal auch stacheliges Familienmitglied auf diese Weise für die Allgemeinheit besser gegeben ist. Einer Blume fehlen dafür vielleicht auch ein paar Ecken und Kanten, auch wenn sie noch so schön ist. Dennoch liebe ich die Blumenanalogie meiner Tochter, zeigt sie doch, dass unsere Ansatzpunkte einer positiven Kommunikation auch bereits in der so fordernden Anfangszeit Früchte getragen haben.

Die schwierigste Frage ist natürlich: »Mama, warum habe gerade ich Diabetes?« Tja, was sagst du da als Mama, die selbst gerade anfangs immer wieder mit dieser Diagnose kämpfte, im Stillen, hinter den Kulissen, und sich genau diese Frage nach dem Warum selbst häufig stellte, die sich ihr eigenes Leben und das der kleinen Frischpatientin ganz anders ausgemalt und so viel anders vorgestellt hatte?

»Der liebe Gott will, dass wir uns um Dich besonders doll kümmern, weil Du so ein großes Herz hast.«

Nonie malte mit der Psychologin erst ihre Familie in Form von Tieren. Die Woche darauf wurde sie gebeten, den Diabetes, in welcher Gestalt bzw. Form auch immer, hinzuzufügen, Herbst 2020. Sie selbst ist der große Hund, weil das ihr Lieblingstier ist. Der Diabetes ist die Blume direkt daneben.

9

Nächtliche Partys

– Was ist denn da im Körper eigentlich los? –

Stoffwechselprozesse, Abwehrmechanismen sowie Hormonausschüttungen und somit auch die Abläufe in der Bauchspeicheldrüse laufen nachts auf Hochtouren. Sie beeinflussen den Blutzuckerspiegel direkt. Die Bauchspeicheldrüse reguliert entsprechend des imminenten Bedarfs das Insulin eigenständig. Somit bekommen Menschen mit intakten Bauchspeicheldrüsen die Schwerstarbeit, die die Bauchspeicheldrüse gerade auch nachts leistet, gar nicht mit.

Bei Personen mit Diabetes Typ 1 übernimmt diese Aufgabe der Mensch selbst oder in Teilen bereits die Maschine. Insulinpumpen stellen auch nachts die Basisversorgung an Insulin sicher, klassischerweise gleichen aber die Eltern von Diabeteskindern heutzutage oft noch manuell Blutzuckerschwankungen aus. Neuere Pumpensysteme verfügen bereits über eine Technologie, die zu niedrige oder zu hohe Werte, die ein mit der Pumpe kommunizierender CGM-Sensor misst, eigenständig ausgleicht, sogenannte »Hybrid-Closed-Loop«-Systeme.[39]

[39] »Closed Loop«. In: www.diabetesde.org. Abgerufen am 23.04.2022;
Tina Haase: »Hybrid-Closed-Loop: Was die neue halbautomatische Insulinpumpe kann«. In: www.apotheken-umschau.de. Abgerufen am 23.04.2022

Der Zusatz »Hybrid« deutet dabei darauf hin, dass nach wie vor manuell eingegriffen wird, vor allem rund um die Mahlzeiten. Da es von der Krankenkasse alle paar Jahre, bei uns sind es vier, eine neue Pumpe gibt, kann es sein, dass sich diese viel diskutierte und kontinuierlich weiterentwickelte Technologie in absehbarer Zeit durchsetzt bei allen, die sich davon eine Erleichterung versprechen.

Zurück zu unserer Gegenwart: In der Analogie des Herzens fungieren die Eltern, teilweise eben schon unterstützt durch die Pumpe, als Herzschrittmacher, den man ja auch nicht nachts einfach abstellen kann. Steigt der Blutzucker über den Korridor, wird Insulin gespritzt, sinkt er zu stark ab, wird entweder mit einer niedrigeren Abgabe von Insulin durch die Pumpe oder in akuten Fällen durch die Gabe von Zucker, z. B. in Form von Saft oder Gummibärchen, einem (drohenden) Unterzucker entgegengewirkt.

Aus meiner eigenen Erfahrung kann ich berichten, dass ich in den letzten zweieinhalb Jahren höchstens 25 mal durchgeschlafen habe, also damit meine ich sechs Stunden am Stück. Nun nehme ich das Diabetesmanagement auch sehr genau. In der Regel stehe ich nachts zwei bis fünfmal auf bzw. gehe extra sehr spät ins Bett, um nicht so oft geweckt zu werden. Wenn es ein größeres Problem mit Sensor oder Pumpe gibt oder ein besonders schwer zu berechnendes Abendessen, kann es auch bis zu zehnmal sein. Das Maximum, wie oft meine Tochter von sich aus nachts zu mir gekommen ist, war dreimal in einer Nacht. Die Pumpe meldete in jener Nacht mehrfach Verstopfungen, die Insulinzufuhr stockte also, die T1D-Welt nennt das ganz fantasievoll »Verstopfungsalarm«. Diesen höre ich nicht selbst, sondern er weckt meine kleine Maus direkt. Um diese technischen Zwischenfälle herum war ich in der besagten Nacht bestimmt zehnmal bei ihr, um mich durch die Folgewirkungen zu kämpfen, die durch die teilweise unterbrochene Insulinzufuhr ausgelösten wurden. In dem Fall wurde die Störung ausgelöst durch eine krumme Nadel des Katheters, was mir beim Setzen nicht aufgefallen war. Seitdem schaue ich mir jede Nadel genau an und sortiere im Zweifel vorher aus.

Gerade um Mitternacht herum ist zumindest bei uns oft viel los zum Thema Diabetesmanagement aufgrund der Nachwirkungen des Abendessens. Jeden Abend eine Scheibe Vollkornbrot mit Gurke ist für uns auf Dauer keine Option. Diese Form von Abendessen gibt es bei uns auch hin und wieder, aber dann, weil wir Lust darauf haben oder bewusst eine ruhige Nacht heraufbeschwören möchten, z. B. bei Fremdbetreuung am Abend. Hormonelle Prozesse wie Wachstumsschübe und körperliche Abwehrprozesse, z. B. in der Ausbruchsphase einer Krankheit, finden die ganze Nacht über statt. Wie sie sich auf den Blutzucker auswirken, dazu mehr in Kapitel 13. Hinzu kommen Muskelauffülleffekte – die Muskeln verbrauchen bei Anstrengung Zucker, den sie sich Stunden später, bei Marathonläufern teilweise sogar noch am nächsten Tag, aus dem Blut zurückholen, um ihre Glukosereserven wieder zu füllen – sich ändernde Grundbedarfe an Insulin, und, und, und. Hier weiter ins Detail zu gehen, würde den Rahmen sprengen.

Folgende Faktoren führen bei uns zu Party in der Nacht:

- 3/7 Essensthemen (vor allem FPE-Effekt, siehe Kapitel 13.3)
- 2/7 notwendige Basalratenanpassungen (immer dann, wenn sonst nichts ist)
- 1/7 technische Probleme an der Pumpe oder dem Sensor
- 1/7 Körperprozesse (Hormone, Krankheit, Muskelauffülleffekt, Aufregungsnachverarbeitung etc.)
- Da bleibt leider kein Siebtel mehr übrig. Natürlich kann man eine ruhige Nacht versuchen bewusst herbeizuführen durch

z. B. gut einschätzbares Essen abends (das besagte Vollkornbrot mit ganz wenig Butter und Gurke darauf), aber selbst dann hat man noch nicht einmal die Hälfte der Einflussfaktoren im Griff. Salat mit Steak funktioniert übrigens nicht zwangsläufig gut, falls sich das der eine oder die andere jetzt gerade denkt, denn das Fleisch und das gute Olivenöl im Dressing können nachts ebenso einen FPE-Effekt auslösen. Am leichtesten planbar sind nach meiner Erfahrung komplexe, hochwertige Kohlenhydrate und Gemüse, möglichst fettfrei.

TIPP FÜR PROFIS:

Stelle ich nachts einen leichten, aber stetigen Abwärtstrend frühzeitig fest, hat es sich bewährt, mittels einer TBR gegenzusteuern, was erstaunlich oft funktioniert: Mit 60–70% je nach Ausgangssituation für 45 Minuten bis 1 Stunde haben wir gute Erfahrungen gemacht. Diese TBR federt, wenn sie funktioniert, und das ist nach wie vor jedes einzelne Mal, auch nach zweieinhalb Jahren noch, ein »Strike«-Moment, drohende Abwärtstrends und somit absehbare Unterzucker ab.

»Augenringe? Das sind die Schatten großer Taten!« heißt es auf einer Postkarte des *Rabenmütter Verlages*, wie mir Nicola Schmidt verriet. Ich sage euch: Manchmal, wenn es wirklich nur noch mit Sonnenbrille geht und ich gut drauf bin, dann füge ich noch einen Hut oder eine Mütze tief ins Gesicht gezogen hinzu und spiele »Inkognito-Promi«. Und siehe da, die Leute fangen wirklich an, sich nach einem umzuschauen. Wenn ich jetzt noch Aufklärungs-Flyer dabeihätte, könnte die Kampagne starten.

Im Folgenden zitiere ich in Auszügen Kommentare aus einem Instagram-Beitrag vom September 2021 von Anne (**@kuddelmuddeltoddle_t1d**) zum Thema »Und wie viele Male stehst Du dann in der Regel jede Nacht so auf?«. Es gibt viele derartige Beiträge im Netz, und der Tenor ist in meiner Wahrnehmung überall ähnlich: »Ich bin nicht allein.« Was uns alle ein wenig tröstet.

FUN FACT:

Als ich den Beitrag für das Buch auswählte und dieses Kapitel initial schrieb, wusste ich noch nichts davon, dass Anne, Diplom-Kommunikationsdesignerin, später einmal das Cover dieses Buches gestalten würde. Wie sich die Kreise doch manchmal schließen.

kuddelmuddeltoddle_t1d

»Und wieviel mal stehst du dann in der Regel jede Nacht so auf?« Ich sage:»2-3 Mal im Durchschnitt!« und fühle mich komisch, weil es sich fast anfühlt als würde ich übertreiben oder lügen. Aber das tue ich nicht. Ich denke nochmal nach und sage:»Ja, so ist es, 2-3 Mal ruft mich nachts der Alarmton der Insulinpumpe, manchmal sogar öfters!« Mir läuft selbst ein Schauer über den Rücken, weil ich es so absurd finde, dass das jetzt schon fast 3 Jahre unsere Normalität ist, abgesehen von der Zeit davor in der man sowieso wegen Stillen und »normalem« Babykram wenig Schlaf gefunden hat. Natürlich gibts phasenweise mal Nächte in denen es rund läuft oder in denen man absichtlich den »zu hoch« Alarm abschaltet, damit man einfach mal schlafen kann. Aber der Durchschnitt an unterbrochenen Nächten und Schlafmangel bleibt. Bei Diabeteseltern bleiben neben dem Aufstehen und dem wieder ins Bett legen zusätzlich immer noch die Gedankenschleifen im Kopf: Wird jetzt alles gut für den Rest der Nacht -oder alles blöd? Wo bewegt sich der Blutzucker hin? Muss ich vielleicht doch lieber gleich Katheter/ Sensor -oder gar beides- wechseln? Hätte ich mehr Traubenzucker geben sollen? Habe ich zuviel Traubenzucker gegeben? Dazu kommt, dass dann auch manchmal das Kind fit ist, da man es aus dem Schlaf gerissen hat und eine Ladung Zucker verabreichen musste, dann wird die Nacht sowieso unruhig und morgens sind ALLE sehr müde. »Irgendwas ist immer«, eine Floskel, die mir den Diabetes betreffend sooft durch den Kopf schießt und dann frage ich mich, ob es meinem Köper irgendwann überhaupt wieder möglich sein wird »normal« zu schlafen, wenn er jahrelang auf Unterbrechungen konditioniert wird?! Ich bin gespannt, ob ich irgendwann eine Antwort darauf finden kann 😵 💫

Wie oft steht ihr »im Durchschnitt« nachts auf, weil ihr vom Alarm d. Pumpe geweckt werdet?

Gefällt **diabetesblümchen** und **weiteren Personen**

23. SEPTEMBER 2021

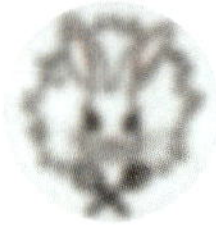

kochen_backen_diakids
Seit 1 Jahr werde ich mindestens 5 mal in der Nacht vom Alarm geweckt. »Ruhigere« Nächte gibt es sehr selten ...

Gefällt 1 Mal   Antworten

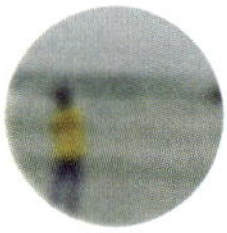

zuckerbonbon
Wir sind jetzt seit Juli mit im Diabetes-Boot. Wir haben den Freestyle und ne Medtronic für den 4Jährigen. Ich gebe uns abends immer ne halbe Stunde, um den Tag Revue passieren zu lassen und abends zu optimieren. Noch ne KE vor dem Schlafen oder eben nicht, Basalrate anpassen. Dadurch stehe ich nachts wirklich fast nie auf. Vielleicht 2mal pro Woche. Was ist euer größtes Problem in der Nacht. Vielleicht können wir uns gegenseitig helfen und die Nächte optimieren?

Gefällt 1 Mal   Antworten

kuddelmuddeltoddle_t1d
@_zuckerbonbon_ das ist lieb! Es sind immer unterschiedliche Sachen..wann wirkt das Essen wie, hätte der Katheter doch gewechselt werden müssen etc. Ich finde meistens weiß man dann doch irgendwie woran was liegt, aber ob man einen verzögerten Bolus zB lieber über 3 Stunden oder dann doch 6h hätte geben müssen, weiß man erst mit learning by doing! Und selbst wenn man sich Maßnahmen merkt, können sie ja beim nächsten Mal »einfach so« wieder in die Hosen gehen😅

Gefällt 1 Mal   Antworten

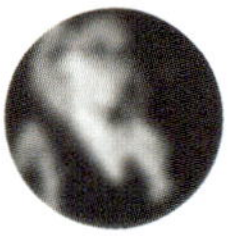

asti_ac
Aufstehen muss ich zum Glück nicht, da wir gemeinsam in einem Bett schlafen, aber wir sind jede Nacht mehrfach wach. Hier kommen Stillen und Diabetes zusammen, länger als 1,5-2 Std am Stück schlafen ist quasi nie, das liegt aber auch daran, dass Mini noch immer so oft in der Nacht stillt. Und wenn dann aber der Diabetes dazu noch Ärger macht, gibt's teilweise dazwischen dann noch längere Wachphasen 😩, das finde ich ganz furchtbar. Und jeden Morgen eine Stunde bevor die Kalib-

rierung anfällt, die Erinnerung daran, ich verfluche diesen Alarm so sehr, weil er meine Nacht oft damit frühzeitig beendet 😤

Gefällt 1 Mal Antworten

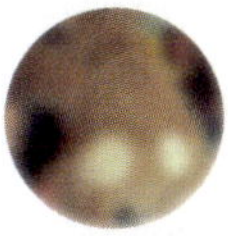

typ1igartig
Ich würde sagen auch im Durchschnitt 2-3x.. mal mehr mal weniger. Aber Nächte ohne aufstehen, gibt es leider selten 🙈

Gefällt 1 Mal Antworten

majabine
... wir spritzen mit PEN. Haben aber den Freestyle Libre 2, Gott sei Dank 🙏, der piepst auch 2-4 mal die Nacht. Bei uns seit 6 Jahren und man gewöhnt sich nicht dran 😢

Gefällt 1 Mal Antworten

katja.0210
Sehr guter Beitrag! 👏👏👏 2 bis 3mal pro Nacht durchschnittlich trifft auch bei uns zu. Ganz selten nur gibt es keine nächtlichen Alarme und das ist dann meist so ungewohnt geworden, dass ich dennoch mal kurz wach werde. 🙈 Auch 7mal in einer Nacht aufstehen kenne ich. Und wenn man dann nicht Betroffenen davon berichtet, die einen ansprechen, dass man so müde aussehe, reagieren diese immer ganz verwundert und fragen mich, warum das Kind nicht besser eingestellt sei oder ob das immer so bleibe und wie ich das durchhalten möchte. Bin dann meist zu müde, um es zu erklären. 😤 Man gewöhnt sich dran, leider, aber ich bin froh, dass es die Alarmfunktion gibt. 🙏

Gefällt 1 Mal Antworten

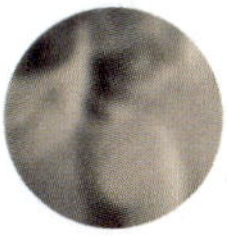

justynawahner
Seit einem Jahr nun 2-4 mal... Im Moment ist irgendwie auch so der Wurm drin. Hängt wahrscheinlich mit dem Schulstart nach den langen Sommerferien zusammen und wird sich wieder einspielen - für 2, mit Glück vielleicht 3 Nächte 😉😅 Es beruhigt gerade aber ungemein zu lesen, dass es so vielen so oder so ähnlich geht... Wir schaffen das 💪

Gefällt 1 Mal Antworten

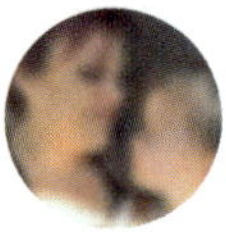

zuckermonsterchens_mami
Ja so 2-3 x pro Nacht stehe ich im Durchschnitt auch auf, kann aber auch mal viel viel öfter sein. Seit Juni gab es erst 2 Nächte, wo alle mal durchschlafen konnten 😔

Gefällt 1 Mal Antworten

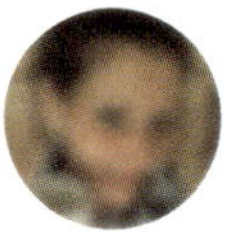

tinabarbara.wolf
Es ist phasenweise... Manchmal 1x manchmal 3x... Wobei ich eigentlich nachts oft absichtlich wach bleibe, bis ich sicher bin, daß kein Alarm mehr kommt, weil alles soweit stabil ist. Alarm ist doof, - da werden die anderen 3 Kids auch wach... Das versuche ich zu vermeiden... Daher ist es fast gelogen wenn ich sage daß ich 3x aufstehe.. Ich stehe eher 1x auf und das teilweise für 3 Stunden... Ja, absurd... 🙊 Momentan läuft es wirklich gut bei uns 🙌 ich genieße es und hoffe der Zustand hält lange an. Es wäre unrealistisch zu glauben, daß es sich nicht mehr ändert!

Gefällt 1 Mal Antworten

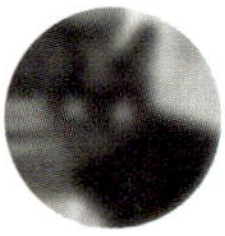

minea_rinoa
Wir haben im Moment wirklich Pech mit den Sensoren. Letzte Nacht hat der Dauer Alarm gegeben obwohl der Blutzucker super im normalen Bereich war. Zudem muss ich grad am Basalen schrauben. Also die letzten Nächte bin ich teilweise jede Stunde messen gegangen. 😫 Und »irgendwas ist immer« könnte ich so unterschreiben.

Gefällt 1 Mal Antworten

vierinein
Auch 2 bis 3 mal pro Nacht. 1. Die Alarme (nach einer Unterzuckerung folgt meistens nochmal ein Alarm der zu betätigen ist), sensorsignal verloren weil die Decke zu dick ist, dann die Überzuckerung nicht zu vergessen. Vieles was am Tag nicht richtig lief rächt sich auch in der Nacht. Oder kurz vorm schlafen hat sich der Sensor verabschiedet. Heißt die ganze Nacht alle 2h kalibrieren 😂, [...] Und wie du sagst man ist nachts dann ja auch kognitiv gefordert. Wie viel kh gebe ich? Reicht es? Oder gebe ich mehr damit er nicht auf der Grenze herum irrt und ich schlafen kann. Und und und

Gefällt 1 Mal Antworten

mama_vom_diatiger
Oh das kennen wir auch. Aus dem Grund haben wir uns ein Familienbett angeschafft. Damit wir nachts nicht damit beschäftigt sind die ganze Zeit durchs Haus zu rennen. Aber durchschlafen gibt's hier auch nicht...

Gefällt 1 Mal   Antworten

10

Wie sprechen Außenstehende Diabeteseltern am besten an?

Als ich meine Tochter zwei Monate nach unserer Diagnose, kurz nach den Sommerferien, das erste Mal zum eigentlich so vertrauten Ballettunterricht brachte, war ich stark verunsichert, nervös und wünschte mir Halt und Zuspruch. Alles erschien mir noch so neu, so unroutiniert, so beängstigend, so ohne Anker. Es war unsere erste Öffnung in Richtung »normale Welt« außerhalb der Schule, in Richtung Alltag wie früher, nur eben inzwischen mit einem ganz anderen Background. Einer Mama dort öffnete ich mein Herz und all meine Sorgen und Nöte sprudelten aus mir heraus. Sie machte den Mund auf, und ich weiß noch, wie ich mich so sehr nach Zuspruch sehnte, ihn wirklich brauchte, als ich mit offenem Herzen und verletzlich vor ihr stand. Sie sagte: »Es gibt Schlimmeres im Leben. Daran gewöhnt man sich doch, einfach nicht so anstellen. Jeder hat hier sein Päckchen zu tragen.« Ich war derart sprachlos, dass ich mit – ich glaube – noch offenem Mund und komplett leerem Blick wortlos das Studio verließ und zusah, dass ich dieser Mutter nie wieder unter die Augen trat. Ich hätte alternativ erklären, zetern oder schreien können, befand mich aber glücklicherweise in einer Schockstarre. Draußen ließ ich meinen Tränen freien Lauf, versteckte mich schnell wieder hinter meiner Sonnenbrille, dann Zuhause hinter den Kulissen, Vorhang zu.

Was hätte ich mir in dieser Situation gewünscht? Welche Ansprache hätte mir gutgetan?

»Magst Du mir mehr über den Diabetes Typ 1 berichten? Ich kenne mich da, ehrlich gesagt, überhaupt nicht mit aus.«

»Das hört sich nach sehr viel Arbeit an. Wie schaffst Du das alles on top?«

»Deine Tochter sieht toll aus, Du scheinst das wirklich gut hinzubekommen. Ich mag mir gar nicht vorstellen, wie viele unzählige Stunden Arbeit darin stecken, wie viel Überwindung und Kraft, die keiner sieht.«

Oder auch ganz anders:
»Maren, ich fühle mit Dir, ehrlich, aber ich habe gerade selbst wirklich große Probleme in meinem Leben / meinem Umfeld, um die ich versuche, mich zu kümmern. Ich habe großen Respekt vor dem, was da gerade bei Euch abgeht, schaffe es aber nicht, Dir zusätzlichen Halt zu geben. Mir wird gerade alles selbst zu viel.«

Das, was ich mir grundsätzlich wünsche im Gespräch mit Diabetes Typ 1-Kindern, ist eine reflektierte, positive, einladende Ansprache, die die Kinder stärkt, größer macht und ihnen Kraft und Mut gibt:

»Das kannst Du schon ganz allein (was auch immer es ist, irgendetwas findet sich immer)? Also ich weiß nicht, ob ich das hinkriegen würde. Kannst Du mir das einmal erklären?«

»Weißt Du eigentlich, wie stark ich Dich finde, weil Du mit Deinem Diabetes so toll umgehst? Magst Du mir davon erzählen?«

»Magst Du mir berichten, was bei Dir alles anders ist als bei Deinen Freunden? Magst Du mir auch erzählen, was daran für Dich schwierig ist oder was Du schön daran findest?«

»Worauf bist Du besonders stolz, wenn Du an Deinen Diabetes denkst?«

Im Gespräch mit Erwachsenen kommt es leider immer wieder zu Situationen, die in Kapitel 7 geschildert wurden. Auch da gibt es Ansätze, wie ihr es Diabeteseltern leichter machen könnt, mit euch in ein umarmendes, konstruktives Gespräch zu kommen:

»Erzähl mir von Eurem Alltag, wenn Du magst. Wie hat sich alles verändert, seit der Diabetes da ist?«

»Ich würde gerne verstehen, was Dir derzeit am meisten zu schaffen macht, aber natürlich nur, wenn Du darüber reden magst.«

»Wie geht es Dir gerade? Du hast lange nichts erzählt. Das würde mich wirklich interessieren.«

»Deine Tochter ist so ein quirliger, positiver Mensch. Ich würde gerne verstehen, was Du alles im Hintergrund machst, damit sie so unbeschwert sein kann. Ich habe da einen Heidenrespekt vor.«

»Ich kann mir nicht einmal im Ansatz vorstellen, was diese Diagnose für Euren Alltag bedeutet. Kann ich Dir irgendetwas Gutes tun? Dich irgendwie unterstützen? Oder magst Du mir einfach mal erzählen, was bei Euch grad los ist? Vielleicht ist es Dir aber auch lieber, wir reden über etwas ganz anderes. Das überlasse ich gerne Dir.«

Im täglichen Umgang ist es aus meiner Sicht wichtig, dass kein Diabeteslaie Entscheidungen, die wir treffen und die den Diabetesalltag betreffen, unnötig infrage stellt. Wir sind jeden einzelnen Tag zwangsläufig unglaublich flexibel, weil der Diabetes einfach am längeren Hebel sitzt. Planungen sind enorm schwierig, ständig kommt etwas dazwischen und wir planen um. Es kann vorkommen, dass nichts von dem, was wir uns gestern ausgemalt haben, heute noch umsetzbar ist. Da tut es gut, wenn ihr euch einfach mit in den neuen Plan einklinkt in dem Bewusstsein, dass es uns gewiss nicht leichtgefallen ist, alles (schon wieder) umzuschmeißen und (einmal mehr) von der eigentlichen Absprache abzuweichen.

Und was wünsche ich mir für Diabetes-Typ-1-Eltern von Fachpersonal? Hier kommt der »Dr. Rausch Ansatz« ins Spiel, also die Einstellung unserer ersten betreuenden Diabetesärztin hier in München im *Klinikum Dritter Orden*:

»Wir werden Sie jetzt ganz langsam und in Ihrem Tempo an dieses neue Leben heranführen. Wir sind für Sie da. Wir wissen beide, dass wir keine Wahl haben, aber seien Sie sich gewiss, dass wir Sie in allen Belangen unterstützen, bis Sie das Gefühl haben, sich eigenständig kümmern zu können. Was auch immer Sie von uns brauchen, wir geben unser Bestes, Ihnen genau das zu ermöglichen, was Ihnen jetzt hilft.«

»Der Diabetes führt sein Eigenleben, wie wir immer wieder feststellen, manchmal schmerzlich. Es gibt Zeiten, da läuft alles gut, und welche, da spielen die Werte aus nicht immer sichtbaren Gründen verrückt, obwohl Sie sich ganz bestimmt größte Mühe geben. Es ist in Ordnung, wenn mal eine Zeit lang gefühlt alles schiefläuft. Das wird wieder. Lassen Sie uns zusammen schauen, ob wir Zusammenhänge erkennen können, um die Situation gemeinsam wieder in den Griff zu bekommen. Auch ich stehe da manchmal zugegebener Weise vor einem Rätsel.«

»Jeder Blutzuckerwert ist ein guter, denn er hilft uns, um auf die Vorgänge im Körper zu reagieren und ihm zu helfen.«

»Ich sehe an den Werten, dass Sie zu Hause mit turbulenten Zeiten zu kämpfen hatten. Mögen Sie mir darüber berichten?«

»Na, bei Ihnen ist ja was los. Jetzt hole ich uns erst einmal einen Kaffee, und dann besprechen wir das in Ruhe. Wo drückt der Schuh denn derzeit am meisten?«

Wenn diese Art der Ansprache und des Austauschs wirklich gelingen sollte, dann brauchen meine Mäuse auch nicht mehr zum Melken zu kommen, und ich schicke sie nur zu gerne in den Urlaub oder gleich in Rente.

11

Ganz viel Praxis aus unserem turbulenten Familienalltag

Jetzt geht's ans Eingemachte:
Wie managen wir unseren Alltag? Wie kommen wir zurecht? Wie packen wir das?

Der nun folgende Teil ist sehr persönlich und größtenteils nicht evidenzbasiert, also leider auch ohne Erfolgsgarantie. Er stellt einfach einen tiefen Einblick hinter die Kulissen dar hinein in unseren turbulenten Alltag, angereichert mit eigenen Praxisbeispielen und der einen oder anderen Best-Practice-Methode, die ich in unserem Umfeld aufgeschnappt habe. Für alle, die nochmals nachlesen möchten, mit welchen Geräten und welchem Insulin wir zu Hause arbeiten: Bitte blättert ans Ende von Kapitel 2 (S. 49) zurück.

Möge dieser Teil frisch diagnostizierten T1D-Familien helfen, sich zu sortieren und den eigenen Weg zu finden durch ein »Find ich gut«, aber auch ein »Nein, so kann ich mir das überhaupt nicht vorstellen«. Und möge er allen weiteren Interessierten einen ersten Anhaltspunkt geben, wie gewisse Situationen angegangen werden könnten, und wenn es nur dem besseren Verständnis oder dem Einstieg in eine Diskussion mit der betroffenen Familie dient. Ich werde die Themen beleuchten mit dem Ziel im Hinterkopf, dass ihr nachlesen könnt, wenn die jeweilige Situation ansteht. Es sollen Gedankenstützen sein und Impulse, um den Einstieg zu erleichtern. Vielleicht ist auch dann und wann ein »Ach stimmt, daran habe ich gar nicht gedacht« dabei. Mit zunehmender Erfahrung bin ich mir sicher, findet jede Familie dann ihre eigenen Routinen, Handlungsweisen und Do's & Don'ts.

Liebe T1D-Familien: Bitte besprecht das für eure Familie und euer Umfeld am besten geeignete Vorgehen mit eurem persönlichen Diabetesteam. Vielleicht kann ich hier Anhaltspunkte dafür geben.

Den Bereich Kindergarten spare ich aus. Unsere Diagnose kam dafür zu spät. Wie gerne hätte ich Nonie diese letzten Wochen unbeschwerte Kindergartenzeit gegönnt mit all den Feiern, der Ausgelassenheit, dem prächtigen Finale. Aber genau diese Wochen verbrachten wir im Krankenhaus. Dennoch sind viele der Ausführungen hier sicherlich auch aufs Kleinkindalter und die entsprechende Betreuungssituation übertragbar, auch aus dem Schulkapitel. Selbiges gilt für die Pubertät. Da sind wir noch nicht, aber dennoch lässt sich auch hier sicherlich viel übertragen.

In den hinten aufgeführten Büchern wird teilweise der Bereich Kindergarten mit abgedeckt.

Zwei Bücher, die meiner Tochter gut gefallen haben in Bezug auf Aufklärung von Kindern im Kindergartenalter, sind folgende:

- Cecilia Lorenzo Fernández: »Leben mit Diabetes Typ 1 – Im Kindergarten«, BoD, 2016. Hier wird auf S. 8 z. B. kindgerecht das Prinzip des Insulins als Schlüssel im Körper erklärt. Es ist ein dünnes Büchlein, welches das Allerwichtigste für Kinder im Kindergartenalter anschaulich zusammenfasst.
- Dr. Katja Konrad, Bettina Rheker: »Geschichten aus dem Zuckersumpf«, BoD, 2015. Die Autorinnen erzählen anschaulich für Kinder ab 4 Jahren, was im Körper bei T1D passiert.

11.1
In der Schule

Der Schritt in die Schule ist sicherlich für alle T1D-Familien ein großer. Bei uns war der Diabetes ganze acht Wochen Teil unseres Lebens, als unsere Tochter eingeschult wurde, was eine enorme Belastung und auch Überforderung darstellte, waren wir doch selbst noch im wahrsten Sinne des Wortes *zucker*blutige Anfänger. Die Best Practice, die ich hier schildere, basiert auf dem Wissen und den Erfahrungen, die wir jeweils bis dahin sammeln durften. Wir haben gemeinsam nach bestem Wissen und Gewissen agiert und kommuniziert. Pragmatisch, beherzt, aber sicherlich nicht immer wissenschaftlich fundiert. Es galt und gilt, im Alltag handlungsfähig zu sein, an einem Strang zu ziehen, gemeinsam Lösungen zu finden.

Von der grundsätzlichen Vorgehensweise her bekommt Nonie jeden Tag eine Brotzeitbox mit, bei der der KE-Wert bereits morgens von mir berechnet wurde. Wir haben inzwischen vorgefertigte, handgemalte Zettelchen zum Wiederverwenden für die einzelnen, in der Regel infrage kommenden Werte von 3,0 KE – 6,9 KE. Der passende Zettel wird beigelegt. Anhand des Sensorwertes wird die notwendige Korrektur bestimmt. Wir korrigieren normalerweise auf einen Wert von 120 (6,7). Wenn sie also bei 130 (7,2) liegt, ist sie 10 (0,5) zu hoch und bekommt etwas mehr Insulin, bei uns in diesem Fall 0,1 U mehr. Wenn sie bei 80 (4,4) liegt, ist sie 40 (2,3) zu niedrig und wir ziehen beim Spritzen der Mahlzeit 0,4 U ab. Die Klassenleitung hat Zugriff auf die Blutzuckerkurve via der Follow-App des *Dexcom G6* Sensors. Als wir noch keinen Sensor hatten, wurde vor der Mahlzeit blutig gemessen, um den Blutzucker für die Korrektur zu bestimmen.

Für Aktivitäten oder den Sportunterricht ist es wichtig, den Zuckerwert vorher und ggf. auch hinterher zu bestimmen. Durch den Sensor ist das einfach. Wenn blutig gemessen wird, ist dieser Piks jedes Mal sehr wichtig, um die bevorstehende Situation oder die erfolgte Aktivität einschätzen zu können. »Heute mal nicht« ist aus meiner Sicht bis auf Ausnahmen keine Lösung. Das fällt einem in der Regel später auf die Füße und verschlimmert die Situation, weil man ohne Klarheit bezüglich der Werte ins Ungewisse hinein keine Rückschlüsse mehr ziehen und keine Analysen mehr anstellen kann. Zum Thema Sport gehe ich in Kapitel 11.2 noch weiter ins Detail. Bei uns war und ist in der Grundschule die Klassenlehrerin zugleich auch die Sportlehrerin. Anfang des Schuljahres setzten wir uns jeweils zusammen, und ich gab mein gesammeltes Wissen in Bezug auf Richtlinien und Fallstricke, was den Blutzucker und sein

Management anging, weiter. Zudem verfasste ich, so gut ich eben konnte, Merkblätter für das komplette Kollegium für den Schulalltag im Allgemeinen und gesondert auch den Sportunterricht sowie das Thema Unterzuckerungen. Im Lehrerzimmerkühlschrank wurde das *Hypokit* deponiert und letztes Jahr durch eine Packung *Baqsimi*, das besagte Nasenpulver aus Kapitel 7.8, ersetzt, auch wiederum mit einer Kurzanleitung aus meiner Feder. Die Pumpe behielt und behält Nonie auch heute noch während des gesamten Unterrichts, inkl. Sport, an, in der Regel in einem Bauchgurt aus Stoff.

Auch die Körperwahrnehmung des Diabeteskindes ist von Bedeutung. Sie lernen früher oder später, individuelle Symptome, gerade für einen Unterzucker, zu deuten. Wir sollten unsere Kinder darin bestärken, dass sie diese Wahrnehmung immer wieder üben, fühlen und äußern dürfen, die Schärfung ihrer Aufmerksamkeit für die individuellen Symptome also in unserer Obhut regelmäßig trainieren dürfen. Wenn unsere Tochter sagt: »Mama, mir ist komisch und schwindelig und ich habe Kopfschmerzen.«, dann ist diese Aussage inzwischen zu fast 100% treffsicher in Bezug auf ihren Zuckerwert, der zu diesem Zeitpunkt dann entweder schon niedrig ist oder sich gerade im freien Fall befindet. Da der »echte« Blutzucker schneller ist als der mit dem Sensor gemessene Gewebezucker, kann es sein, dass wir uns beim Sensor noch im grünen Bereich befinden, in Wahrheit der Unterzucker aber bereits eingetreten ist. In solchen Fällen gebe ich ihr sofort schnellen Zucker und messe dann im Zweifel direkt blutig nach, um den genauen Wert zu kennen. Das Motto dazu lautet: »Erst essen, dann messen.« Auch wenn sich das Kind einmal irrt, ist dies in diese Richtung weniger Weltuntergang, als wenn es aus Angst vor einer Fehleinschätzung seinem aufkeimenden Gefühl gar nicht erst zu trauen wagt und dem Unterzucker damit ein zusätzlicher Nährboden geschaffen wird. Die

Lehrerschaft ist ebenfalls im Boot, und wir lernen gemeinsam, dem Gefühl unseres Diakindes Raum zu geben und ihm zu vertrauen.

Der Überzucker ist, zumindest bei uns, bis heute viel schwerer bis gar nicht aufgrund der Körperwahrnehmung zu erkennen. Daran arbeiten wir noch.

Für die Mittagsbetreuung bekomme ich die Menüpläne im Vorfeld und schreibe pro Mahlzeit die KEs pro 100g / Portion / Stück auf den Plan, je nachdem, was am sinnvollsten erscheint. Die Betreuerinnen rechnen die Gesamtmahlzeit-KEs aus, die dann gespritzt werden. Nonie kann das Spritzen inzwischen selbst übernehmen. Das hört sich erst einmal nach viel Aufwand zu Hause in der Vorbereitung an. Ist es auch. Allerdings ist die Entlastung, wenn dadurch eine Betreuung sichergestellt werden kann, auch nicht von der Hand zu weisen. Man kann hier im Täglichen prima das Loslassen, die Orientierung weg vom Diabetesmanagement für ein paar Stunden und den Mut zu »done is better than perfect« trainieren. Und, die Mahlzeiten wiederholen sich. Ich kopiere alle Pläne und hebe sie auf fürs nächste Mal. Oft ist es anfangs ein »best guess«, weil die Mahlzeiten schwer einschätzbar und komplex sind, wie im Restaurant eben. Wenn etwas gut passte, markiere ich es, und wenn es gar nicht passte, ist es auch kein Weltuntergang, und ich merke es entsprechend an. Das nächste Mal bin ich dann schlauer. Wichtig für unsere Mittagsbetreuerinnen für die Zusage der Betreuung war und ist Folgendes: Es gibt zwei Personen, die sich die Betreuung von Nonie zutrauen. Ist keine von ihnen da, kommt Nonie nach Hause. Freitags ist die Betreuungssituation angespannter als an den anderen Tagen. Da kommt sie grundsätzlich (bis auf Ausnahmen) nach Hause. Wir leben hier einen Kompromiss aus größtmöglicher Zuverlässigkeit in der Betreuung und höchstmöglicher Flexibilität, wenn es einmal anders kommt, auf beiden Seiten. Das fühlt sich für unser Konstrukt derzeit richtig an.

Was kann Nonie schon und wo braucht sie noch Hilfe? Basis ist, wie bereits ausgeführt, die Insulinpumpe *Accu-Chek Combo* mit dem *Dexcom G6* Sensor. Ich oder eine von mir an die Klassenleitung und Mittagsbetreuung kommunizierte Vertretung ist jederzeit erreichbar:

- Erste Klasse: Nonie gibt den KE-Wert eigenständig ein, die Klassenleitung/Mittagsbetreuung checkt den Wert anhand des Zettels in der Brotdose und nimmt die notwendige Korrektur vor durch Blick auf den Sensorwert bzw. nach Empfehlung von mir per Chat. Die Klassenleitung/Mittagsbetreuung und ich kommunizieren quasi täglich, oft mehrfach, per Smartphone. Bei Aktivitäten wird der Blutzucker mit mir gemeinsam im Verlauf der Aktivität immer wieder geprüft. Die Klassenleitung wurde im Vorfeld zusätzlich zu dem Gespräch mit mir auch professionell von unserem Diabetesteam in der Klinik geschult. Da wir mit dieser Lösung beidseitig einvernehmlich seit der ersten Klasse gut gefahren sind, wurde das Thema Schulhelfer*in gar nicht erst aufgegriffen.
- Zweite Klasse: Nonie gibt den KE-Wert zuverlässig ein, die Lehrkraft ruft ihr zu, wie oft sie nach oben bzw. unten per Tastendruck korrigieren soll. Zum Ende des Schuljahres hin kann die darauffolgende Sichtkontrolle gänzlich entfallen. Bei Aktivitäten wird der Blutzucker mit mir gemeinsam per Chat oder Telefon geprüft. Die Mittagsbetreuung berechnet weiterhin den KE-Wert der Mahlzeit und unterstützt bei der Eingabe.
- Dritte Klasse (Gegenwart): Nonie kümmert sich um die komplette Brotzeit eigenständig. Sie hat einen Spickzettel, wie sie selbständig auf 120 (6,7) korrigiert. Die Lehrkraft greift nur ein, wenn es außergewöhnlichen Handlungsbedarf

gibt oder Nonie unsicher ist. Ich telefoniere immer häufiger direkt mit Nonie, wenn die Werte nicht passen, sofern es in die Pausen schiebbar ist. Ansonsten erhält die Lehrkraft nach wie vor eine kurze Nachricht. Sie ist für mich auf Abruf und hat ihre Nachrichten gut im Blick. Nonie kann anhand meiner Ferndiagnose und -betreuung oftmals schon eigenständig Probleme beheben. Die Lehrkraft erinnert Nonie bei Aktivitäten daran, ihren Zuckerwert zu prüfen. Liegt er außerhalb des vereinbarten Korridors, wird gemeinsam entschieden, was zu tun ist. In der Mittagsbetreuung erhält Nonie den errechneten KE-Wert nach wie vor von der Betreuerin und macht den Rest aber nun selbständig. Nonie lernt, mir einen Lolli per WhatsApp zu schicken, wenn sie »sich selbst Zucker gibt«. Dann brauche ich gar nicht eingreifen.
- Aussicht vierte Klasse: Nonie kann sich selbst um Brotzeit und Aktivitäten im Schulalltag kümmern. Die Lehrkräfte und Erziehungspersonen unterstützen, wenn Unvorhergesehenes eintritt oder es zu Planänderungen kommt. Nonie und ich besprechen uns bei Abweichungen/Handlungsbedarf direkt am Telefon, um die Lehrkraft zu entlasten und nutzen dafür nach Möglichkeit die Pausen. In der Mittagsbetreuung erhält Nonie nach wie vor den von der Betreuerin berechneten KE-Wert, da die Berechnung des Wertes doch sehr komplex ist für ein Grundschulkind.

Die Essenz für Lehrer*innen:

Im Normalfall besteht zu keinem Zeitpunkt Lebensgefahr, nicht bei einer schweren Unterzuckerung und auch nicht bei sehr hohen, auf den ersten Blick beängstigenden Werten über 300 (16,7) oder gar zeitweise 400 (22,2) und mehr. Selbst wenn eine unterzuckerbedingte, andauernde Ohnmacht eintritt, bleiben die Vitalfunktionen des Körpers erhalten, bis in der Regel nach 10 bis 20 Minuten der Notarzt eintrifft. ***Im Falle einer unterzuckerbedingten Ohnmacht gilt es, schnell zu handeln: sofort den Notarzt rufen, während jemand ins Lehrerzimmer läuft, um das Hypokit bzw. das Nasenpulver inkl. der Instruktionen zu holen.*** Sowohl im Lehrerzimmer als auch im Klassenzimmer sind auf Abruf die Merkblätter für den Fall »Unterzuckerung« schnell griffbereit. Nachdem der Notarzt gerufen wurde, werde auch ich bzw. meine sich kümmernde Vertretung in die Schule gerufen.

Wenn es Handlungsbedarf wegen zu hoher Werte gibt, meldet sich ein Elternteil bzw. die Vertretung / kommt ein Elternteil bzw. die Vertretung zum Check in die Schule / wird das Kind nach Hause geschickt, je nach Situation und Absprache. Wir hatten alle Fälle bereits und haben jeweils telefonisch kurz geklärt, wie wir am besten vorgehen. Melden wir uns nicht, sind die hohen Werte zu dem Zeitpunkt unbedenklich.

Im Falle eines (drohenden) Unterzuckers braucht das Diabeteskind sehr zügig schnellen Zucker. Im Klassenzimmer steht eine stets gefüllte Zuckerbox mit KE-Angaben für die einzelnen zuckrigen Helferlein. **Das schnelle Handeln geht im Zweifel vor und duldet keinen Aufschub à la »Das machen wir nach der Pause oder nach der Probe.«** Hier ist ein reflektiertes, analytisches Verhalten wünschenswert, ohne Multitasking! Bei uns in der Klasse heißt es dann z. B.: »Ich kümmere mich jetzt um Nonie, das geht grad vor, bitte wartet kurz. Ihr helft uns, wenn Ihr ruhig bleibt. Macht bitte in der Zeit mit Eurem Arbeitsauftrag weiter.«

Wenn Aktivitäten anstehen oder gerade vorüber sind, wird der Blutzucker überprüft und ggf. gegengesteuert, vor allem bei niedrigen Werten.

Durch die Follow-App des *Dexcom G6* Sensors, der den Gewebezucker kontinuierlich misst, kann ich den Verlauf beobachten und eingreifen, wenn sich unvorhergesehene Schwankungen mit Handlungsbedarf ergeben. **Wichtig ist eine verlässliche Erreichbarkeit des Lehrers / der Lehrerin / der Schule / des Kindes, falls es akuten Handlungsbedarf gibt, und für die Lehrkraft die Devise »Lieber einmal zu viel anrufen bzw. schreiben und nachfragen als einmal zu wenig«.** Es gibt hier kein Ego und keine doofen Fragen. Es geht immer nur um die Sache und um die Gesundheit des Kindes.

Ich wünsche mir eine aktive Kommunikation von Seiten der Schule bei Ablauf- bzw. Planänderungen (z. B. Sport entfällt, Kindergeburtstag, Ausflug, Sportfest). Warum? Durch die Pumpe können gewisse Aktivitäten programmiert werden. Bei einem Ausflug z. B. erhält Nonie direkt den ganzen Vormittag lang weniger Basalinsulin, da ein Teil des Zuckers bereits durch das erhöhte Bewegungsniveau abgebaut wird. Wenn ein Geburtstag ansteht, werde ich, wenn alles glatt läuft, bezüglich des Kuchens, Muffins oder Ähnlichem am Tag vorher bereits über unsere Eltern-WhatsApp-Gruppe informiert, um den entsprechenden KE-Wert ausrechnen zu können, wenn ich morgens die Brotzeit fertigmache: Dafür wird ein Stück Gebäck, oder was auch immer zum Geburtstag verteilt wird, abgewogen und gesondert gekennzeichnet. Ich erhalte die Grammzahl und kann somit im Vorfeld den KE-Wert schätzen. Bei Schokoriegeln etc. erhalte ich am Vortag ein Foto der Nährwerttabelle und die Grammzahl pro Portion, sofern sie in der Nährwerttabelle nicht gesondert gekennzeichnet ist. Wenn es einmal nicht klappt, meldet sich die Lehrkraft direkt bei mir und wir improvisieren. Dann ist mir vor allem wichtig, dass Nonie nicht ausgeschlossen wird von der Leckerei, sondern wir im Rahmen der stattfindenden Improvisation bezüglich der Perfektion des zu spritzenden Wertes auch einmal ein Auge zudrücken können.

Die ärztlichen Diabetesbetreuungsteams bieten in der Regel Schulungen für betreuende Personen an. Diese sind oftmals individuell und klären über Basics auf sowie bieten eine Plattform und Anlaufstelle für Fragen.

Die AGPD (Arbeitsgemeinschaft für Pädiatrische Diabetologie) hat eine Schulbroschüre herausgebracht für Lehrkräfte zum Thema »Kinder mit Diabetes in der Schule« (Link siehe Fußnote).[40]

Die Essenz für Mitschüler*innen:

Diabeteskinder sind echt starke Kinder, denn sie leben mit Piksen und Nadeln jeden Tag. Eine spannende Fantasiereise für die Selbstreflexion von Klassenkamerad*innen ist die Frage: »Wie sähe Dein Tag aus, wenn Du Diabetes Typ 1 hättest?«

Diabetes geht vor: Wenn Alarme klingeln oder Nonie (mit der Lehrkraft) kundtut, dass sie sich jetzt gerade einmal ein paar Minuten für den Diabetes ausklinkt, hilft es, wenn sich die Mitschüler*innen fragen: »Wie kann ich in dieser Situation unterstützend auftreten?« Die Lehrkraft hat dafür sicherlich Ideen.

Ansonsten ist ein Diabeteskind ein Kind wie jedes andere auch und braucht nicht extra in Watte gepackt werden. Vielleicht sollte man lediglich beim Toben aufpassen, dass die Stelle, wo der Katheter liegt, bei uns der Po, nicht in Mitleidenschaft gezogen wird. Insgesamt ist natürlich trotz eines prinzipiell normalen Umgangs etwas mehr Wachsamkeit und Umsichtigkeit gefragt, vor allem, wenn es

[40] »Informationen für Lehrerinnen und Lehrer«. In: www.diabetes-kinder.de. Abgerufen am 23.04.2022

Nonie schlecht geht wegen eines Unterzuckers oder niedrigen Zuckers. Dann freut sie sich, wenn ihr jemand die Gummibärchen reicht, sich zu ihr setzt, ihr nah ist und sie fragt, ob noch irgendetwas Weiteres getan werden kann. Und schon grabt ihr euch ganz tief in ihr Herz, liebe Mitschüler*innen.

Die Essenz für Eltern aus der Klasse:

Das Wichtigste sind wohl die Kindergeburtstage, die oftmals ungeplanten Kuchen und weitere Leckereien bedeuten. Wir haben zum Glück besagte Whats-App-Gruppe, und es hat sich sehr zu meiner Entlastung eingebürgert, dass das entsprechende Elternteil mich ein bis zwei Tage vorher informiert, welches Objekt der kulinarischen Begierde das Geburtstagskind in die Schule mitbringt. Weitere Details zum Ablauf sind im Abschnitt »Die Essenz für Lehrer*innen« geschildert. Und wenn dann doch – aus welchem Grund auch immer – alle Stricke reißen, nichts kommuniziert wurde und auch keine Improvisation denkbar ist, hat Nonie einen kleinen Fertigkuchen mit KE-Aufkleber in der Schule deponiert, isst diesen und bringt die frisch gejagte Kuchen- oder die Whatever-Trophäe mit nach Hause für den Nachmittag.

Es hat sich als hilfreich erwiesen, dass die Eltern der Klasse mit ihren Kindern über das Thema T1D zu Hause sprechen und nach Möglichkeit deren Fragen beantworten. Wir haben mit der ganzen Klasse auch in der Schule ein paar Diabetesstunden eingelegt, wo ein Buch zum Thema gelesen wurde und ich für Fragen der Mitschüler*innen anwesend war.

Immer, wenn Kinder interessiert sind, und das sind sie in der Regel schon allein aus natürlicher, kindlicher Neugierde, hilft es, Aufklärung zu betreiben: Was ist Diabetes Typ 1, was bedeutet das fürs betroffene Kind und was bedeutet das für mich als Kind, das mit diesem Kind Kontakt hat bzw. eine Freundschaft pflegt.

Mit folgendem Buch sind wir gut gefahren: »Marie, du schaffst das!«, Christine Jüngling und Dilan Basak, 2016, 3. Auflage, Mabuse Verlag. (Copyright Buchcover: Mabuse Verlag)[41]

Dieses Buch wurde in der Klasse und auch im Ballettunterricht vorgelesen. Marie benutzt zwar einen Pen und keine Pumpe zum Spritzen, aber das lässt sich erklären und ist für die Kinder nur ein technisches Detail. Am Ende des Buches werden auf drei Seiten ein ganz paar wichtigste Basics zum Thema T1D erklärt.

Für den Fall, dass Eltern aus der Klasse bei einem Ausflug dabei sind, ist es wichtig, dass sie per Handy jederzeit erreichbar sind, sofern das Diabeteskind in ihre Gruppe eingeteilt wird.

[41] Christine Jüngling, Dilan Basak: »Diabetes – Marie, du schaffst das!«. In: www.mabuse-verlag.de . Abgerufen am 23.04.2022

Die Essenz für die Mittagsbetreuung:

Vieles ist oben bereits beschrieben und auch aus dem Abschnitt Lehrer*innen übertragbar. Bezüglich der generellen Betreubarkeit von Nonie haben wir mit unserer Mittagsbetreuung folgendes vereinbart:

Es gibt nur zwei Betreuerinnen, die sich um Nonie kümmern. Diese sind in T1D-Belange von mir eingeweiht und haben eine Schulung durch die Klinik erhalten. Ich bin für Rückfragen und Probleme jederzeit erreichbar oder benenne eine Vertretung, falls ich einmal nicht erreichbar sein sollte. Die jeweilige Betreuerin ist ihrerseits stets erreichbar. Nonie darf ihr Handy kontinuierlich bei sich tragen. Wenn die Betreuungssituation mittags akut angespannt ist, kommt Nonie nach Hause oder ich fahre selbst zur KE-Bestimmung zum Mittagessen in die Schule. Von einer Ferienbetreuung ist bis auf Notfälle abzusehen aufgrund der nicht zumutbaren Mehrbelastung bzw. der Abwesenheit beider Betreuerinnen.

Ein großer Unsicherheitsfaktor in der Mittagsbetreuung ist das Thema Bewegung: stark wetterabhängig, nicht gut planbar und eher spontanes Herumtoben und Herumrennen. Aus diesem Grund ist es umso wichtiger, den Zuckerwert einmal zu prüfen, wenn sich eine Bewegungssituation ergibt. Die Devise hier lautet: Über 140 (7,8) ist im grünen Bereich, darunter wird 1 KE schneller Zucker gereicht. Im zweistelligen Bereich (unter 5,6) wird nach der Zuckergabe erst ein paar Minuten gewartet, bevor Nonie weiter toben darf. Wenn sie sehr aktiv ist, wird sie regelmäßig nach ihrem körperlichen Befinden befragt, um die Vorboten eines gegebenenfalls drohenden Unterzuckers frühzeitig zu erkennen. Und auch, wenn sie bei einem niedrigen Wert bereits Zucker genommen hat, wird sie, ihre Körperwahrnehmung fördernd, darum gebeten, Bescheid zu geben, wenn sie wieder o.k. ist, und darf dann, auch wenn der Sensorwert noch niedrig ist, weiter mitspielen. Zur Erinnerung: Der »echte« Blutzuckerwert hat in der Regel 15–20 Minuten Vorsprung vor dem durch den Sensor gemessenen Gewebezucker.

Essensplanänderungen werden telefonisch »geregelt«.

Ein paar Sonderfälle kurz angerissen:

- Wie gehen wir mit diskriminierenden und verletzenden Aussagen in der Schule um? Hier zwei Beispiele: An einer anderen Schule hänselten Klassenkamerad*innen ein Diabeteskind mit folgendem Kommentar: »Iss' das bloß nicht, sonst kriegst Du noch Diabetes wie die da!« Nonie wurde an ihrer Schule in der Pause einige Male wegen der Beule an ihrem Bauch, bedingt durch die sich in der Bauchtasche befindlichen Pumpe, blöd von der Seite angemacht: »Bist Du schwanger, oder was?« Und das in der Grundschule … Wenn so etwas passiert, sagt sie es mir, und ich spreche mit der Klassenlehrerin. Diese wiederum informiert das Kollegium, damit Nonie, wenn es noch mal passiert, zu egal welcher Lehrkraft gehen kann. Das entsprechende Kind kann auf diese Weise identifiziert werden, und eine zuständige Lehrkraft bespricht das Thema in aller Ruhe mit ihm oder ihr. Auf diese Weise ziehen wir an einem Strang, fördern Transparenz und versuchen, kindgerecht aufzuklären und zu erklären.
- Lesenacht: Eine Übernachtung in der Schule stellt natürlich eine besondere Herausforderung dar. Hätte unsere Lesenacht stattgefunden, leider funkte Corona dazwischen, wäre unsere Lösung die folgende gewesen: In Absprache mit der Klassenleitung bringt jedes Kind sein eigenes Essen für abends mit. Das kann ich bei uns zu Hause im Vorfeld wiegen und die KEs bestimmen, wie bei der Brotzeit. Hätte es ein Buffet gegeben, wäre ich kurz mit in die Schule gefahren, um die Berechnung

der KEs vor Ort durchzuführen. Je nach geplanter Aktivität am Abend hätte ich mehr oder weniger Insulin gespritzt, bei geplantem Herumrennen in der Schule z. B. die Sport 1- oder gar Sport 2-Einstellung der Pumpe gewählt, die die Insulinmenge automatisch um 20% respektive 40% reduziert, wenn zur Mahlzeit gespritzt wird. In Absprache mit der Lehrerin hätte entweder sie sich selbst nachts gekümmert im Austausch mit uns zu Hause, die große Schwester wäre mit vor Ort geblieben und per Handy erreichbar gewesen, oder mein Mann wäre adhoc bei Handlungsbedarf nachts, auch mehrfach, in die Schule gefahren. Das wollten wir von den nächtlichen Werten an den beiden Vortagen abhängig machen. Dass Nonie sich selbst kümmert, mit uns im Austausch am Telefon, wäre für die dritte Klasse aus unserer Sicht keine Option gewesen. Mir tut es immer leid, wenn sie holterdiepolter geweckt wird, im Zweifel mitten in ihrer Tiefschlafphase, und mit klarem Kopf und fehlerfrei die notwendigen Maßnahmen am Gerät selbst vornehmen soll. Wir haben das durchaus ein paar Mal probiert, abends bzw. nachts, wenn wir noch unterwegs waren, allerdings mit derzeit noch gemischtem Erfolg. Für das Frühstück am nächsten Morgen wäre einer von uns zum Berechnen in die Schule gefahren. Leider kam es coronabedingt nicht zu der Lesenacht.

- Schullandheim: Eine Klassenfahrt ist für dieses Frühjahr geplant. Sie ist dann immer noch Drittklässlerin. Ich sehe hier zwei Optionen: Eine der Mittagsbetreuerinnen kommt mit. Wir haben hier die Sondersituation, dass sie ein T1D-Kind zu Hause hat, welches jetzt frisch erwachsen ist und die gleiche Pumpe benutzt wie Nonie. Sie kennt sich also wie ich in der Thematik aus. Ein echter Glücksfall! Sofern das nicht möglich ist, werde ich mitfahren und mich in einem Zimmer in der Nähe zu Nonies Zimmer einquartieren. Ich werde zu den Mahlzeiten und nachts agieren, mich aber ansonsten aus dem Geschehen heraushalten. Allein kann Nonie das noch nicht handhaben nach unserer Einschätzung, und auch der Klassenlehrerin möchte ich dieses Paket nicht zusätzlich übergeben.

Mit Hilfe der DDH-M (Deutsche Diabetes Hilfe – Menschen mit Diabetes) kann gemeinsam versucht werden, eine **Klassenfahrtbetreuung** in Form einer für das Diakind zuständigen Person zu organisieren, sofern ansonsten die Ausgrenzung des Kindes von der Fahrt droht, z. B. aufgrund von Bedenken bezüglich der Verantwortbarkeit von Seiten der durchführenden Institution.[42]

- Das Thema Schulweg enthält eine leicht unterschätzte Herausforderung in Bezug auf die morgendliche Insulingabe: Es ist zumindest bei uns von großer Bedeutung, welches Transportmittel genutzt wird, selbst bei nur zehn Minuten Fußweg, denn zu Fuß gehen ist anstrengender als mit dem Roller fahren und das wiederum als gefahren werden. Auf dieses Thema gehe ich in Kapitel 13, »Herausforderungen 2.0«, im Detail ein.

Ich möchte an dieser Stelle nochmals sowohl dem Kollegium als auch der Mittagsbetreuung der Grundschule Planegg und auch den Eltern und Mitschüler*innen der ehemaligen Grundschulklasse und der jetzigen Klasse einen herzlichen Dank aussprechen für die konstruktive Umgangsweise miteinander, das Verständnis und die Offenheit bezüglich des T1D. Das ist heutzutage leider noch nicht selbstverständlich! Wir fühlen uns sehr wohl im schulischen Umfeld dank Eures und Ihres des beherzten und ganzheitlichen Engagements.

[42] »Klassenfahrtbetreuung – Na klar, komme ich mit!«.
In: www.menschen-mit-diabetes.de. Abgerufen am 23.04.2022

11.2
Am Nachmittag

Bezüglich Spielbesuch gehen wir wie folgt vor: Je nach »Wetterlage« entscheiden wir recht spontan, wo gespielt wird, es sei denn, die Lage der Nation erfordert es, dass wir das im Vorfeld fixieren. Findet der Besuch bei uns statt, ist es für mich ein ganz normaler Nachmittag: immer einmal Werte checken, korrigieren, oft gibt es einen Snack und je nach Aktivität wird das Basalinsulin der Pumpe entsprechend angepasst. Findet der Besuch bei dem/der Freund*in statt, setze ich mir die Alarme des Sensors sehr scharf, also auf unten 100 (5,6) und oben 160 (8,9), um frühzeitig Kontakt zu den Eltern aufnehmen zu können, damit wir gemeinsam reagieren können. Wenn Nonie außerhalb ist, brauche ich etwas mehr Vorlauf als zu Hause, wo ich sehr schnell und sehr direkt agieren kann. Die größte Herausforderung ist die Erreichbarkeit. Es ist doch erstaunlich, wie sehr jede*r immer meint, auf jeden Fall erreichbar zu sein, und dann klappt es doch nicht auf Anhieb, wenn Handlungsbedarf besteht. Also bitte, seid erreichbar, wenn ein Diabeteskind bei euch spielt, aber wirklich! Natürlich kann ich auch bei Nonie direkt auf dem Handy anrufen, aber auch dieser Weg ist nicht immer im ersten Versuch erfolgreich. Sie braucht mit neun auch ihr Handy noch nicht jederzeit bei sich zu tragen, soll sie strenggenommen als »normales« Mädchen mit neun auch noch gar nicht. Toll, wenn sie es im analogen Spielwahn auch einmal vergisst oder nicht hört. Und wenn sie deshalb zu lange keine Daten hat, melde ich mich ebenfalls. Je mehr telefonische Anlaufstellen bestehen, desto besser. Eine reicht in der Regel aus meiner eigenen Erfahrung heraus nicht aus.

Im Vorfeld wird abgesprochen, welche Aktivitäten denkbar sind. Planänderungen werden telefonisch besprochen. Als Nonie noch jünger war, gab es nachmittags, wenn sie woanders verabredet war, immer Rohkost oder Minisalami und Wasser. Da brauchten wir nichts abwiegen und spritzen. Dass überhaupt der Spielbesuch außerhalb möglich war, stand im Vordergrund und machte die Kinder glücklich. Da wurden Einschränkungen beim Essen gerne akzeptiert. Nur wenn eine Korrektur anstand, habe ich mich telefonisch gemeldet. Seitdem Nonie die Eingaben allein tätigen kann und sich nach Ablesen des Sensorwertes anhand meines Spickzettels auch selbständig korrigiert, gebe ich ihr nachmittags eine Waage mit, sofern vor Ort keine vorhanden ist. Die jeweiligen Eltern wiegen den gewünschten Snack ab, und wir telefonieren bezüglich der KEs. Manchmal werden mir Fotos der Nährwerttabellen geschickt, sofern vorhanden. Zum Teil mache ich auch einen KE-Zettel vor Ort beim Hinbringen fertig, wenn dann schon klipp und klar ist, welche kohlenhydrathaltigen Snacks es geben wird. Anhand des Zettels und mithilfe der Waage kann das Elternteil dann eigenständig agieren. Nonie übernimmt die Eingabe und die Korrektur an der Pumpe. Wenn es brenzlig wird, telefonieren wir. Auch hier gilt, analog zum Schulalltag, die Devise: Lieber einmal zu viel als zu wenig nachfragen. Es geht einzig und allein um die Sache, es wird niemand verurteilt oder zurechtgewiesen, auch nicht, wenn es nicht so optimal klappt, denn jeder Wert ist ein guter Wert und dazulernen ist immer gut. Es gibt keine Schuld, nur Erfahrungen und gemeinsame Lernkurven.

Am meisten wird das Thema Bewegung unterschätzt von den betreuenden Eltern. Fünf Minuten Springseil springen können reichen für einen Unterzucker und zehn Minuten Trampolinspringen sollten zuckertechnisch wirklich gut vorbereitet sein. Mehr dazu gleich beim Absatz »Sport«.

Geburtstagseinladungen sind für Kindergarten- und Grundschuleltern in der Regel der Himmel auf Erden: Das Kind ist woanders happy, das eigene Haus bleibt heil, und die Eltern haben eine wohlverdiente Auszeit von der Kinderbetreuung, um sich einmal um anderes zu kümmern oder auch einfach einmal zu relaxen. Winwin also. Nicht so bei T1D-Eltern mit noch wenig Erfahrung: Sie geben das Kindergarten- und auch noch das Grundschulkind oftmals ab in die Ungewissheit hinein, ob auch alles gutgehen wird, und harren der Dinge, die da kommen, im Zweifel nervös und vielleicht sogar ängstlich. Manche lassen ihr Kind erst gar nicht hingehen, oder die Geburtstagseltern laden das Diakind erst gar nicht ein vor lauter Sorge. Und das ist erst einmal grundsätzlich nachvollziehbar. Und in der Regel haben die T1D-Eltern hinterher »Spaß«, die Geburtstagsentgleisung, die nur allzu wahrscheinlich ist, wieder glattzubügeln. Dann beginnt der Diabetes, seine Party zu feiern, schließlich ist er einen Nachmittag lang zu kurz gekommen, und das mag er ja bekanntlich gar nicht. Die schwierige Nacht ist oft vorprogrammiert. Natürlich wünsche auch ich mir, hier einfach komplett tiefenentspannt zu bleiben, grundsätzlich und immer, aber das ist gar nicht so einfach. Jetzt, wo Nonie schon etwas älter und geübter ist und ich mit fast drei Jahren Diabeteserfahrung aufwarten kann, klappt es immer besser mit der Entspannung, die auch von meinem grundsätzlichen Stress- und Energielevel abhängig ist, wie so vieles. Wenn ich entspannt an die Situation herangehe, wird meine Entspannung auf der anderen Seite auch gespiegelt. Und dafür lohnt sich das tiefe Durchatmen im Vorfeld gewiss.

Wie gehen wir hier nun vor, damit sich die Nachwirkungen in Grenzen halten? Ich spreche oft im Vorfeld des Geburtstags den Ablauf mit den gastgebenden Eltern ab: Welches Essen ist wann geplant und welche Aktivitäten drum herum. Darauf basierend entscheide ich mich im Vorfeld für eine entsprechende Basalinsulineinstellung in der Pumpe mit mehr oder weniger grundsätzlicher Insulingabe: Ist eine Schnitzeljagd geplant, bekommt sie eine Grundeinstellung mit 40% weniger Insulin, sitzen die Kinder auf der Couch und schauen einen Film oder basteln am Tisch, setze ich die Grundeinstellung um 20–40% hoch, je nachdem, wie viel Couchpotato geplant ist. Diese Einstellung nehme ich, wenn ich es nicht vergesse, eine Stunde vor Beginn des Geburtstags vor, denn die Rate wirkt in unserer Pumpe erst mit einer Stunde Verzögerung. Manchmal stelle ich mir dafür extra einen Wecker, denn Vergessen ist ärgerlich. Für das Essen berechne ich meist direkt vor Ort die KEs und schreibe sie auf einen Zettel. Ihr berechnetes Essen wird zur Seite gelegt oder gekennzeichnet. Nonie spritzt sich das Ganze inzwischen dann später selbständig und korrigiert, wenn es losgeht, am Tisch. An diesen Tagen telefoniere ich dennoch gerne kurz mit ihr vor der Mahlzeit, um gegebenenfalls doch noch weitere Anpassungen machen zu können per Ferndiagnose. Als sie noch kleiner war, bin ich zu den Mahlzeiten kurz hingefahren und habe die Berechnung, Korrektur und das Spritzen übernommen. Oder, wenn es ein sehr aufwändiger Geburtstag war, eventuell auch außerhalb, bin ich gleich als Begleitperson dabeigeblieben. Und den gefürchteten Süßigkeitenteller handhaben wir wie folgt: Nonie kann sich bei Ankunft alles auf ihren persönlichen Teller laden, von dem dann keiner mehr etwas klauen darf. Ich berechne die KEs, schreibe sie auf, und wenn es dann zum Agendapunkt »Süßigkeiten essen« übergeht, spritzt sich Nonie die vorher berechnete KE-Zahl. Mit den Eltern können wir uns im Sinne aller oft einigen, dass es nur einmal »Schweinkram« gibt und nicht die ganze Zeit über. Das entschärft die Lage ein wenig.

Und wie geht's beim Sport?
Vor dem Sport sollte sie einen Wert von über 140 (7,8) haben, bei anstrengendem Sport gerne auch über 160 (8,9) oder gar 180 (10,0) je nach Intensität und Dauer. Passt der Wert, startet sie durch, und ich interveniere telefonisch bei ihr oder der Lehrkraft/Trainer*in, wenn es nach unten hin brenzlig wird. Nach oben hin bin ich eher entspannt, denn dann hat sie ein bisschen Puffer. Nur wenn es wirklich sehr hoch geht, also 250 (13,9) plus, und nicht erklärlich ist, lasse ich Nonie auch während des Sports eine Korrektur vornehmen. Ansonsten korrigieren wir einen hohen Zuckerwert im Anschluss. Passt der Wert vor dem Sport nicht, bekommt sie schnelle KEs, gerne in Form von Obst: Ist sie im zweistelligen Bereich aber über 80 (4,4-5,5), bekommt sie zunächst eine schnelle KE und dann noch ein Stückchen Schokolade. Darunter bekommt sie 1,5–2 KE und ein Stückchen Schokolade und wartet fünf bis zehn Minuten. Zwischen 100 (5,6) und 120 (6,7) bekommt sie 1 schnelle KE, darüber bis 140 (7,8) oder 160 (8,9) oder gar 180 (10,0), je nach Aktivität, ½ schnelle KE. Ist es eine lang andauernde Aktivität von über einer Stunde, gebe ich ihr prinzipiell noch etwas Langsames dazu, z. B. einen Müsliriegel oder einen Schokoriegel.

Nonie hat immer schnellen Zucker dabei in Form von Obst und Süßigkeiten und auch etwas Schokolade, falls wir etwas Langsames zum Nachlegen benötigen, damit sie länger durchhält und nicht abfällt. In der Folgenacht gilt es zu beachten, dass bei sehr anstrengender Aktivität über mehrere Stunden, also größerer Intensität als beim Routinesport, in den Muskeln ein Muskelauffülleffekt eintreten kann: Der Körper hat für die erhöhte Anstrengung zusätzlichen Zucker aus den Muskelzellen zur Verfügung gestellt, den sich die Muskeln Stunden später über einen längeren Zeitraum, der sehr individuell ist, wieder zurückholen. Entsprechend sinkt der Blutzuckerwert dann stärker ab, häufig eben auch nachts. Wir stellen, wenn sich der Muskelauffülleffekt anbahnt, die Basalrate herunter auf 40–60% je nach Stärke des zu erwartenden Effekts. Bei uns dauert dieser Effekt in der Regel drei bis sechs Stunden und startet ca. drei bis fünf Stunden nach der Beendigung der erhöhten Anstrengung. Die Reaktion des Körpers ist aber sehr individuell. Eine intensive und wachsame Beobachtung und kontinuierliche Analyse der Kurve ist hier sicherlich hilfreich. Ich empfehle, die Reaktion bei erhöhter muskulärer Belastung sehr gut zu beobachten und zu notieren, fürs nächste Mal. Aber, wenn man Pech hat, ist dann alles schon wieder ganz anders. Einen Versuch ist es dennoch wert.

<u>Lolli-Kommunikation</u>: Ich arbeite derzeit mit meiner Drittklässlerin daran, dass sie sich bei einem Niedrigalarm des Sensors selbständig darum kümmert, indem sie eine schnelle KE zu sich nimmt, ohne das Zutun eines Erwachsenen. Dies gilt auch, wenn sie sich unterzuckert fühlt, der Sensor aber noch z. B. bei 90 (5,0) steht, Tendenz sinkend. Beides klappt oft auch schon sehr gut. Quote: 70–90%. Sie soll mir dann einen Lolli per WhatsApp schicken, damit ich weiß, dass die Gefahr gebannt ist. An der Zuverlässigkeit dieser Rückmeldung arbeiten wir noch. Quote: 20–30%. Ich denke, am Ende der dritten Klasse wird sie es raushaben. Die Lolli-Kommunikation gilt überall und immer: in der Schule, am Nachmittag, draußen, beim Sport, in jeglichen Lebenslagen. Bei unklarer Gemengelage wird telefoniert.

11.3

Großeltern, Babysitter, Geschwister und Patchwork

– auch abends und nachts –

Wenn sich die Großeltern, Geschwister oder ein Babysitter bei uns zu Hause tagsüber oder abends kümmern, hat sich Folgendes bewährt:

- Der schwierigste Satz, gerade für frisch diagnostizierte Familien mit kleinen Kindern, zuerst: Die Verantwortung liegt immer, also 24/7, bei einem von uns Erziehungsberechtigten. Es gibt keine Ausnahme. Wir instruieren, beobachten, coachen, intervenieren telefonisch oder physisch, wenn es nicht anders geht. Wir sind uns stets bewusst, dass es sein kann, dass wir persönlich gebraucht werden und sind vom Herzen her bereit, das, was wir gerade tun, dafür abzubrechen. Umso mehr genießen wir jede Stunde, die uns wirklich durch die Fremdbetreuung geschenkt wird.
- Der wichtigste Satz zur Entlastung der emsigen Helfer*innen: Es geht um die Sache. Falls etwas anders läuft als geplant, gibt es keine Schuld, keine Verurteilung, keine Belehrung. Bitte seid einfach ehrlich, wenn euch ein mutmaßlicher Fehler unterläuft oder etwas passiert, was nicht abgesprochen war. Das ist kein Beinbruch und passiert uns auch quasi jeden Tag, vielleicht sogar mehrfach. Vertuschen hilft nicht, denn dann passen die Werte nicht, und wir grübeln uns tot, weshalb. Der Aha-Effekt, wenn man der Ursache für unerwartete oder scheinbar nicht

erklärbare Zuckerwerte auf die Schliche kommt, ist immer wieder grandios und unglaublich erleichternd. Wir alle wollen das Beste für die Gesundheit unserer tapferen Diabeteskinder. Wir alle handeln nach bestem Wissen und Gewissen. Jeder Wert ist ein guter Wert, und wir brauchen absolute Transparenz, um hier gemeinsam im Team das Beste zu geben. Falls die Oma also doch drei Kekse zu viel aus der Keksdose genommen hat, weil die Kinderaugen so groß waren, einfach sagen, sonst rätseln wir Verantwortlichen womöglich den ganzen Abend, die ganze Nacht und den ganzen Folgetag darüber, was wir hier wohl falsch eingestellt haben könnten. Ich habe auch schon x-Mal etwas objektiv falsch gemacht oder mich nicht an selbst gesetzte Regeln gehalten, weil mir halt grad in dem Moment überhaupt nicht danach war. »That's life. That's what makes it beautiful.« Schwamm drüber. In der gnadenlosen Ehrlichkeit, auch sich selbst gegenüber, entgegen aller Versuchung des Egos, zeigt sich Größe und Verantwortung im Umgang mit dem Diabetes, nicht darin, es bestmöglich und mit viel Energie unter den Tisch zu kehren und Ausreden zu suchen.

- Wenn es nur um ein bis zwei Stunden geht, versuche ich, dass einfach bezüglich Diabetes in der Zeit gar nichts Geplantes notwendig ist: kein Spritzen, kein Essen, kein Gegensteuern. Im Zweifel gibt es leckere Rohkost oder Minisalami. Wenn doch etwas zu tun ist, rufe ich einfach an, und vice versa. Sollte das Kind keinen Sensor haben, ist es wichtig, regelmäßig die Körperwahrnehmung zu erfragen: »Bist Du o.k.? Fühlst Du Dich gut?« Kinder sind sehr abgelenkt durch alles, was um sie herum passiert. Diese einfache Frage ermöglicht ein kurzes, bewusstes In-sich-Hineinhören. Alternativ kann man auch einmal zwischendurch blutig messen, z. B. zwei Stunden nach einer Mahlzeit, um hier eine Blutzuckerreferenz zu generieren. Achtung: das Blutig-Messen vorher gemeinsam üben, denn für zuckerblutige Anfänger*innen ist es im Zweifel eine große Sache.

- Sofern während meiner Abwesenheit eine Mahlzeit betroffen ist, überlege ich mir die KEs im Vorfeld, oftmals pro 100 g, und schreibe einen Zettel. Auf diesem steht auch nochmals eine Erinnerung, dass der Wert noch korrigiert werden soll und gegebenenfalls eine Verzögerung beim Spritzen, eine temporäre Basalrate (TBR) oder eine spezielle Einstellung wie Sport oder Krankheit zu wählen ist. Je nachdem, wie sicher sich die betreuende Person fühlt im Team mit Nonie, spritzen sie eigenständig oder wir telefonieren dazu. Nach meiner Erfahrung ist es dann zielführender, die zehn Minuten am Telefon zu investieren, als hinterher Fehler und Missverständnisse glattzubügeln. Hier ist der weiter unten in diesem Kapitel zu findende Absatz zum Thema »Fernmanagement üben« von hoher Bedeutung, gerade wenn die Betreuung das Diabetesmanagement komplett übernimmt, weil das Diabeteskind noch zu klein ist.
- Sind während meiner Abwesenheit besondere Aktivitäten geplant oder ich stelle fest, dass die Werte nicht passen, telefonieren wir einfach kurz. Gibt es keinen Sensor, ist, wie oben schon beschrieben, die Körperwahrnehmung wichtig und gegebenenfalls ein blutiges Messen plus Kommunikation diesbezüglich zu regelmäßigen, vorher definierten Zeitpunkten.
- Abends nach dem Ins-Bett-Bringen kehrt erst einmal hoffentlich Ruhe ein. Ich beobachte die Werte aus der Ferne und rufe an, falls etwas zu tun ist. Ohne Sensor empfehle ich eine blutige Messung ca. zwei Stunden nach der letzten Mahlzeit und gegen Mitternacht.

- Unsere Erfahrung mit Großeltern: Vor zwei Jahren war es schlichtweg überhaupt nicht möglich, Nonie in der alleinigen Obhut der Großeltern zu lassen, auch nicht stundenweise, so schade das auch ist. Leider können wir Nonies Großeltern das Diabetesmanagement auch bis heute nicht überlassen, da es sich um komplexe Vorgänge bezüglich Handhabung und Berechnung handelt. Sie möchten nichts falsch machen, was wir nachvollziehen können. Ist Nonie jetzt für kurze Zeit allein mit den Großeltern, ohne Mahlzeit und ohne Übernachtung, was seit der dritten Klasse nun endlich funktioniert, steuern wir das Ganze aus der Ferne mit ihr direkt, sofern ein Einschreiten notwendig ist.
- Unsere Erfahrung mit Geschwistern: Bei der Diagnose waren Nonies Schwestern Maia-Zoé und Marie-Delphine 12 und 15 Jahre alt. Keine von beiden hätte den Diabetes allein steuern können, wir konnten es ja selbst nicht. Die zwölfjährige Schwester war für unser Befinden zu jung, bei der fünfzehnjährigen Schwester fehlte uns und ihr die Erfahrung. Es war ja alles noch ganz frisch. Jetzt sind sie 14 und 17. Beide können in unserer Abwesenheit kognitiv mit dem Diabetes umgehen. Maia-Zoé braucht noch mehr Unterstützung und Rückhalt, Marie-Delphine, als älteste Schwester, kann nach einem kurzen Übergabegespräch weitestgehend verantwortungsvoll und komplett eigenständig als Betreuerin agieren. Hier ist die Selbstsicherheit einfach auch schon altersbedingt ausgeprägter. Die Geschwister unterstützen, sind aber nicht verantwortlich. Das formulieren wir den Kindern gegenüber immer transparent und eindeutig. Die Verantwortung liegt stets bei uns Erziehungsberechtigten. Dieses Bewusstsein ist sehr wichtig, um den Kindern nicht unnötig Last und Druck aufzubürden.

- Unsere Erfahrung generell mit Fremdbetreuung: Die gefühlte Last im Vorfeld ist erfahrungsgemäß entweder erst einmal riesengroß oder klitzeklein:
  - Riesengroß: »Ogottogott, und wenn was schiefgeht und wenn ich was falsch mache und wenn ich das nicht hinbekomme? Das schaffe ich nicht.« Hier gehen wir so vor, dass wir erst einmal gemeinsam agieren und so lange Händchen halten, wie es notwendig ist. Dadurch löst sich schon viel Ogottogott in Wohlgefallen auf. Die Schreckgespenster verflüchtigen sich. Und wir gehen schrittweise vor in der Abgabe von temporärer Diabetesverantwortung. Mit der steigenden Routine und Vertrautheit kommt dann auch die Zuversicht, und irgendwann löst sich die Hand von allein aus unserer, und es blitzt ein selbstbewusstes »Das schaffe ich« in den Augen.
  - Klitzeklein: »Ach, das krieg ich schon hin, mach Dir mal keine Gedanken. Hab schon ganz andere Sachen gewuppt. Kinderspiel. Genießt Ihr mal Eure freie Zeit, und den Rest regele ich. Hab nicht wirklich vor, mich bei Euch zu melden.« Hier ist Vorsicht angesagt. Bei mir führt das eher dazu, dass ich mich öfter melde und häufiger den Blutzucker checke. In der Regel fahren diese Betreuer*innen irgendwann einmal so richtig gegen die Wand und sehen erst dann ein, dass sich der Diabetes nicht lapidar nebenher managen lässt. Ich denke hier viel in Worst-Case-Szenarien und wäge für mich ab, wie viel Loslassen ich verantworten kann, bis der Diabetes zuschlägt. Und dann gilt es, Schadensbegrenzung zu betreiben. »Hab ich Dir ja gleich gesagt« hilft in

dem Fall nicht mehr wirklich, sondern nur der Blick nach vorne: »Das hätte mir auch passieren können.« Und Schwamm drüber. Die uns auf ihre ganz eigene Weise so wohlgesonnen Betreuer*innen hätten uns die Auszeit von Herzen gegönnt. Nächstes Mal wird es was, bestimmt.

- Insgesamt gilt auch in dieser Betreuungssituation (ich weiß, ich wiederhole mich für diejenigen, die das Buch von vorne nach hinten chronologisch lesen): Im Zweifel lieber einmal mehr nachfragen, gerade bei Planänderungen in Bezug auf Essen und Aktivitäten, bei Unwohlsein und auch bei generellen Unsicherheiten. Die Dankbarkeit unsererseits ist groß, wenn wir gleich helfen können und uns dann später das Ausbaden erspart bleibt. Liegt ein akuter Unterzucker vor, ist es immer ratsam, die Erziehungsberechtigten mit einzubeziehen.

<u>Fernmanagement üben:</u> Liebe Diaeltern, bitte **prägt euch die Handlungsschritte für Pen, Pumpe, Fernbedienung, Smartphone etc. genau ein.** Sonst gibt es, ich spreche aus eigener Erfahrung, ein echtes Chaos beim Manövrieren und Erklären am Telefon, wenn ihr eure Vertretung »blind« durchs Menü führen sollt. Übt zu Hause die Unterstützung per Ferndiagnose. Das Kind oder der Partner hat z. B. die Fernbedienung der Pumpe, die Pumpe selbst oder das Smartphone zur Bedienung in der Hand, ihr ruft aus einem anderen Zimmer an und manövriert euer Kind oder den Partner aus dem Gedächtnis durch das Menü, z. B. für die Einstellung einer temporären Basalrate, für ein einfaches Spritzen, die Prüfung von Daten, eine Sensorkalibrierung im Handy oder gar den Wechsel der Basalrate. Unsere Tochter hat neulich sogar ihre Pumpe allein entlüftet anhand meiner Anweisungen per Telefon. Dafür ist es aber zwingend notwendig, dass ich die notwendigen Schritte aus dem Gedächtnis abrufen kann und ohne das

Gerät in meiner Hand am Telefon die notwendigen Schritte weitergeben kann: wie oft Taste X drücken, dann drei nach unten, lange halten bis zu den drei Pieptönen, dann linke Taste, rechte Taste und in der Mitte bestätigen. Anfangs habe ich geflucht, weil ich die einzelnen Tastenkombinationen ohne Nachdenken im jeweiligen Gerät eingeben konnte, aber dieses Wissen nicht bewusst abrufen konnte, um es weiterzugeben. Alle einzugebenden Schritte und Aktionen erfolgten routiniert und quasi instinktiv, waren aber nicht bewusst für den Fall einer notwendigen Anleitung von Dritten in meinem Gehirn abgespeichert. Übung macht in diesem Fall den Meister, und nun bin ich dankbar, dass ich oftmals schon per Telefonat aus der Ferne steuern und agieren kann und nicht jedes Mal »anreisen« brauche.

Eine ganze Nacht einmal wieder bei einer Freundin bleiben, das war ein wirklich großer Wunsch von uns allen für unsere Nonie. Vor der Diagnose schlief Nonie seit sie fünf Jahre alt war woanders, und wir waren immer stolz darauf, wie jung sie damit angefangen hatte und wie problemlos und selbstverständlich es für sie war. Sie liebt das Abenteuer, bis heute. Und dann von heute auf morgen keine externen Übernachtungen mehr ohne Mama oder Papa. Das war in der Tat ein harter Einschnitt ihrer Freiheit und Selbständigkeit.

Umso mehr freut es mich, dass wir es nun kürzlich, im Dezember 2021, Nonie war zu der Zeit achteinhalb und hatte seit zweieinhalb Jahren T1D, gewagt haben, sie bei einer Freundin schlafen zu lassen. Und, es war ein voller Erfolg! Dieses Erlebnis gibt uns ganz viel Kraft und frohen Mut, dass es vorangeht, schrittweise, aber vorwärts, stetig. Ich möchte mich an dieser Stelle bei der lieben befreundeten Familie bedanken, die uns dieses Wagnis ermöglicht, ganz toll mitgemacht und es letztlich zum Erfolg geführt hat: Danke, liebe Linping, Christian, Alina und Laura.

Was sind aus meiner Erfahrung **die zehn Erfolgsfaktoren** für eine fremdbetreute Übernachtung?

1. Ein gutes **Grundverständnis** zum Thema T1D und schon **ein bisschen Übung** mit Blutigmessen, Kalibrieren und dem Spritzen in unterschiedlichen Ausprägungen ist von Vorteil, ggf. vorher zusammen üben. Dann kann das Elternteil nachts eventuell auch in weiten Teilen tätig werden, ohne das Diabeteskind zu wecken.
2. Das **Kind kann schon mithelfen** und gibt der befreundeten Familie eine zusätzliche Sicherheit beim Diabetesmanagement. Mit gerade frisch neun Jahren klappt das bei uns schon recht gut.
3. Ein **starker eigener Antrieb** auf beiden Seiten, das Ganze **gut machen zu wollen**.
4. **Der Ausschluss vorhersehbarer Blutzuckereffekte**, damit das, was dann letztlich doch eventuell nachts dazwischenfunkt, besser per Ferndiagnose analysiert und behoben werden kann:
    - Von der Kohlenhydratzufuhr her einfach gehaltene Mahlzeiten ohne Langzeiteffekte (Stichwort »FPE-Effekt«, siehe Kapitel 13.3), z. B. eine einfache Brotzeit, gerade abends, lieber Rohkost und Obst zum Film als Chips und Popcorn,
    - ein gesundes Kind,
    - ein gewohnter, routinierter Tagesablauf ohne Unsicherheitsfaktoren, die nächtliche Körperprozesse auslösen könnten (z. B. Muskelauffülleffekt, Blutzuckerhoch durch große Aufregung),
    - Basalraten frisch angepasst und
    - Technik im grünen Bereich (z. B. Sensor funktioniert gut, Katheter frisch gewechselt, ausreichend Insulin in der Ampulle).

5. **Das Ereignis »Übernachtung« an sich in den Vordergrund stellen**, ohne dass es einer außergewöhnlichen Aktivität bedarf oder einer außergewöhnlichen Mahlzeit: Es ist nicht wichtig, dass die Kinder unbedingt Schnitzel mit Pommes essen, eine Brotzeit tut es auch, wenn dafür die Übernachtung ermöglicht wird. Es ist auch nicht wichtig, dass die Kinder unbedingt Trampolin springen bis zum Umfallen. Bewegung in Maßen tut es auch in diesem Fall.
6. Mindestens zwei Stunden **Abstand** (bzw. so viel Abstand wie das eingesetzte Insulin benötigt) **zwischen den Mahlzeiten sicherstellen**, denn nach dieser Zeit ist das Insulin, bei uns *NovoRapid*, »durchgelaufen« und man hat wieder einen »Nullpunkt« für die weitere Analyse und Vorgehensweise, also auf keinen Fall ununterbrochen kohlenhydrathaltig snacken und andauernd nachspritzen.
7. Beim Hinbringen oder telefonisch im Vorfeld **Mahlzeiten durchsprechen**, mögliche KEs notieren (lassen) und Aufgeschriebenes mit weiteren Gedankenstützen stichwortartig anreichern (temporäre Basalrate, Korrektur durch Ablesen des Gewebezuckers am Sensor, bestimmte Spritzprogramme, die sich bewährt haben, günstige Essenszeiten etc.).
8. **Das Ego in den Urlaub schicken**, es geht um die Sache, aber auch den **eigenen Ehrgeiz als Diabeteselternteil zügeln**, denn in dieser Nacht geht es nicht um Perfektion, sondern um Spaß, um Loslassen, um die Seele.
   #BeideAugenZudrückMentalität
9. **Wenn es nicht geht, wird das Kind abgeholt**. Dann probieren wir es ein andermal erneut. Es ist nicht vorhersehbar, ob das Ganze funktioniert, egal, wie viel Mühe sich die betreuende Person gibt. Viele Faktoren sind einfach unberechenbar

und keiner ist schuld. Wenn z. B. die Pumpe verstopft ist oder der Sensor spinnt, kann es sein, dass ein Abholen das Vernünftigste ist für die Gesundheit des Kindes.

10. **Geduld, Besonnenheit und ein klarer Kopf bei der gemeinsamen Interaktion per Ferndiagnose am Telefon**: Screenshots des Bedienmenüs können hilfreich sein, um sicherzustellen, dass richtig agiert wurde. Zudem ist es aus meiner Sicht unabdingbar, dass die Diabeteseltern die Menüpunkte ungesehen auswendig kennen, um per Telefon Anweisungen zu auszuführenden Schritten geben zu können.

Im Folgenden zeige ich zwei Blutzuckerkurven. Die erste ist die aus besagter erster, fremdbetreuter Nacht. Sie war nachts recht gut kontrollierbar und per Ferndiagnose beeinflussbar. Die zweite Kurve hingegen zeigt einen Verlauf, der während einer Fremdbetreuung außer Kontrolle geraten ist. Was waren hier die Faktoren, die in die eine bzw. die andere Richtung geführt haben?

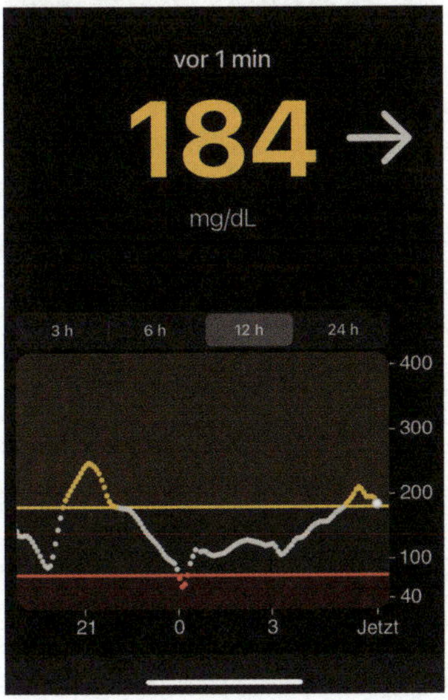

Bei dieser Kurve wurden fast alle Erfolgsfaktoren eingehalten. Was kam dazwischen? Um Mitternacht gab es einen unvorhergesehenen Sensorfehler. Der Abfall war nicht plausibel. Also ließ ich per Telefon blutig messen, was schwierig war, da Nonie sehr schlaftrunken war und die Mutter keine Erfahrung mit dem Blutigmessen hatte. Da gibt es also noch Verbesserungspotenzial in der Vorbereitung, ich habe mir einen Merker

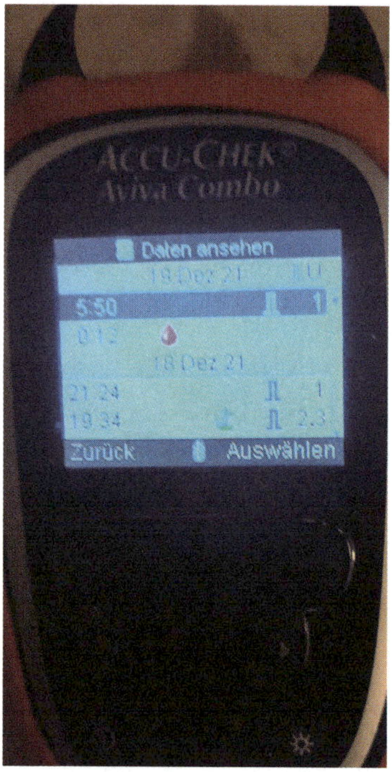

gesetzt: Vorher das Blutigmessen gemeinsam üben. Blutig kam 114 (6,3), ein Wert im grünen Bereich, heraus. Wir haben diesen gemeinsam per Telefon im Handy in der App kalibriert, und dann war die Kuh erst einmal vom Eis. Ab 3 Uhr stieg der Wert unerwartet. Ich habe das eine Zeit lang beobachtet und bin erst tätig geworden, als er Richtung 200 (11,1) ging. Zuhause hätte ich schon früher agiert. Die Mutter hat die schlafende Nonie gegengespritzt anhand meiner Instruktionen am Telefon. Per Screenshot haben wir sichergestellt, dass die Korrektur auch in der richtigen Höhe abgegeben wurde.

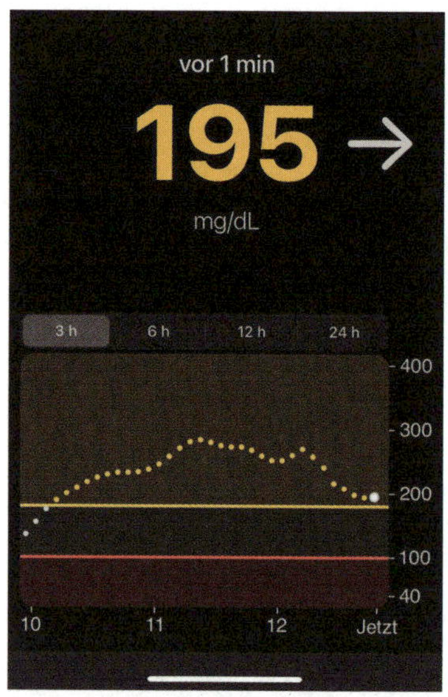

Diese Kurve zeigt einen fremdbetreuten Verlauf an einem Sonntagvormittag. Nach dem Frühstück, welches ich mit 20% (Sportprogramm) weniger Insulin spritzen ließ, weil es direkt im Anschluss zum Eislaufen ging, blieb die Kurve hoch. Was war passiert? Die Kinder hatten nicht so recht Lust zum Eislaufen und bewegten sich wohl kaum. Das Sportprogramm wäre also nicht nötig gewesen. Davon wusste ich aber nichts. Dann kam auch noch der Anruf: »Mama, ich will eine Wurst im Brötchen essen mit Ketchup.« #SoulfoodTime, also gut. Seit dem Frühstück war gerade einmal eine Stunde vergangen. Da ich davon ausging, dass die Kinder sehr aktiv waren, ließ ich den zu spritzenden Wert für die Wurst nicht korrigieren, obwohl die Werte zu hoch waren. Als ich kurze Zeit später anrief und fragte, wie lange die Kinder noch Eislaufen, waren sie schon wieder zu Hause ohne jegliche körperliche Aktivität. Kurz darauf gab es erneut etwas zu essen und wieder lagen keine zwei Stunden Abstand zwischen den Mahlzeiten. Hierfür ließ ich dann blutig messen, wir spritzten die Mahlzeit und korrigierten entsprechend dem Vorschlag des Messgerätes. So langsam kam sie herunter. Hier hatten der uneingeschränkte Spaß und die nicht abgesprochene Spontanität gesiegt und der Diabetes für ein paar Stunden den Kürzeren gezogen. Darf auch einmal sein. Genießen, wenn es vom Ablauf wieder passt, mit klarem Kopf reflektieren und handeln.

So wirklich in den grünen Bereich zurück schafften wir es dann erst nachmittags nach einem großen Durchschnaufen, einer vierstündigen Essenspause, einigen Reflektionen, der direkten und kontinuierlichen Kontrolle des Aktivitätsgrades von Nonie und dem sich daraus langsam einstellenden Gefühl, wieder den Überblick zurückzugewinnen.

Wir leben im Patchwork. Ich bin im Alltag verantwortlich für den Diabetes unserer Tochter, somit am routiniertesten, und fange sogar an, ihn intuitiv zu managen, was mich mit einigem Stolz erfüllt nach nunmehr zweieinhalb Jahren. Routine macht nun eben wirklich viel aus beim T1D. Dennoch mache ich Fehler im Diabetesmanagement, und zwar in der Regel jeden einzelnen Tag. Wenn Papa oder Bonuspapa übernehmen, ist das nicht anders, und natürlich komme ich hin und wieder ins Schwitzen, denn so einiges läuft auch dann nicht perfekt. Ihnen fehlt die tägliche Übung, ich bin nicht direkt am Drücker und auch die ganz genauen Abläufe und Mahlzeiten kenne ich nicht ohne Glaskugel. Aber sie wollen es gut machen und strengen sich unglaublich an für die Kleine, auch wenn sie vergessen, mir von der Tobe-Aktion zu berichten oder davon, dass sie doppelt so lange Skilaufen waren wie geplant, es doch Pommes anstatt Reis gab, und der Berliner am Nachmittag in den Notizen komplett unterschlagen wurde. Wichtig ist dabei doch: Sie kommen prinzipiell klar mit dem Diabetes, haben dabei trotz aller Ernsthaftigkeit noch Spaß, und ich darf die Verantwortung zeitweilig abgeben, wenn einer der beiden sich kümmert. Ich darf in der Zeit endlich einmal an etwas anderes denken und auftanken. Denn wie in der Schule auch: Es besteht in der Regel keine Lebensgefahr. Und dieses Abgeben ist ein anderes, als das Kind zwei Stunden woanders spielen zu lassen, und auch ein anderes, als während der Schulzeit dennoch die Hauptverantwortliche zu bleiben. Dadurch, dass die beiden natürlich auch in ALLE Vorgänge und Eventualitäten eingeweiht sind, fühlt es sich besonders und ganzheitlich an, wenn man es nur schafft, seinen eigenen Anspruch an Perfektion einmal kurzzeitig beiseitezulegen. Wenn etwas ist, werden sie oder der Alarm sich melden. Dann hilft konstruktive Transparenz ohne Ego und gemeinsam deichseln wir die Situation in der Regel.

Sich regelmäßig diese Entspannung bewusst zu erlauben als engste Bezugsperson, das Leben zuzulassen, sich nicht vom Diabetesmanagement, einer einzuhaltenden TIR oder dem »Es wäre aber eigentlich besser, wenn wir …«-Gedanken treiben zu lassen, zeigt auch unseren Kindern, dass wir den Diabetes loslassen können. Es gibt im Leben noch andere Prioritäten als ihn, soll er doch einfach auch einmal ein bisschen rumzicken dürfen. Ab und an ist vielleicht eine Checkfrage, ob der Schieberegler im eigenen Leben oder dem der Familie noch an der richtigen Stelle sitzt, angebracht. Wenn wir diesen Schieberegler aktiv managen, lernen auch unsere Kinder damit umzugehen im Sinne einer gesunden Balance für Körper, Geist und Seele. Das können sie sich von uns abschauen, und ich möchte alle Diaeltern dazu ermuntern, den Kindern diese wichtige Erfahrung immer wieder zu ermöglichen, damit sie sie in ihr Leben zu integrieren lernen.

Neulich war ich ein ganzes Wochenende in Bordeaux. Riesenherausforderung. Ich habe versucht, alles gut durchdacht vorzubereiten und damit frühzeitig begonnen: Also kein Insulinwechsel und kein Sensorwechsel während meiner Abwesenheit. Nur Katheter. Basalraten frisch justiert usw. Und ich war 24/7 in Rufbereitschaft. Zudem betrachtete ich die Blutzuckerkurve während meiner Abwesenheit natürlich trotzdem immer mal wieder, und wir hatten eine gemeinsame Notiz, wo die wichtigsten Aktivitäten und Mahlzeiten sowie das Diabetesmanagement stichwortartig festgehalten wurden. So konnte ich kommentieren, Tipps geben, und wir konnten uns indirekt und auch zeitversetzt austauschen bei Punkten, die nicht akut waren. Dadurch war ich flexibler und konnte dennoch die Sicherheit im Umgang mit dem T1D zu Hause stärken.

Diese Zeiten, ob eine Stunde, ein Nachmittag, ein Abend oder sogar noch mehr, tun so gut, wenn sie gewissenhaft vorbereitet werden, und das trotz der theoretischen Erreichbarkeit. Letztere ist auf der anderen Seite ja doch auch irgendwie beruhigend, wenn sie unsicher sind oder es brenzlig wird. Aus meiner Sicht lohnt sich dieser Aufwand und auch die Überwindung, loszulassen und anstatt Perfektion temporär einfach einmal »kontrolliertes Laufenlassen« zu betreiben.

Aber wozu? Für eine nicht zu unterschätzende Verantwortung gegenüber uns selbst, für eine sicherlich im Diabetesalltag zu kurz kommende Selbstfürsorge, denn nur mit vollen Batterien können wir diesen turbulenten Alltag im Sinne unserer Familie meistern.

An dieser Stelle kann es hilfreich sein, jemanden an der Seite zu wissen, der oder die sich wirklich kompetent auskennt mit den Themen Selbstfürsorge, Stressmanagement und Resilienz und zudem einen konkreten Bezug zum Thema T1D hat. So jemand ist Dr. Miriam Härlein, derzeit Assistenzärztin in der Kinderklinik Fulda, angehende Kinderärztin, Mama Care Coachin und selbst Mutter. Durch moderne, ganzheitliche Techniken der Mind-Body-Medizin und der Yogatherapie unterstützt sie vor allem Mamas dabei, ihren Stress in den Griff zu bekommen und somit ihre Resilienz zu stärken, z. B. durch kleine Auszeiten im Alltag, *MiMis*, wie sie sie liebevoll nennt, um ganzheitlich gesund zu bleiben. Das geht in Präsenz, on demand, per App oder in einem Onlineformat. Natürlich ist ihr Wissen auch auf die Papas und weiteren Betreuungspersonen im Umfeld eines Kindes mit T1D übertragbar.
Mehr dazu hier https://drmiriamhaerlein.com/ .

Denn am Ende können wir unseren T1D-Held*innen am besten ein unbeschwertes und fröhliches Leben ermöglichen, wenn uns selbst die Leichtigkeit im Leben nicht verloren geht und wir nicht ständig am energetischen Limit kratzen.

11.4 Schattenkinder

Nonies Schwester Maia-Zoé, heute 14 Jahre alt, ungefiltert:

»Das doofe Gefühl kam nicht so direkt von Anfang an. Am Anfang, also vor zweieinhalb Jahren, war der Diabetes einfach da und neu und es war klar, dass man sich erst einmal daran gewöhnen muss. Wir alle. Ist ja auch krass. Nach einem Jahr hätte ich gedacht, dass sich die Welt auch mal wieder um was anderes drehen kann, aber das passierte nicht. Und dann kam das doofe Gefühl und wurde immer stärker.

Mich macht das ein bisschen wütend, dass sich alles immer nur darum dreht. In den Hintergrund gestellt, fühle ich mich. Nach zwei Jahren hätte ich gedacht, dass man sich jetzt mal wirklich daran gewöhnt hat. Aber irgendwie bestimmt es immer noch krass unseren Alltag und häufig auch unsere Gespräche. Als gäbe es gar kein anderes Thema, zumindest echt oft. Der Diabetes funkt einfach echt viel dazwischen. Das ist nicht fair. Wenn ich was Kritisches sage, dann kriege ich 'nen Kommentar oder einen schiefen Blick, das finde ich doof, also wenn ich was Kritisches zum Thema Diabetes sage oder zum Timing, also zum Beispiel frage, ob der Katheter nicht auch wann anders gewechselt werden kann oder ob das jetzt gerade sein muss, weil ich finde, dass es gerade nicht gut passt.

Immer wieder wird echt alles stehen und liegen gelassen für den Diabetes, halt wenn der Alarm kommt. Ich steh oder sitz dann da, und was wir grad machen oder reden, ist nicht mehr wichtig. Danach findet man oft nicht mehr so zusammen. Die Situation ist dann kaputt. Wenn man was gerade erzählt, dann wird man unterbrochen, und hinterher ist es schwierig, wieder in diese Erzählstimmung hineinzukommen, und dann erzählt man es lieber gar nicht mehr. Das ist dann voll schade. Manchmal mache ich es dann schon so, dass ich es einfach überhaupt gar nicht mehr erzähle, also noch nicht mal mehr dazu ansetze, denn dann kann ich auch nicht unterbrochen werden. Neulich zum Beispiel, nach dem Leichtathletiktraining, tat mir etwas derbe weh, und ich habe es erzählt, und wir wollten gerade überlegen, was wir da tun können, und dann kam der Alarm, und ihr seid einfach nicht mehr wiedergekommen.

Auch wenn man mit Besuch zusammen ist, hier oder dort, dann verstehe ich schon, dass Diabetes interessant ist als Gesprächsthema und der Besuch gerne mehr darüber wissen möchte, und wie toll die Nonie das schon macht und wie viel sie schon alleine kann und wie anstrengend und kräftezehrend das alles ist, ist schon klar, aber oft ist das dann das einzige Thema. Was ich mir wünsche, ist, dass man mal über irgendwas anderes redet. Es kann einfach irgendwas sein, es ist nicht wichtig, dass es dann um mich geht, einfach nur mal kein Diabetes. Und ich wünsche mir, dass wir dann nicht wieder dabei unterbrochen werden von dem Alarm, sondern einfach mal entspannt fertig reden können, bis das Thema eben fertig diskutiert ist. Ihr Erwachsenen sagt immer, dass wir die Handys weglegen sollen am Tisch und ganz bei der Sache sein sollen, wenn ihr was mit uns zusammen macht oder besprecht. Ich wünsche mir halt, dass wir auch mal was zusammen machen oder reden können und ihr ganz bei der Sache seid ohne Diabetes. Und wenn ich dann genervt bin, kriege ich schräge Blicke, und dann, wenn ihr einseht, dass es mir nicht gutgeht, kommen alle zu mir und wollen mich umarmen und mir sagen, dass wir doch eigentlich echt happy sind und heile Welt und so, aber das finde ich dann ganz ätzend, denn so ist das ja nicht.«

Maia-Zoé hat eine große Schwester und eine kleine Schwester, unser Diabeteskind. Sie ist also zudem auch noch ein Sandwichkind, die Mittlere. Bei vielem, was sie sagt, fasse ich mir gleich einmal an die eigene Nase. Es ist ein Wachrüttler für mich. Zweieinhalb Jahre nach der Diagnose ist der Diabetes natürlich nicht weg, aber auch nicht wirklich alltagsintegriert wie ein selbstverständlicher Toilettengang, den man ja auch oft gar nicht erst erwähnt. Es liegt nun einmal nicht in seiner Natur, sich unterzuordnen.

Auch ich brauchte erst einmal Zeit, um mein Leben und meine Perspektive neu zu sortieren in meinem Kopf und Herzen. Es ist und bleibt ein krasser Einschnitt in unser Familienleben und auch unseren Lebensplan. Oft ist der Diabetes in meinem Empfinden akut und erhält meine ganze Aufmerksamkeit. Ich habe das Gefühl, dass ich ihn sonst nicht gut managen kann, ihn nicht in den Griff bekomme. Aber ich bin hier ganz ehrlich. Darüber, wie das auf meine vierzehnjährige Tochter wirkt, habe ich mir vor unserem gemeinsamen Gespräch dazu noch keine Gedanken gemacht. Gefühlt ist alles immer noch so neu, so frisch, so vereinnahmend.

»Ist doch klar, dass sie dafür Verständnis hat, ist ja hart für uns alle.« Das steckte dazu unbewusst wahrscheinlich bei mir im Hinterkopf seit der Diagnose. Dass es für sie nicht ganz so easy ist als mittleres Kind und zudem in der blühendsten Pubertät plus nun auch noch mit dem T1D bei uns zu Hause on top, darauf hätte ich in einer idealen Welt auch schneller kommen können, vielleicht sogar ohne wachrüttelndes Gespräch. Nur ist unsere Welt zweieinhalb Jahre nach der Diagnose noch nicht jeden einzelnen Tag ideal und tiefenentspannt. Und das darf auch so sein. Die große Schwester fällt als direkter, nahbarer und präsenter Ansprechpartner gerade aus, weil sie ein Jahr in den USA verbringt. Das macht das Grundsetting für Maia-Zoé natürlich nicht einfacher.

Was ich, denke ich, aus unserem Gespräch ziehen und wie ich mich hier selbst weiterentwickeln kann, jetzt, wo wir doch schon einige Alltagserfahrung mit dem Diabetes gemacht haben und eben keine Frischlinge mehr sind, ist:

- Aufmerksamkeit bewusst lenken: Wenn ich darauf achte, traue ich mir inzwischen durchaus zu, zu beeinflussen und somit zu steuern, welches Maß an Aufmerksamkeit unser launisches Familienmitglied mit dem Namen Diabetes bekommt: Ist es eine unkomplizierte Gesprächs- bzw. Alltagssituation oder doch eine, die ggf. zerstört wird durch die Diabetesunterbrechung? Kann ich das berücksichtigen? Dezent agieren? Eine unabwendbare Diabetesunterbrechung geschickt einleiten und den Faden hinterher vielleicht gekonnt wieder aktiv aufnehmen? Oder darf ich mich dem Diabetesmanagement einfach so hingeben, weil es gerade nicht stört?
- Gesprächsthemen: Mit etwas Achtsamkeit können wir in gemeinsamer Runde auch von unserer Seite proaktiv andere Gesprächsthemen anbieten, denn oft fällt man automatisch durch irgendeine Diabetesunterbrechung in dieses Thema hinein und der Gesprächsstoff geht einem dazu nie aus, wenn man nicht darauf achtet. Und wir können versuchen, das Gesprächsthema wieder auf etwas anderes zu lenken, wenn die Geschwister mit dabei sind.
- Perfektion abwägen: Sicherlich kann ich inzwischen überlegter sein, wann und wie heftig ich mich vom Diabetes unterbrechen lasse. Vielleicht könnte ich doch, wenn es nicht so ganz akut ist, auch mal öfter alle fünfe gerade sein lassen? Den Alarm ggf. einmal für eine Stunde oder zwei nur auf kurz vor Unterzucker stellen, Hochalarm aus, und in Kauf nehmen, dass es dann diabetestechnisch nicht ganz optimal ist, wir dafür

aber gemeinsam eine fast ungestörte Zeit genießen dürfen, die unserer »Familienpsyche« sicherlich guttun würde?

- Exklusivzeiten: Es sollte exklusive Zeiten für die weiteren Geschwister mit Mama und/oder Papa geben, wo der Diabetes gar keinen Platz hat, indem ich Nonie in der Zeit vom anderen Elternteil eigenverantwortlich oder ganz fremdbetreuen lasse.
- Schöne Familienmomente zulassen: Unsere Familie ist mehr als eine auf den Diabetes reduzierte Betreuungsmaschine. Sie hat es verdient, dass nun nach der Eingewöhnungsphase all diese Facetten erneut beleuchtet und gepflegt, im Zweifel auch wieder ausgebuddelt werden: sei es ein kühnes Urlaubsziel, eine spontane Wochenendaktivität, ein abenteuerliches Geburtstagsunterfangen oder ein in letzter Zeit vergessenes Lieblingsgericht. Gemeinsam schaffen wir das, wenn wir es nur zulassen und es positiv angehen.
- Aus der Balance Kraft schöpfen: Wenn die Balance stimmt, fällt das »Alle packen mit an« leichter, gerade für die Geschwister, als wenn sie aus dem Schatten heraus ständig mithelfen sollen, Verständnis erwartet wird und ihre eigenen Bedürfnisse dabei viel zu kurz kommen.
- Zuhören und verstehen: Jedes potenzielle Schattenkind sollte gehört werden, um die Bedürfnisse erst einmal zu erkennen, zu verbalisieren und dann gemeinsam zu adressieren, so gut wie eben möglich in einem Diabetesalltag. Allein das Zuhören wird die Gesamtsituation entspannen und das gegenseitige Verständnis erhöhen.

Und jetzt schreibe ich auch noch ein Diabetesbuch. Das Thema nimmt also dadurch noch mehr Platz in unserem Alltag ein. Als mir das bewusst wurde, habe ich beschlossen, mein Schattenkind in dieses Buch noch stärker mit einzubinden, nicht nur in diesem durch sie initiierten Kapitel. Sie hat eine stark ausgeprägte kreative Ader. Deshalb haben wir gemeinsam beschlossen, dass sie ein paar Illustrationen für das Buch zusteuert. Das ist mein Versuch ihr gegenüber, dieses Buchprojekt in ein positives und gemeinschaftliches Erlebnis umzuwandeln, frei nach dem Motto: Wenn Du die Situation bzw. die äußeren Gegebenheiten nicht ändern kannst, versuch, Deine Einstellung dazu zu überdenken. Greif das Positive und Gute auf, mach was draus, lass die kritische Stimme teilhaben und integriere sie in den Prozess.

Ich lasse nun Maia-Zoé das letzte Wort in ihrem Kapitel. Seit unserem initialen Gespräch sind nun drei Monate vergangen. Hat sich die Situation für sie verändert? Hat sich unser Diabetesalltag seitdem verändert? Wie sieht sie das Buch und ihren Beitrag dazu? Lest selbst:

»Das große Thema Diabetes hat sich schon verändert in den letzten Monaten. Ich bekomme nicht mehr so viel davon mit, z. B. findet der Katheterwechsel jetzt fast immer ohne mich statt und nicht direkt vorm gemeinsamen Essen, sodass ich warten muss. Auch mal nach dem Essen oder wenn ich nicht da bin. Und auch das mit den Gesprächen ist besser geworden. Mama und ich kochen jetzt einmal pro Woche zusammen. Nur sie und ich. Das ist schön. Ja, der Diabetesalltag ist für mich echt besser geworden seit unserem letzten Gespräch darüber.

Ich verbinde das Diabetesbuch irgendwie nicht mit dem Diabetesalltag. Es ist zwar ein echt großer Teil in Mamas Leben gerade und dadurch auch für uns täglich präsent, aber irgendwie auf eine andere Art und Weise. Nicht schlimm, sondern als etwas Positives hier bei uns zu Hause. Es ist ein Projekt, das Mama betreut, wie ihre anderen Projekte auch. Davon erzählt sie uns ja auch immer mal wieder, damit wir verstehen, was sie so macht beruflich. Da bin ich schon auch voll stolz auf meine Mama, dass sie das so zusätzlich auf die Reihe kriegt, um mit anderen ihr Wissen zu teilen und den anderen Familien dadurch zu helfen. Ist ja auch irgendwie krass mit dem Diabetes so im Alltag. Und ich bin echt auch stolz, dass ich die Illustrationen im Buch gestalten darf. Denn das macht mir richtig Spaß und es ist ja auch wichtig, so echtes Leben mit so richtig Verantwortung. Das ist echt anders cool. Es ist schon auch Druck, weil Timings dahinterstehen und ich auch gechallenged werde, das Beste rauszuholen. Schon was Großes. Aber da bin ich voll stolz drauf. Als der Druck zwischendurch echt mal richtig groß war und die Stimmung kippte, ist Mama zu mir gekommen und hat mich gefragt, ob ich es lieber lassen möchte. Aber das hat sich irgendwie doof angefühlt, wo ich doch diese Möglichkeit jetzt habe, hier kreativ sein zu dürfen für was Echtes. Toll, dass Mama das auf die Beine stellt mit so viel guter Absicht und dieser unermüdlichen Energie. Oft sitzt sie die ganze Nacht, schreibt, optimiert und organisiert, damit es möglichst schnell veröffentlicht werden kann.«

12

Ein paar Worte von Nicola Schmidt

»Liebe Eltern, Erziehungsberechtigten und Bezugspersonen von Kindern mit Typ-1-Diabetes,

ein Kind zu haben und großzuziehen, war zu allen Zeiten eine Herausforderung – mit T1D wird es zu einer riesigen Aufgabe. Im artgerecht-Projekt sagen wir: Es braucht ein Dorf, um ein Kind großzuziehen.
Wir können es auch ohne schaffen. Wenn wir allerdings ein Kind in unserer Obhut haben, für das wir einen Teil der Biologie ein Leben lang ersetzen müssen, werden wir nochmals mit einer ganz anderen Situation im Alltag konfrontiert. Und daher möchte ich alle Betroffenen ermutigen:

Seid stolz auf Euch
Seid schön
Seid stark
Seid vertrauensvoll
Seid offen und erzählt

Holt Euch Hilfe
Holt Euch Hilfe
Holt Euch Hilfe.

Eltern machen den wichtigsten Job der Welt – Eltern, deren Kinder besondere Bedürfnisse haben, machen diesen Job unter erschwerten Bedingungen. Ich ziehe meinen Hut vor allem, was Ihr leistet. Ihr könnt oft morgens um sechs schon in den Spiegel blicken und Euch auf die Schulter klopfen, denn Ihr habt während der Nacht und am frühen Morgen bereits für Eure Kinder und ihre Gesundheit viel geleistet. Jedes einzelne Mal, das Ihr für Eure Kinder Zeit in ein aktives Diabetesmanagement steckt, investiert Ihr auch in ihre Gesundheit, ihre Zukunft und ihr ganzes Leben.

Es gibt viel zu wissen und zu lernen über das Thema Diabetes Typ 1, und wir sind alle noch viel zu wenig informiert. Vieles, was passiert, was Ihr als Familie leistet, geschieht im Verborgenen, und ich kann mich nur Maren anschließen, dass wir viel mehr Aufklärung zu diesem – und zu vielen anderen Themen – bräuchten. Deshalb ist dieses Buch ein wichtiger Schritt.

Marens Geschichte zu lesen, hat mich sehr berührt, eben weil es einen unsichtbaren Kampf sichtbar macht. Und weil es zeigt, was Menschen leisten können, was Liebe leisten kann und wie stark unsere Kinder sind.

Maren macht es vor: Was uns in Krisen immer hilft, ist der Raum zu trauern, die Kraft zur Akzeptanz und der Humor, der uns weiterleben lässt. Und was wir nicht ändern können, lernen wir zu integrieren. Maren zeigt uns, wie das gehen kann.«

13

Herausforderungen 2.0

– Komplexere Zusammenhänge –

Gerne möchte ich an dieser Stelle auf einige etwas komplexere Zusammenhänge und Herausforderungen in Bezug auf den Diabetes Typ 1 eingehen, damit ja keine Langeweile aufkommt, jetzt, wo ihr durch diese Lektüre keine zuckerblutigen Anfänger*innen mehr seid. Die Erkenntnisse, die ich hier in Kapitel 13 mit euch teile, kamen mir nicht über Nacht, sondern kosteten mich viel Zeit und Energie und manchmal auch einen schmerzhaften Ritt auf meiner eigenen Lernkurve, hoch zu Ross und im nächsten Moment abgeworfen, tief im Graben. Dieses Kapitel ist für all diejenigen geschrieben, die jetzt noch nicht aussteigen wollen oder können, weil sie das Gefühl haben, dass eben auch dieses Fortgeschrittenenwissen sie zu diesem Zeitpunkt bereits weiterbringt im Alltag mit dem Diabetes.

Vielleicht seht ihr es euch aber auch erst an, wenn ein bisschen weitere Zeit und Erfahrung ins Land gestrichen sind?

Oder seid ihr neugierig und bereit zu entdecken, wie das mit dem Diabetesmanagement in die nächste Runde geht? Es wird nicht langweilig, so viel kann ich euch versprechen. Das, was jetzt kommt, ist so ein bisschen wie das Hauptstudium, wenn man das

Vordiplom geschafft hat, quasi der Master nach dem Bachelor. Wer traut sich? Ich habe Respekt, dass ihr es bis hierher geschafft habt, denn auch wenn ich versucht habe, flüssig und in einfachen Worten zu schreiben, ist es doch ein ganz schönes Brett, das ihr bis hierher durchgebohrt habt. Sollte euch dieses Kapitel (noch) überfordern, überblättert es einfach und nehmt es euch später noch einmal vor. Irgendwann wird es mit euch sprechen, da bin ich mir sicher. Steigt gerne in dem Fall einfach bei Kapitel 14 wieder ein. Also, los geht's, auf ins Hauptstudium.

13.1 Mögliche Gründe für einen zu hohen Blutzuckerwert, der schwer in den Griff zu bekommen ist

Wir rätseln oft in unserer Familie und auch in der Diabetes-Community in den sozialen Medien ist es ein häufiges Gesprächsthema, warum Blutzuckerwerte zu hoch oder zu niedrig sind. Sicherlich habt ihr bereits einen guten ersten Eindruck dazu bekommen im Laufe dieser Lektüre. Ich möchte es hier nochmals zusammenfassend auf den Punkt bringen. Also, wer weiß noch was diesbezüglich? Einmal kurz nachdenken, ohne zu spicken …

Mir geht es hier nicht um kurze, absehbare Erhöhungen wie z. B. nach dem Essen oder Trinken, schließlich sind wir im »Herausforderungen 2.0«-Kapitel. Es geht um stundenlang erhöhte Werte, die schwer in den Griff zu bekommen sind, und ihre möglichen Ursachen:

- Infekte und Fieber: Oftmals merkt man bereits am Vortag an den unerklärlich steigenden Werten, dass etwas im Busch ist. Während der Krankheit schüttet man gefühlt tonnenweise Insulin ins Kind hinein, ohne einen nennenswerten Effekt zu erzielen. In unserer Pumpe gibt es ein Krankheitsprogramm. Beim Essen kann man auf diese Weise direkt 40% mehr Insulin spritzen als normal. Ein Tipp unserer Diabetologin, den wir inzwischen regelmäßig beherzigen, gleich am Anfang war: Nicht vergessen, doppelt Insulin erhöhen. Die Basalrate sollte auch erhöht werden zusätzlich zur erhöhten Bolus-, also Insulinabgabe beim Essen. Aber warum kann der Blutzucker bei Krankheit steigen? Der Körper ist in Alarmbereitschaft, wodurch Stresshormone ausgeschüttet werden, die einige Körperprozesse intensivieren (z. B. höherer Blutdruck, schnellerer Herzschlag). Dadurch erhöht sich der Energiebedarf, und es werden folglich Energiereserven mobilisiert und zwar in Form von zusätzlich durch die Leber gebildetem Zucker.[43] Die Leber gibt, angeregt durch das ausgeschüttete Stresshormon Adrenalin, diesen zusätzlichen Zucker ab,[44] damit der Körper genügend Reserven hat, wenn »der Berglöwe, in unserem Fall die Krankheit, angreift« und wir folglich instinktiv wegrennen oder uns verteidigen. In unserem Fall ist es unser Körper, der sich gegen die Viren und Bakterien verteidigt.

- Technische Probleme: z. B. Katheter-Nadel verstopft oder abgeknickt, abgeknickter Schlauch bzw. Blut im Schlauch, Verstopfung der Pumpe, Pen defekt.
- Probleme mit der Hautstelle: Die Hautstelle, die für das Spritzen oder den Katheter benutzt wird, funktioniert nicht mehr, da der Körper bereits mit der Abwehrreaktion begonnen hat, oder es lag bereits vorher genau an dieser Stelle eine Verhärtung vor. Deshalb soll man die Hautstelle auch regelmäßig wechseln und versuchen, möglichst immer wieder neue Hautstellen zu finden – bei jahre- und jahrzehntelangem T1D sicherlich eine Herausforderung.

---

[43] »Stresshormone«. In: www.apotheken-umschau.de. Abgerufen am 23.04.2022

[44] PD Dr. Martin Füchtenbusch: »Infekte: Was ist bei Diabetes zu beachten?«. In: www.diabinfo.de. Abgerufen am 23.04.2022

- Probleme mit dem Insulin: Das Insulin wirkt nicht mehr (extreme Temperaturen, Verfallsdatum).
- Probleme mit der Bolusabgabe: Bolusabgabe zum Essen zu niedrig berechnet oder ggf. sogar das Spritzen komplett vergessen. Auch das passiert, wenn man abgelenkt ist oder z. B. verzögert spritzen wollte und sich keinen Wecker dafür gestellt hat bzw. keinen Merker gesetzt hat, oder man eigentlich auf Abgabe gedrückt hat, aber nicht stark genug oder ohne Hinzuschauen, und, und, und. Auch Rechenfehler passieren. Deshalb ist es aus meiner Sicht wichtig, sich beim Diabetesmanagement zu konzentrieren und die eigenen Multitaskingfähigkeiten besser wann anders zu demonstrieren. Uns passiert gerade das »Aus-Versehen-gar-nicht-Spritzen« im Schulalltag immer mal wieder, da unsere kleine, tapfere Maus sich ja in der Schule inzwischen weitestgehend selbst managt. Wir haben also geübt, dass sie auf Anweisung im Pumpenmenü nachschauen kann, wann die letzte Abgabe erfolgt ist und in welcher Höhe. Wenn der Wert nach der Brotzeit plötzlich auf 300 (16,7), Tendenz nach oben, ansteigt, rieche ich den Braten inzwischen schon. In diesem Fall darf man aus unserer eigenen Erfahrung heraus nicht zögern, den kompletten, nicht abgegebenen Wert voll nachzuspritzen, nachdem man ihn berechnet hat. Zudem sollte man den Esszeitpunkt rekonstruieren, zumindest, wenn man einen Sensor trägt, um die Korrektur zu ermitteln, die zum Zeitpunkt, als die Mahlzeit startete, notwendig gewesen wäre und dies auch noch obendrauf spritzen bzw. abziehen, sofern der Wert unter 120 (6,7) lag. Wir hatten anfangs Hemmungen, »einfach so« z. B. volle 8 U auf einmal zu spritzen, aber man sollte sich vor Augen führen, dass das ja eigentlich schon zum Essen notwendig gewesen

wäre. Betreut jemand anderes das Kind rund ums Essen, kann es hilfreich sein, dass diese Person die KE-Berechnung notiert, um hinterher nachvollziehen zu können, ob der Fehler ggf. in der Berechnung gelegen haben könnte.

- FPE-Effekt (Details siehe Kapitel 13.3): Stunden nach dem Essen kann der Körper Fett und/oder Proteine nachträglich verstoffwechseln, in diesem Fall in Kohlenhydrate umwandeln, die dann den Blutzuckerwert ansteigen lassen. Ich empfinde dieses Thema als hochgradig komplex und widme ihm deshalb einen eigenen Punkt.
- Aktivität falsch eingeschätzt: Eine erhöhte körperliche Aktivität verbraucht in der Regel zusätzlichen Zucker. Der Körper reagiert allerdings sehr individuell und z. T. auch tagesformabhängig auf körperliche Anstrengung. Da kann man sich schnell einmal verschätzen bei dem Versuch, diesen zusätzlichen Verbrauch im Vorfeld abzusehen. Wird aus der initialen erhöhten körperlichen Anstrengung eine Routine, z. B. regelmäßiges Training in einer bestimmten Sportart, verringert sich der zusätzliche Energiebedarf wieder. Die Muskeln sind trainiert und brauchen für die Ausführung der gleichen Übung nicht mehr so viel Energie. Folglich handelt es sich nicht mehr um eine erhöhte körperliche Aktivität. Der Blutzuckerspiegel ist konstant zu hoch, weil der Körper die zusätzlich im System befindliche Energie, die wir ihm im Zweifel aus Routine oder in Antizipation aus früheren Erfahrungen im Vorfeld zugeführt haben, nicht mehr verbraucht. Die Konsequenz daraus kann nach reiflicher Überlegung und Abwägung sein, dass man in Zukunft eher damit rechnet, dass diese Aktivität für den Körper von nun an keine besondere Anstrengung mehr darstellt, also auch keine erhöhte Energie mehr verbraucht wird. Lasst also den extra Schokoriegel stecken oder

das bisher aktivierte Pumpensportprogramm inaktiv und schaut einmal, was passiert.

- Die Couchpotato: Ist der Körper im Alltag in gewissem Maße aktiv, z. B. durch Schulweg, Pausenaktivitäten, Sport, Herumtollen mit den Freunden etc., so fällt es massiv ins Gewicht, wenn diese Aktivität fehlt, durch z. B. einen faulen Sonntag auf der Couch, eine lange Autofahrt, einen Kinobesuch anstatt des Ballettunterrichts oder auch eine krankheitsbedingte Passivität. Der Blutzuckerwert steigt in dem Fall zum Teil recht schnell und unerwartet an und man kommt oftmals nicht gleich auf die Ursache. Wir haben aus diesem Grund zwei Basalprofile in unserer Pumpe gespeichert und optimieren diese bis heute stetig fast täglich, angepasst an die augenblicklichen Bedürfnisse des Körpers: eine niedrigere Alltagsrate und eine erhöhte Couchpotato-Rate, die prinzipiell am Wochenende unsere Grundeinstellung ist. Das funktioniert prima. Zudem spritzen wir am Wochenende oder in den Ferien, sofern wir eher passiv sind, 40% mehr Insulin zum Frühstück. Hier spielt wiederum der initiale, oben bereits erwähnte Rat der Diabetologin mit hinein: doppelt mehr Insulin spritzen, also über die Basalrate und über die Insulinabgabe zum Essen. Tagsüber ist die erhöhte doppelte Dosis dann an z. B. bewegungsarmen Wochenenden nicht mehr weiter nötig zu den übrigen Mahlzeiten. Da reicht die durchgehend erhöhte Basalrate. Ich erkläre es mir so, dass sich irgendeine Form von Aktivität im Laufe des Tages eben doch einstellt im Gegensatz zur Krankheit, wo man den ganzen Tag matt herumhängt und wo man den ganzen Tag über doppelt mehr Insulin spritzen sollte, also über die Basalrate und über das Mahlzeiteninsulin, sofern die Werte durchgehend zu hoch sind. Hier kommen oft erschwerend noch z. B. die oben schon erwähnten Stresshormone hinzu, die sich bei reiner Bewegungsarmut vielleicht tendenziell eher nicht einstellen.

- Versteckter Zucker / Restaurantessen / Processed Food: Wir haben die Erfahrung gemacht, dass Nonies Blutzucker nach Restaurantbesuchen und Ähnlichem in der Regel unerwartet hoch ist. Unsere Vermutung: versteckte Zucker und Fette im Essen, die dafür verantwortlich sind.
- Stress/Aufregung/Euphorie/Hormone: Ein (un)angekündigter Test in der Schule, die Präsenz des Schulhundes in der Klasse, ein toller Film, ein aufregendes Gesellschaftsspiel, Adrenalin vor einer Aufführung, eine stressbedingte Ausschüttung von Cortisol, das alles kann bei Nonie recht plötzlich und unerwartet zu erhöhten Blutzuckerwerten führen. Wirkweise s. o. bei »Infekte und Fieber«. Das Gegenspritzen ist oft ein »Game of Trial & Error«, sodass ich hier wenig Tipps geben kann. Aufzeichnungen unterstützen eventuell fürs nächste Mal. Es hilft aber sicherlich, wenn man sich des Effekts bewusst ist, sodass man beim nächsten Mal nicht mehr ganz so überrascht dasteht. Auch der weibliche Zyklus kann für Blutzuckerschwankungen verantwortlich sein, denn hier sind ebenfalls Hormone im Spiel: In der zweiten Hälfte des Zyklus steigt der Blutzuckerwert tendenziell eher an, die Hormone, erst das Östrogen, dann das Progesteron, sind vermehrt im Körper zu finden. Mit dem sich anschließenden Absinken des Östrogen- und Progesteronspiegels rund um das Einsetzen der Periode sinkt häufig auch der Blutzuckerspiegel wieder.[45]
- Kälte: Der Körper arbeitet zwar verstärkt, um die Kälte auszugleichen, was eher für niedrigere Blutzuckerwerte spricht,

[45] Heidi Buchmüller: »Blutzuckerwerte werden durch die Menstruation beeinflusst«. In: www.diabetes-news.de. Abgerufen am 23.04.2022

aber gleichzeitig fließt das Blut auch langsamer, was wiederum dazu führt, dass das gespritzte Insulin später »ankommt«. Eine damit verbundene Gefahr ist, dass man denkt, das Insulin würde gar nicht wirken und dann noch mehr Insulin in den Körper spritzt. Dabei setzt die Wirkung einfach nur verzögert ein. Also einfach ein bisschen länger abwarten, bevor man erneut gegensteuert.

- Medikamente: Medikamente können die Insulinempfindlichkeit in beide Richtungen beeinflussen. Nimmt man also temporär oder vielleicht sogar regelmäßig Medikamente ein, ist es ratsam, sich diesbezüglich mit dem Ärzte-/Apothekenteam auszutauschen.
- Tageszeit: Die Insulinempfindlichkeit ändert sich außerdem im Tagesverlauf. Morgens ist sie am niedrigsten. Dies ist unter anderem auf den Einfluss verschiedener Hormone (Cortisol, Wachstumshormone) zurückzuführen. Wer seinen Diabetes mit Insulin behandelt, benötigt deshalb in den frühen Morgenstunden meist mehr Insulin als abends. Mittags und gegen Mitternacht ist dagegen die Insulinempfindlichkeit am größten und der Insulinbedarf üblicherweise am geringsten.«[46] Bei unserer Pumpe wird dem, zusätzlich zu den bereits daraufhin angepassten, sich stündlich ändernden 24 Basalraten, mit voreingestellten, sogenannten KE-Faktoren Rechnung getragen. Morgens liegt der Faktor zurzeit bei uns bei 0,9 und ist somit bedingt durch die geringere Insulinempfindlichkeit, also, auf Deutsch gesagt, die schlechtere Aufnahmefähigkeit des Insulins durch den Körper, erhöht, mittags sind aktuell 0,6 eingestellt und nachts liegt er derzeit bei 0,4. Spritzt man morgens aus Versehen mit geringerem Faktor, schießt der Blutzucker

[46] »Insulinempfindlichkeit«. In: www.apotheken-umschau.de. Abgerufen am 23.04.2022

in die Höhe. Das passiert bei uns, wenn wir am Wochenende oder in den Ferien **extrem** spät frühstücken. Dann ist der Faktor Richtung Mittag hin schon auf niedriger gestellt, aber laut unserem Ärzteteam, und das entspricht auch unseren eigenen Erfahrungen, soll man die erste Mahlzeit am Tag IMMER mit dem hohen Morgenfaktor spritzen, egal, wie spät es ist. Mit welcher Begründung? Durch diese erste Mahlzeit am Tag laufen viele Prozesse im Körper erst an, weshalb die Insulinempfindlichkeit vermindert ist. Der Körper ist zur ersten Tagesmahlzeit einfach mit so viel mehr als nur der Verdauung der Mahlzeit beschäftigt. Da stelle man sich einmal T1D-Prozesse im Schichtbetrieb vor oder bei ständigem Reisen durch unterschiedliche Zeitzonen, Respekt an alle, die sich damit regelmäßig beschäftigen und auseinandersetzen.

- Das Dawn-Phänomen: »*Der Begriff ›Dawn-Phänomen‹ bezeichnet den Anstieg der Blutzuckerwerte in den frühen Morgenstunden (›dawn‹, engl. = ›Morgengrauen‹). Grund für das Dawn-Phänomen ist, dass der menschliche Körper zu dieser Zeit weniger Insulin und mehr Glukagon produziert. Dieses Hormon, sozusagen der Gegenspieler des Insulins, setzt aus der Leber den dort gespeicherten Zucker frei. Während der Körper von gesunden Menschen gegensteuern kann, ist die Insulin-Antwort bei Menschen mit Diabetes gestört. In Folge steigt ihr Nüchternblutzucker an. Auch Wachstumshormon, das in den frühen Morgenstunden vermehrt in die Blutbahn abgegeben wird, ist ein Gegenspieler des Insulins und trägt zum Dawn-Phänomen bei. Das betrifft besonders Jugendliche, aber auch Menschen im Erwachsenenalter, da Wachstumshormon lebenslang zur Regulation der Körperzusammensetzung und des Stoffwechsels gebraucht wird.*

Das Dawn-Phänomen ist weit verbreitet und es ist vor allem in der Pubertät der Grund für hohe Nüchternwerte. Ein CGM kann Aufschluss geben über den genauen Blutzuckerverlauf in der Nacht, so dass dann mit Hilfe einer Insulinpumpe zeitgenau höhere Insulinmengen abgegeben werden können, um die Glukosewerte zurück in den Zielbereich zu bringen.«[47]

Eine anhaltende Hyperglykämie, bedingt durch kontinuierlich zu wenig Insulin im Körper, mit sich verstärkenden Symptomen – für Details bitte in Kapitel 3 zurückblättern – und tendenziell einem weiteren Anstieg des Blutzuckerspiegels kann in einer Ketoazidose enden: »*Wird das fehlende Insulin nicht ersetzt, startet der Körper eine Art Notprogramm, um die Zellen weiterhin mit Energie zu versorgen: Er nutzt Fett zur Energiegewinnung. Die Fettzellen werden in der Leber zu sogenannten Ketonkörpern abgebaut. Sind jedoch zu viele Ketonkörper im Blut vorhanden, übersäuert es (Azidose), und der Stoffwechsel entgleist. Denn der Körper verfügt über ein fein abgestimmtes Puffersystem, um den pH-Wert des Blutes zwischen 7,35 und 7,45 konstant zu halten. Das ist lebensnotwendig für die Aufrechterhaltung der Körperfunktionen. Sinkt der pH-Wert unter 7,35, wird das Blut ›sauer‹ (Azidose). Der Organismus reagiert darauf, indem er Kohlenstoffdioxid über die Lunge abatmet und saure Stoffwechselprodukte über die Nieren ausscheidet. Produziert der Körper jedoch mehr Ketonkörper, als er abbauen kann, entgleist der Stoffwechsel. Wird die Übersäuerung nicht behandelt, reichen die Symptome von Beschwerden wie starkem Durstgefühl, Müdigkeit, Bauchschmerzen oder Erbrechen bis hin zum lebensbedrohlichen diabetischen Koma.*«[48] Der Atem riecht bei diesem

[47] »Dawn-Phänomen«. In: www.diabetesde.org. Abgerufen am 23.04.2022

[48] Astrid Leitner: »Diabetische Ketoazidose«. In: www.netdoktor.de. Abgerufen am 23.04.2022; hier finden sich auch weitere Erklärungen zum Thema Ketoazidose.

Vorgang in der Regel nach Aceton, also wie Nagellackentferner. Diabetiker*innen haben Messgeräte für Ketone, um zu prüfen, ob eine Ketoazidose vorliegen könnte. Zudem liegen vom betreuenden Ärzteteam in der Regel Behandlungsschemata für eine zu Hause entdeckte Ketoazidose vor. Um in diesem kritischen Zustand die Blutzuckerkurve zu stabilisieren, werden Korrekturfaktoren vervielfacht und Ketone regelmäßig kontrolliert. Bitte kontaktiert im Fall eines positiven Ketontests **unbedingt** euer Diabetesteam und begebt euch in fachkundige Hände, denn ein Unterschätzen oder Laufenlassen endet früher oder später in Lebensgefahr.

13.2
Mögliche Gründe für einen zu niedrigen Blutzuckerwert, mit dem man nicht gerechnet hat

Das falsche Einschätzen und Berechnen von Mahlzeiten, Getränken und Aktivitäten, Medikamente und die Tageszeit können im Umkehrschluss zu den Ausführungen eben auch zu unerwartet niedrigen Blutzuckerwerten führen. Weitere Gründe für unerwartet niedrige Blutzuckerwerte können folgende sein:

- Ein zu eifriges Gegenspritzen: Das mit der Geduld ist ja nicht so jedermanns Sache, meine auch nicht, wenn ich ehrlich bin. Und so passiert es dann und wann einmal, dass ich zu früh erneut gegenspritzen möchte, was in einem Unterzucker enden kann. Dann juckt es mir bereits nach 1,5 Stunden in den Fingern, anstatt der bei unserem Insulin namens *NovoRapid* empfohlenen 2–2,5 Stunden nach dem letzten Spritzen, je nachdem, ob man blutig misst oder sich auf die Sensorwerte des etwas langsamer anschlagenden Gewebezuckers verlässt. Wenn ich reflektiert vorgehe und den Kopf frei habe, hat sich folgendes Vorgehen bewährt, sofern ich das Gefühl habe, ich könnte etwas verfrüht eine Dosis hinterherspritzen: Ich messe blutig, um zu sehen, wo der Blutzuckerwert wirklich steht. Ist er auf einer Linie oder gar höher als der Sensorwert, erscheint mir die zusätzliche Korrektur sinnvoll. Dann korrigiere ich in der Regel auf 140 (7,8) anstatt 120 (6,7), was mir 20 (1,1) Einheiten Puffer beschert. Zudem stelle ich meinen unteren Sensoralarm auf den höchsten, möglichen Wert, bei uns ist das 100 (5,6), damit ich frühzeitig informiert werde, sollte der Blutzucker doch noch wider Erwarten stark absinken. Faktoren, die man zudem beachten sollte bei der Frage, ob das Insulin gegebenenfalls langsamer als sonst anschlägt, sind die Bereiche Trinken und Kälte. Fehlt dem Körper Flüssigkeit, wird auch das Insulin langsamer befördert. Ebenso verlangsamt Kälte den Blutfluss.

- Wärme/Hitze: Wärme beschleunigt in der Regel den Blutfluss, weshalb das Insulin schneller im Körper wirken kann. Das sollte man beim Duschen, Baden und im Sommer mit einplanen, denn eventuell ist es auf diese Weise schneller aktiv, als die Nahrung in Zucker umgewandelt und ins Blut gelangen kann. Zudem arbeitet der Körper stärker bei Hitze, um den Körper kühl zu halten und verbraucht auch dafür tendenziell mehr Energie.
- Kälte und Höhe (z. B. Winterurlaub in den Bergen): Kälte verlangsamt den Blutfluss, was auch das Insulin langsamer in seiner Wirkung machen kann. Der Blutzucker steigt tendenziell. Die Frage ist, ob man friert oder gut eingepackt und somit mit genügend Wärme versorgt ist. Auf der anderen Seite verbraucht der Körper aber auch mehr Energie, eben um die Körpertemperatur aufrecht zu erhalten, was wiederum zu einem niedrigeren Insulinbedarf führt. Auch Höhe macht dem Körper zu schaffen, da durch die verminderte Sauerstoffzufuhr die Körperabläufe beeinflusst werden. Die größere Anstrengung kann sich in einem höheren Energieverbrauch äußern, weshalb der Blutzucker bei konstanter Insulinzufuhr absinken kann. Nonies Blutzuckerwert reagiert sehr stark auf

die Berge. Ihr Körper scheint wesentlich angestrengter bei Höhe und Kälte, als wir es je vermutet hätten. So richtig sicher war ich mir dessen allerdings erst wieder am ersten Tag zu Hause, wo plötzlich alles wieder normal wie früher funktionierte von den Einstellungen her. Ich empfehle also, im Urlaub nicht vorschnell Basalraten- und KE-Faktoranpassungen vorzunehmen, sondern im Zweifel eher mit temporären Raten zu arbeiten. Zuhause kann man dann wieder unter normalen Bedingungen einen neuen Status erheben und die Werte somit sinnvoll und an den Alltag angepasst neu justieren.

- Zu großer Spritz-Ess-Abstand (SEA): Spritzt man das Insulin vor dem Essen zu früh oder die Mahlzeit verspätet sich, kann das ebenfalls eine Unterzuckerung zur Folge haben. Als Faustregel gilt bei uns im Haus:
    - Unterzucker direkt vor dem Essen: Je nach Schwere mit 1–2 schnellen KEs beheben, Essen ohne Korrektur 15–30 Minuten verzögert nach Start der Mahlzeit spritzen
    - Blutzucker unter 80 (4,4): gleich essen und 15–30 Minuten verzögert spritzen (bei uns kann man das in der Pumpe einstellen)
    - Blutzucker unter 110 (6,1): Mahlzeit spritzen und sofort mit dem Essen beginnen
    - Blutzucker unter 150 (8,3): Mahlzeit und Korrektur ca. 10 Minuten vor dem Essen spritzen
    - Blutzucker unter 200 (11,1): Mahlzeit und Korrektur je nach Wert ca. 15–20 Minuten vor dem Essen spritzen
    - Blutzucker über 200 (11,1): In dem Fall spritze ich, wenn möglich, erst einmal die Korrektur ca. 30–40 Minuten vor dem Essen und nehme dann die Bolusabgabe der Mahlzeit kurz vor Essensstart vor.

- Alkoholkonsum: Für den Körper ist Alkohol ein Giftstoff, den es schnellstmöglich loszuwerden gilt. Die Leber ist dafür zuständig, zum einen diesen Giftstoff abzubauen und damit für den Körper unschädlich zu machen, zum anderen aber auch dafür, Zucker herzustellen und in das Blut abzugeben. Da für die Leber der Abbau des Giftstoffes Priorität hat, kann sie in der gleichen Zeit keinen Zucker an das Blut abgeben. Der Blutzuckerspiegel sinkt.[49]

  Für Menschen mit Diabetes Typ 1 kann dies zu schweren, zum Teil sogar lebensbedrohlichen Unterzuckerungen führen. Deshalb sollte bei Alkoholkonsum immer auf ausreichend Puffer, also etwas höhere Blutzuckerwerte, geachtet und das Insulin weitaus niedriger als gewohnt dosiert werden. Vor dem Alkoholkonsum kann ein kohlenhydratreicher Snack hilfreich sein.
- Krankheit: Sie kann zu erhöhten oder niedrigeren Blutzuckerwerten als gewohnt führen. Bei uns ist erfahrungsgemäß eher letzteres der Fall: Nonies Körper arbeitet tendenziell eher auf Hochtouren und verbraucht somit den Zucker verstärkt wie bei einer sportlichen Aktivität. Bei der letzten Magen-Darm-Grippe habe ich ihr für etliche Stunden in der akuten Phase die Basalrate auf 10% (**nicht** um 10%) herabgesetzt. Bei Erbrechen und Durchfall kommt hinzu, dass die ggf. bereits mit der entsprechenden Insulindosis versehene Nahrung nicht ganz verdaut und verzuckert wird. Ist das Insulin aber bereits im Blut, folgt oft ein Unterzucker. Sobald man von der Magen-Darm-Erkrankung weiß, kann man dem entgegenwirken, indem man die Mahlzeit ausnahmsweise im Nachhinein spritzt,

[49] Dr.med. Jutta Karl: »Diabetes und Alkohol«. In: www.doktorkarl.de. Abgerufen am 23.04.2022

wenn man sicher ist, dass die Nahrung auch vollständig verdaut wird. Im Zweifel kann man die Pumpe auch erst einmal ganz abschalten, um Schlimmeres zu verhindern. Mein Problem war es, dass Nonies Blutzucker trotz der extrem niedrigen Basalrate sehr niedrig war und sie nichts bei sich gehalten hat. Mir wurde daraufhin zum einen flüssiger Traubenzucker aus der Apotheke empfohlen (*Jubin*), zum anderen normale Cola – da Cola wohl auch den Brechreiz stoppt –, aus der die Kohlensäure vorher herausgeschlagen wurde. Das hat bei uns gut funktioniert, langsam und zunächst in Minimengen. So schafften wir es, dass der Blutzucker langsam wieder in einen komfortablen grünen Bereich anstieg, von dem aus das weitere Management und Justieren dann einfacher war.

- Muskelauffülleffekt: Zur Wiederholung aus den Kapiteln 9 und 11: Bei sehr anstrengender sportlicher Aktivität über mehrere Stunden, also größerer Intensität als beim Routinesport, kann für die Muskeln ein Muskelauffülleffekt eintreten. Der Körper hat für die erhöhte Anstrengung zusätzlichen Zucker aus den Muskelzellen zur Verfügung gestellt, den sich die Muskeln Stunden später über einen längeren Zeitraum, der sehr individuell ist, wieder zurückholen, um ihre Speicher wieder aufzufüllen. Bei Marathonläufer*innen z. B. kann der Effekt auch noch bis in den Folgetag hinein anhalten. Entsprechend sinkt der Blutzuckerwert dann stärker ab, was oft in die Nacht fällt. Unsere Erfahrungen damit und wie wir in dem Fall gegensteuern, habe ich bereits in Kapitel 11.2 erläutert unter dem Stichwort »Am Nachmittag – Sport«.
- Vergessen, dass es für den Körper eine Aktivität ist: Wenn die Kinder im Garten herumtollen, eben einmal spontan Seilspringen üben oder mit dem Roller um den Block fahren, sind

sie oft schneller weg oder dann auch wieder fertig, als man sich bewusst machen kann, dass es hier um eine spontane Aktivität geht, die den Zuckerbedarf des Körpers erhöht. Wir versuchen, das Bewusstsein für derartige Spontanaktivitäten stetig zu erhöhen, was einiger Geduld bedarf. Aber der stete Tropfen höhlt bekanntlich den Stein. Die Frage: »Was habt Ihr in der letzten halben Stunde gemacht?«, wenn der Zucker bei Spielbesuch »unkontrolliert« nach unten ausbüxt, kann helfen, um zumindest im Nachhinein eine Begründung zu finden und einen gemeinsamen Reflexionsprozess anzustoßen.

- Ausbleibende Effekte: Das ist auch ein recht eigensinniges Phänomen: Ganz schlau bin ich mir oftmals sicher, dass es zu einem der oben beschriebenen vorhersehbaren Effekte kommen wird. Ich passe das Insulin daraufhin an, aber dann entscheidet der Körper, dass er gerade heute diesen Effekt nicht ausleben will. Das funktioniert in beide Richtungen, oft trifft es uns aber beim FPE-Effekt, Infekten, bei Aufregung oder Autofahrten, weshalb dann auf das Ausbleiben des Effekts eine unerwartete Talfahrt des Blutzuckerspiegels folgt, die im schlimmsten Fall in einer gerne vermiedenen Unterzuckerung endet. Unangenehm. Bleibt der Effekt in die andere Richtung aus (z. B. ausbleibender Muskelauffülleffekt), kann ich einfach gegenspritzen, wenn ich bemerke, dass es doch nicht so kommt, wie ich es mir im Vorfeld ach doch so schlau ausgemalt hatte.

13.3
Der gefürchtete FPE-Effekt

– Wenn die Leber ihr persönliches Tänzchen wagt –

Fett- und proteinreiche Nahrung ist bezüglich des Blutzuckerspiegels häufig nicht zu unterschätzen, was erst einmal nicht von sich aus einleuchtet, denn die Kohlenhydrate spielen hierbei keine Rolle. Stunden nach dem Essen kann der Körper Fett und/oder Proteine nachträglich in der Leber in Kohlenhydrate umwandeln, die dann den Blutzuckerwert doch noch unerwartet ansteigen lassen. Und ich sage euch, das ist Rock 'n' Roll pur. Dieser Effekt tritt allerdings nicht zwangsläufig auf, denn er kann zum einen davon abhängig sein, wie ausgewogen die jeweilige Mahlzeit ist (je ausgewogener, desto schwächer tendenziell der Effekt) und zum anderen hängt es auch vom individuellen Stoffwechsel ab.[50] Erst im Jahr 2004 (!) wurde eine erste Studie veröffentlicht, bei der Fett und Protein mit einer geringen Insulinmenge abgedeckt wurden. Genauer untersucht hat das damals Frau Professor Dr. E. Pańkowska.[51]

Einige Fallbeispiele, nach eigenen Erfahrungen konstruiert:

- **Avocadogate**: Man stelle sich einen sehr gesundheitsbewussten Menschen mit Typ-1-Diabetes vor, der sich gerne kohlenhydratarm ernährt. Seine Mahlzeit besteht aus zwei Avocados mit einem Ei auf Vollkornbrot mit einem grünen Salat als Beilage,

[50] Patricia Kirschke: »Das Abc der Fett-Protein-Einheit«. In: www.diabetes-online.de. Abgerufen am 23.04.2022

[51] Prof. Dr. med. Werner A. Scherbaum, Brigitte M. Lobnig: »Erfahrungen aus der Diabetes-Therapie«. In: www.ernaehrungs-umschau.de. Abgerufen am 23.04.2022

der mit einer Olivenölvinaigrette verfeinert wurde. Auswirkung auf den Blutzucker? Im klassischen Sinne erst einmal nur das Vollkornbrot, welches je nach Gewicht wahrscheinlich mit 2–3 KE zu Buche schlägt. Der Rest ist auf den ersten Blick »frei«. Beim genaueren Hinsehen stellt man aber fest, dass die Avocado sehr fettreich ist, auch wenn es sich um »gute« Fette handelt. Das Ei enthält viele Proteine und auch die Vinaigrette fällt mit dem »guten« Olivenöl ins Gewicht. Der aus diesen Fetten und Proteinen resultierende, über mehrere Stunden andauernde, erhöhte Blutzucker, bedingt durch den einsetzenden FPE-Effekt Stunden nach dem Essen, kommt für ihn aus dem Off.

- **Holla, die Laugenbrezel**: Eine Mutter möchte ihrem Kind einen Gefallen tun und kauft ihm eine große, leckere, knusprige Laugenbrezel am frühen Abend auf dem Nachhauseweg. Sie berechnet die KEs korrekt wie für helles Brot / Brötchen. Das Kind hat, nachdem es ja gerade erst die Laugenbrezel verdrückt hat, zum offiziellen Abendbrot eine Stunde später keinen Hunger mehr und knabbert nur an ein bisschen Rohkost herum. Die Mutter freut sich auf eine bestimmt wohlverdiente, ruhige Nacht und denkt: »Endlich einmal wieder die Chance auf Durchschlafen trotz Diabetes.« Drei Stunden nachdem das Kind die Laugenbrezel gegessen hat, steigt der Blutzuckerspiegel des Kindes rapide und unaufhaltsam an. Die Mutter ist ratlos, geht alle möglichen Ursachen durch und erwägt sogar den Tausch des Pumpenequipments. Blutig gemessen ist ihr Kind sogar noch höher, als es der Sensor anzeigt. Und nun? Auf den FPE-Effekt kommt sie nicht. Er wird oftmals anfangs auch gar nicht erwähnt, weil er die frisch diagnostizierten Familien überfordern würde. Uns wurde z. B. nur der Rat gegeben: »Passen Sie auf bei zu viel Fleisch. Das kann dann doch einen

Effekt auf den Blutzucker haben.« Weitere Erklärungen gab es damals zunächst nicht. Vor einiger Zeit haben wir den FPE-Effekt dann aber in unserem Routinegespräch »nachgeholt«, weil ich mich inzwischen dieser Komplexität gewachsen fühlte und wir dadurch die Blutzuckerkurve weiter verbessern konnten. Anlass war das eben beschriebene Avocadogate. Wie wir vorgehen, um den FPE-Effekt in den Griff zu bekommen, erläutere ich gleich.

- **Spooky Schoki**: Sabrina hält sich tapfer an eine sehr gesunde Ernährungsweise, und zudem treibt sie viel und regelmäßig Sport. Einmal bekommt sie dann doch Heißhunger abends und gönnt sich gleich zwei Tafeln Schokolade – Quarantäne-Frustessen sozusagen. Sonst isst sie eigentlich nie Schokolade. Sie spritzt die Schokolade gemäß Kohlenhydratangabe auf der Packung und geht schlafen, bis der Schokoladenspuk losgeht. Ihr Blutzucker spinnt über Stunden komplett und verweigert trotz massivem Gegenspritzen den versöhnlichen Einkehrschwung. Das Fett aus der Schokolade feiert eine Party in der Leber.

- **Wenn die Leber dich grillt**: Die Nachbarn schmeißen abends eine Grillparty. Das Diabeteskind ist eingeladen, da es mit dem Nachbarkind befreundet ist. Es gibt nur grünen Salat, Rohkost, Würstchen und Fleisch, zum Trinken Wasser. »Praktisch«, denkt die Mama, »dann brauche ich ja die Pumpenfernbedienung gar nicht erst rüberbringen. Sie isst heute ›umsonst‹.« Leider wird die Nacht schlaflos, denn Wurst und Fleisch, voller Proteine und auch Fett, plus das Fett aus der sahne- und mayohaltigen Salatsauce fangen Stunden später in der Leber an zu feuern und schmeißen ihre eigene Grillparty, bei der Fette und Proteine in Kohlenhydrate umgewandelt werden. Der Effekt wird dadurch verstärkt, dass gar keine Kohlenhydrate zum Essen gereicht wurden, was den Körper zusätzlich veranlasst, verstärkt alternative Energiequellen anzuzapfen, um die Energieversorgung sicherzustellen.

Ähnliche Geschichten lassen sich konstruieren mit weiteren fett- und/oder proteinreichen Nahrungsmitteln. Die heftigsten weiteren Erfahrungen zu diesem Thema haben wir mit *Nutella*, *Oreo*, Popcorn, fettreichen Nachtischen, manchen Frühstückscerealien, Milcheis (oftmals ist es eigentlich eher Sahneeis), Pizza, Pommes und anderem Frittierten, Fastfood allgemein, *Leberkäs* und fettreichem Gebäck (z. B. Croissants und Krapfen) gemacht. Dieser Effekt hat uns schon so häufig, auf Deutsch gesagt, »die Nacht versaut«, anders kann man es nicht ausdrücken und eine schönere Formulierung wäre untertrieben. Ich hoffe sehr, mit diesem Abschnitt das Bewusstsein für diesen weitreichenden und häufig stark unterschätzten Effekt zu steigern.

Was ist nun unsere Best Practice zur Eindämmung? Aktuell fahre ich mit folgender Vorgehensweise gut:

- Ich spritze zum Essen nur die offensichtlichen KEs.
- Wenn der Fettanteil sehr hoch ist, spritze ich mit unserer Pumpe die KEs aber nicht sofort komplett, sondern wähle den »Pizzamodus«, bei uns heißt er »Multiwave«. Dabei wird das Insulin über eine zu definierende Zeit abgegeben, und man kann bestimmen, wie viel man davon gleich abgibt und wie viel man über die gewählte Zeit verteilt. Mit der Zeit bekommt man eine recht gute Übung, leider reagiert jeder Körper hier anders, Verallgemeinerungen, Regeln und Prinzipien sind schwer zu formulieren.
- Nach ca. zwei bis drei Stunden, wenn das Insulin seine Wirkung verbraucht hat und eine nach dem Essen erhöhte Kurve sich normalerweise wieder normalisieren sollte, stelle ich fest, dass der Blutzucker nicht weiter absinkt oder im grünen Bereich konstant bleibt, sondern anfängt, wieder anzusteigen. Himmel herrje!
- Aufgrund der vorherigen Mahlzeit schließe ich auf den FPE-Effekt. Oft stelle ich mir auch einen Wecker auf zwei bis drei Stunden nach Beginn der Mahlzeit, weil ich sonst diesen Moment, wo der Effekt beginnt, verpasse im Strudel des Alltags oder in der sich täuschend echt anfühlenden Kurzzeitdiabetesfeierabendblase, die der Hochalarm dann mit einem Ätschibätsch platzen lässt. In diesem Fall ist es allerdings ein gutes

Ätschibätsch, denn der Alarm sorgt dafür, dass ich frühzeitig agiere und somit im Idealfall die Nacht rette.

- Bei uns dauert der Effekt im Durchschnitt sieben Stunden ab Start der Mahlzeit. Sagen wir, es sind seitdem drei Stunden vergangen. Der Effekt hält also voraussichtlich noch vier Stunden an.
- Ich spritze nun großzügig gegen, bei 180 (10,0) z. B. nicht nur 0,6 U, die uns kalkulatorisch wieder auf den Zielwert von 120 (6,7) bringen würden, sondern 1,2 U, als ob sie also schon auf 240 (13,3) stehen würde. Je nach Erwartung, wie der FPE-Effekt ausfällt, spritze ich das 1,5–2fache des kalkulatorischen Korrekturwertes. Hiermit antizipiere ich den weiteren Anstieg des Blutzuckers. Wer ganz sicher sein will, kann in diesem Moment auch blutig messen. Der mit Piks gemessene Blutzucker ist in dieser Situation erwartungsgemäß noch höher als der Sensorwert, weil der Blutzucker dem Gewebezucker immer ca. 15–20 Minuten voraus ist. Und selbst bei dem blutigen Wert, z. B. in meinem Beispiel sagen wir einmal 200 (11,1), runde ich das, was das Gerät mir vorschlägt, entsprechend auf, um den weiteren Anstieg zu antizipieren und somit auszuhebeln.
- Zudem setze ich in dem Moment mit der Pumpe eine temporäre Basalrate (TBR) von 180%, die sechs Stunden nach Beginn der Mahlzeit endet. In meinem Beispiel wären das also noch drei Stunden. Die Basalrate wirkt ja noch eine Stunde weiter, sodass nach sieben Stunden sowohl die Basalrate ausläuft als auch der ganze Spuk hoffentlich vorbei ist.
- Es gibt allerdings auch konkrete Berechnungsmöglichkeiten für den FPE-Effekt. Ich habe das einmal probiert, und es hat auch häufig funktioniert, nur ist mir das ehrlich gesagt zu

umständlich. In der Fußnote findet sich ein Link, wo verschiedene Rechenwege aufgezeigt werden. Uns hatte das Ärzteteam bei unserem Nachholtermin den Rechenweg 2 erklärt.[52]

Hier nochmals eine Zusammenfassung von www.diabetiker.info, die neben der präzisen Beschreibung auch einen Rechenweg aufzeigt:

»Steaks, Burger, Fisch und andere Leckereien vom Grill haben zwar keine Kohlenhydrate, trotzdem sind sie unter Umständen nicht ohne Wirkung auf den Blutzucker. Denn bei Mahlzeiten mit viel Fett und Eiweiß wandelt der Körper einen Teil davon in Glukose um – mit einiger Verzögerung steigen die Werte an. Das ist sehr individuell. Manch einer bemerkt diesen Effekt gar nicht, beim nächsten ist er sehr ausgeprägt. Dann kann es empfehlenswert sein, zusätzlich Insulin abzugeben. Zur Berechnung wird die Fett-Protein-Einheit (FPE) verwendet. Eine FPE entspricht hundert Kilokalorien aus Fett (= 9 kcal pro Gramm) und Eiweiß (= 4 kcal pro Gramm). Bei Lebensmitteln ohne Kohlenhydrate (beispielsweise nur Fleisch) ist die Berechnung recht einfach:

Man teilt den Kaloriengehalt der Mahlzeit durch 100 und erhält die FPE. Wenn die Mahlzeit auch Kohlenhydrate enthält, muss deren Kaloriengehalt vom Gesamtkaloriengehalt abgezogen werden, bevor man durch 100 teilt.

Was macht man, wenn man die FPE ermittelt hat? FPE dürfen nicht wie BE oder KE einfach mit dem Kohlenhydratfaktor multipliziert und das Insulin dafür gespritzt werden. Das Insulin muss verzögert abgegeben werden, um die verzögerte Wirkung der FPE abzufangen, sonst kann es zu einer Unterzuckerung kommen. Je

[52] Christian Kollmeier: »Zucker im Tank! wenn Diabetes Typ-1 auf einmal da ist«. In: zucker-im-tank.de. Abgerufen am 22.04.2022

mehr FPE man zu sich nimmt, desto länger ist die Wirkung auf den Blutzucker. Am einfachsten lässt sich dies mit einer Insulinpumpe und dem verzögerten Bolus steuern. Bei einer Pentherapie (ICT) kann das Insulin zeitlich verteilt in gesplitteten Dosen gespritzt werden. Klingt kompliziert und erfordert etwas Übung. Lassen Sie sich dazu vorab von Ihrem Diabetesteam beraten. Im Herbst 2021 soll auch ein neues Schulungsprogramm zu diesem Thema kommen (»Profet«).«[53]

[53] »Tag: Fett-Protein-Einheit«. In: www.diabetiker.info. Abgerufen am 23.04.2022

13.4
Sensor-Fehlalarme erkennen und das »Keine Daten«-Phänomen

Der Sensor hat unseren Diabetesalltag und die »Time in Range« stark verbessert, weil er den Gewebezucker transparent macht und wir dadurch frühzeitig (re)agieren können. Es ist einfach erstaunlich, wie viel im Körper passiert rund um die »Stechmomente-Transparenz«, die wir vor dem Sensor hatten. Ein bisschen hat mich diese Transparenz anfangs allerdings auch überfordert, auch heute noch teilweise, denn ich fragte und frage mich seitdem quasi rund um die Uhr nach dem Warum. Durch die Überlegungen und die sich daraus ergebene Lernkurve werden auf der anderen Seite auch die Erfolgserlebnisse mehr, und das tut gut in diesem unsteten und sich täglich neu erfindenden Diabetesalltag. Danke *Dexcom*!

Wie verlässlich sind nun diese Sensorwerte? Wir sind sehr zufrieden mit unserem CGM System von *Dexcom* und dem Kundenservice. Natürlich gibt es technische Fehler, natürlich setzt auch dieses System hin und wieder einmal aus, natürlich arbeitet auch *Dexcom* stetig an Optimierungen, wie andere CGM Anbieter auch. Am besten ihr zieht euer Diabetesteam zu Rate, solltet ihr über ein CGM System für euch nachdenken.

Was macht man bei »Keine Daten«? Und wie erkennt man falsche Sensorwerte und Fehlalarme? Einige Anhaltspunkte:

- Manchmal hat man direkt beim Prüfen des aktuellen Wertes ein Gefühl von »kann nicht sein«. In dem Fall messe ich als erstes blutig, bevor ich mir irgendwelche weiteren Gedanken mache. Der Kopf raucht schon genug und das oft rund um die Uhr.
- Bestätigt sich die große Diskrepanz zwischen den beiden Werten, kalibriere ich den Sensor und gehe dann in die Überlegung, warum die Werte so stark abweichen.
- Auch bei »Keine Daten« messe ich in der Regel blutig und kalibriere, gerade nachts, sofern sich das Problem nach bis zu 30 Minuten durch erneute Nähe des Handys oder erneutes Andrücken des Sensors nicht von selbst löst. Solange wir keine Daten haben, erinnere ich Nonie daran, auf ihr Körpergefühl zu hören.
- Falsche Sensorwerte zeigen sich häufig in kleinen, recht regelmäßigen Dellen in der Kurve. Bei uns kommt das meistens in den ersten 24 Stunden vor, wenn sich der Sensor noch eingroovt. Das ist bei uns normal laut Hersteller. Beim *Dexcom G6* soll man nach Möglichkeit in den ersten 24 Stunden nicht kalibrieren, damit sich die Werte von selbst justieren können. Manchmal, wenn die Abweichung zwischen dem dann doch zur Kontrolle frisch gemessenen blutigen Wert und dem Sensorwert zu groß ist und keine sich angleichende Tendenz zu erkennen ist, lässt sich eine Kalibrierung in den ersten 24 Stunden aber aus eigener Erfahrung nicht immer vermeiden.
- Teilweise zeigen sich Sensorfehler auch durch entweder einen krassen plötzlichen Anstieg oder Abfall, oftmals schwer nachvollziehbar, gefolgt von »Keine Daten«. Auch hier hilft aus eigener Erfahrung eine Kalibrierung in der App nach der blutigen Überprüfung des Wertes.

Mögliche Gründe für starke Abweichungen zwischen dem blutigen und dem durch den Sensor gemessenen Wert und Gründe für »Keine Daten«:

- Abweichung durch unzureichende Flüssigkeitsaufnahme: Wenn man nicht genügend trinkt, wird das Insulin langsamer durch den Körper transportiert, der Gewebezucker ist noch stärker verzögert und kann dadurch deutlich erhöht wirken, obwohl »in echt« das gespritzte Insulin im Blut bereits aktiv ist.
- Anfang oder Ende des Lebenszyklus: In den ersten 24 Stunden justiert sich der Sensor, was zu Unregelmäßigkeiten führen kann. Am Ende der Lebensdauer hapert es bei uns, wenn es Probleme gibt, meist am Kontakt. Der Kleber löst sich, der Sensor liegt nicht mehr flach auf der Haut. Da der Sensorfaden sehr zart ist, kann das zu Verzerrungen oder zum kompletten Aussetzen des Werts führen. Wenn man das Problem bei *Dexcom* meldet, kann man, zusammen mit einem Ersatzsensor, ausgelöst durch die Reklamation des eingesetzten Sensors, kostenlos *Dexcom*-Überpflaster erhalten. Wir kleben sie meist in der Mitte des Lebenszyklus des Sensors auf. Kleben wir sie sehr spät auf, also zum Ende der Tragedauer hin, lösen sie sich wirklich sehr schwierig von Nonies Haut, halten also, anders gesagt, geradezu bombastisch. Wie gut und lange der Kleber des Sensors hält, ist auch stark davon abhängig, wie intensiv und häufig Nonie in Kontakt mit Wasser kommt.
- Nachts kommt es vor, dass der Sensor durch Schlafbewegungen und sich wechselnde Schlafpositionen ganz leicht verrutscht bzw. nicht mehr fest auf der Haut aufliegt. Bei uns ist dieses Phänomen allerdings sehr selten und in der Regel durch die *Dexcom*-Überpflaster lösbar. Auch dieses leichte Verrutschen kann entweder Verzerrungen oder »Keine Daten« zur Folge

haben. Ein erneutes Andrücken des Sensors sowie der Wechsel der Schlafposition hilft. Liegt das Diakind auf dem Sensor, können z. B. in unserer Erfahrung fehlerhaft angezeigte Blutzuckerabstürze die Folge sein und einen Fehlalarm auslösen. Bitte seht euch bei einem nächtlichen Sensoralarm also unbedingt die Kurve und ihren Verlauf an. Macht das ganze Sinn oder verläuft die Kurve ruckartig mit vielleicht sogar Lücken? Dann empfehle ich euch, lieber blutig nachzumessen, bevor ihr eine gegensteuernde Maßnahme ergreift.

- Zu einer starken, aber gerechtfertigten Abweichung kann es kommen, wenn sich die Kurve gerade stark verändert. Dann bitte nicht vergessen, dass der Blutzucker dem Gewebezucker ca. 15–20 Minuten voraus ist. Diese Abweichung kalibrieren wir, um z. B. einen nicht mehr vorhandenen Unterzucker auch in der App zu beenden oder einem per Sensor noch angezeigten Überzucker den Schrecken zu nehmen.
- Die am leichtesten zu behebende Ursache für »Keine Daten« ist die zu große Entfernung zwischen dem Smartphone und dem Sensor, wenn z. B. das Handy in einem anderen Raum vergessen wurde.
- Leider gibt es auch Sensoren, die einfach produktionsbedingt technische Defekte haben. Unsere Devise lautet: Spinnt ein Sensor länger als 24 Stunden, wird er ausgetauscht. Punkt. *Dexcom* ist hier meiner Erfahrung nach sehr kulant und verständnisvoll, wenn man genau erklärt, worin das Problem liegt, und ersetzt fehlerhafte Sensoren zügig und ohne Anstand.

13.5
Mehrere Basalraten

Ich habe in der Pumpe zwei Basalraten eingestellt: eine Rate für den normalen Schulalltag und eine für Couchpotato-Wochenenden respektive faule Ferien oder Krankheitsphasen. Nachts sind sie identisch, aber tagsüber variieren sie zum Teil deutlich. Auch justiere ich sie regelmäßig, was durchaus verzwickt sein kann. Wenn ich im Dauermodus auf einer Rate bin, z. B. unter der Woche oder im Urlaub, setze ich die Annahme, dass sich die jeweils andere, derzeit nicht aktive Rate, im Gleichklang entwickelt. Stelle ich die Rate dann um, z. B. nach dem Urlaub am Abend, bevor die Schule wieder losgeht, gibt es meist einige Überraschungen in den Folgetagen, bis dann alles wieder passt. Und dann beginnt das Spiel erneut in die andere Richtung am Ende der Schulwoche oder zu Beginn der Ferien.

Worin unterscheiden sich die Raten? Bei der Alltagsrate ist die Insulinzufuhr geringer, da ich hier von mehr Aktivität ausgehe, vor allem:

- bezüglich des Schulwegs,
- bei der Konzentration im Unterricht – das Gehirn verbraucht z. T. mehr Zucker als man beim Sport verbraucht, und manchmal sehe ich sogar in meiner Follow-App, wenn Nonie besonders stark konzentriert ist, z. B. bei einer Probe,
- beim Herumrennen in der Mittagsbetreuung und
- bei Nachmittagsaktivitäten.

Wenn nun also einmal eine Aktivität wegfällt oder sie z. B. nicht in die Mittagsbetreuung geht, kann ich schnell von einer Rate auf die andere wechseln und habe, wenn es gut geht, auf Knopfdruck trotz der Planänderung gute Grundwerte.

Warum betreibe ich diesen Aufwand? Wir fanden es anfangs sehr schwierig, jedes Wochenende aufs Neue die Anpassungen händisch mit TBRs vorzunehmen und haben es ständig vergessen. Das Handling war fehleranfällig. Das erschwerte uns die Gewöhnung an den Diabetes enorm. Mit den beiden Raten zur Auswahl überlege ich lediglich, ob es ein aktiver Tag ist oder eher ein passiver, und nehme die entsprechende Grundeinstellung vor, die ich dann mittels TBR nur noch feinzutunen brauche.

13.6

Ein schöner Blutzucker ist wie ein Kind zwischen zwei Entwicklungsschüben

Ich möchte hier auf eine große, irreführende Illusion zu sprechen kommen, mit der wir T1D-Familien uns immer wieder konfrontiert sehen: »Na, wenn das Kind erst einmal eingestellt ist, geht ja dann alles von selbst.« Den Spruch »Ihr braucht aber lange, um Euer Kind einzustellen« hören auch viele T1D-Familien. Hier deshalb einmal und sehr deutlich eine Aufklärung diesbezüglich:

Es gibt kein »Jetzt habe ich es für immer im Griff«. Wie ein Kleinkind, das schwer zu bändigen ist, besteht auch der Diabetes Typ 1 aus Phasen. Mal ist nachts was los, mal tagsüber, mal ist es ruhig, mal funktioniert gefühlt gar nichts. Erfahrung hilft zwar, hier gewisse Muster zu erkennen, aber dass eine sehr gute Kurve auch die nächsten Tage und Wochen automatisch sehr gut bleibt, das haben zumindest mein Umfeld und ich bei Kindern mit T1D noch nicht erlebt.

Und noch etwas: Eine sehr gute Kurve bedeutet nicht, dass alles gerade leicht von der Hand geht. Nur aufgrund der Kurve kann man nicht sehen, wie viel Arbeit in dieser Kurve steckt. Auch hinter einer guten Kurve kann viel Schweiß und Hirnschmalz stecken.

Es gibt auch keinen Puffer oder ein Guthaben für gute Führung. Wenn ein Schüler immer gut ist und dann einmal einen schlechten Tag hat, verzeiht man ihm das in der Regel. Der Diabetes verzeiht nicht. Er reagiert einfach so heftig, wie er es gerade als sinnvoll erachtet, ohne die Vergangenheit zu beachten und manchmal leider ohne Transparenz, warum er es tut. Im schlechtesten Fall kann eine »80% im grünen Bereich in den letzten 24 Stunden«-Kurve mir nichts, dir nichts, zu einer 20% Kurve werden, und man steht quasi sprachlos davor und kommt mit dem Denken gar nicht so schnell hinterher, wie die Kurve entgleist. Es ist manchmal, als würde man einem Zug beim Entgleisen zuschauen, der mit voller Wucht von den Schienen knallt, und es gibt keinen Hebel, mit dem man das stoppen könnte. Aber es funktioniert auch in die andere Richtung: Landet man nach einer totalen Entgleisung endlich wieder im grünen Bereich, kann es sein, dass es dann damit auch gut ist und man für dieses Mal, wenn man wirklich ratlos davorsteht, was die letzten Stunden oder Tage passiert ist, die Sache einfach abhaken kann. Der Diabetes ist in dem Moment dann nicht nachtragend. Das ehrt ihn. Dennoch ist es sinnvoll, in die Ursachenanalyse zu gehen, fürs nächste Mal, um dann besser gewappnet zu sein, denn nicht nachtragend bedeutet in dem Fall nicht, es wird nicht wieder vorkommen, sondern dass sich das Muster irgendwann wiederholen könnte.

Anbei zwei unserer Kurven an zwei aufeinanderfolgenden Tagen und noch eine weitere Kurve ein paar Wochen später:

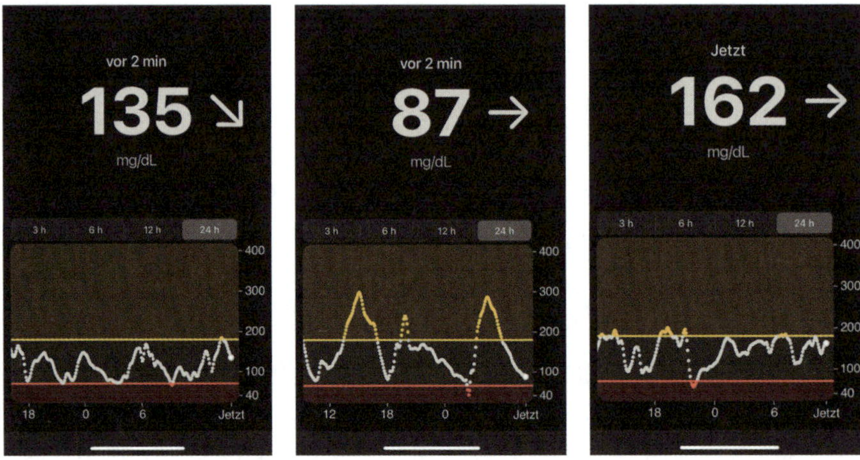

- **Tag 1:** Die Kurve erscheint vollkommen ausgeglichen. Sie ist es in dem Fall auch. Es handelte sich um einen gut kontrollierbaren und entspannten Ferientag, an dem wir uns ganz auf das Diabetesmanagement konzentrieren konnten. Es war uns möglich, bedacht und mit guter Planbarkeit zu agieren.
- Die nächsten 24 Stunden weisen gleich drei Spitzen auf:
    - Ein **sehr** spätes Frühstück, bei dem der bereits erwähnte, erhöhte Morgenfaktor vergessen wurde. Morgens liegt der KE-Faktor bei uns bei 0,9, zum Mittagessen dann bei 0,6. Das macht schon einen großen Unterschied aus. Frühstücken wir nach 12 Uhr, springt der Faktor in der Pumpe automatisch auf 0,6 um, wir berechnen die Differenz händisch und schlagen sie auf den vom Gerät berechneten Wert drauf. Das wurde hier vergessen. Geht man z. B. von 7 KE für das Frühstück aus, würde das Gerät von sich aus ohne Korrektur nach 12 Uhr 4,2 U vorschlagen anstatt der notwendigen 6,3 U. 2,1 U zu wenig

lassen den Blutzucker bei uns um ca. 200 (11,1) nach oben schnellen.

  - Am Nachmittag gab es einen Crumble, mit viel guter Butter gebacken. Hier wurde am Abend der FPE-Effekt nicht gleich erkannt. Das fiel uns dann allerdings zum Glück recht schnell doch noch wie Schuppen von den Augen.
  - Nachts kam es zu einem falschen Unterzuckeralarm, da Nonie auf dem Sensor lag, was ich aufgrund meiner Schlaftrunkenheit nicht erkannt hatte. Es wurde mit schnellen KEs reagiert, die gar nicht nötig gewesen wären. Wir wunderten uns, warum der Blutzucker so heftig anstieg, nachdem sich der Sensor gefangen hatte. Hätte ich direkt beim Losgehen des Alarms blutig gemessen, wäre uns das Ganze erspart geblieben. Es hätte sich ein Wert im Normalbereich herausgestellt, wir hätten kalibriert und dann wäre Ruhe gewesen.

- Die dritte Kurve zeigt eine auf den Blick recht homogene Kurve. Doch dahinter steckt ein gewissenhaftes Diabetesmanagement: Dass hier ab 18 Uhr mit einer 180%igen temporären Basalrate gegen einen FPE-Laugenbrezeleffekt vom Nachmittag angekämpft und massiv Insulin gegengespritzt wurde, ist nicht sichtbar. Um 20 Uhr gab es zum Nachtisch Krapfen, die ebenfalls viel gute Butter enthielten. Sie sind aus diesem Grund sehr langsam, was kurzzeitig zu einem Unterzucker führte. Zudem gab es fettreiche Avocado zum Abendbrot. Gegen Mitternacht wurde hier ebenfalls mit einer temporären Basalrate von 180% reagiert für drei Stunden. Damit einhergehend, haben wir den um Mitternacht deutlich ansteigenden Wert bei 152 (8,4) in weiser Voraussicht nicht mit eigentlich nur notwendigen 0,3 U, um wieder bei 120 (6,7) zu landen, gegengespritzt, sondern mit großzügigen 0,8 U, um die rapide Aufwärtstendenz, bedingt durch den FPE-Effekt des Krapfens und der Avocado, zu stoppen und umzudrehen.

13.7
Der Schulweg und Schulausflüge

Ein kurzes, knackiges Kapitel zum Thema Bewegung in Bezug auf den Schulweg und Ausflüge.

Der Schulweg dauert bei uns zu Fuß gute zehn Minuten, mit dem Roller knappe zehn Minuten, so ungefähr.

Wie weiter vorne im Buch bereits angedeutet, enthält das Thema Schulweg eine leicht unterschätzte Herausforderung in Bezug auf die morgendliche Insulingabe: Es ist von großer Bedeutung, welches Transportmittel genutzt wird, denn zu Fuß gehen ist anstrengender, als mit dem Roller fahren, und das ist wiederum anstrengender, als gefahren zu werden.

Es hat sich folglich herausgestellt, dass es für die Blutzuckerkurve bei Weitem nicht egal ist, ob Nonie zu Fuß geht, mit dem Roller fährt oder gefahren wird.

Dafür hole ich etwas aus: Am Wochenende spritzen wir das erste Frühstück, sofern es ein gemütliches Wochenende ist, mit dem Faktor Krankheit, + 40%, weil sie sich da selten vormittags schon bewegt. Die erhöhte Couchpotato- Basalrate wird also durch den erhöhten Frühstücksfaktor unterstützt. Ich sprach über diese »Verdopplung« bereits weiter vorne im Buch, als es z. B. um Infekte und Krankheit ging. Folgende Vorgehensweise hat sich, daraus abgeleitet, bei uns bewährt, auch wenn das erst einmal erstaunlich klingt bei einem so kurzen Schulweg. Es zeigt aber einmal mehr, wie schnell der Blutzucker in Fahrt geraten kann, und wie sprunghaft er teilweise ist:

- Wird Nonie mit dem Auto gefahren, wenden wir auch in der Schulzeit den Faktor Krankheit, + 40%, an für das Frühstück zu Hause. Die Basalrate bleibt aber unverändert die Alltagsrate.
- Geht sie zu Fuß, spritzen wir das Frühstück ganz normal ohne Krankheit. Sie bekommt da also wesentlich weniger Insulin, weil sie sich gleich morgens ordentlich bewegt. Beim Frühstück runde ich alles tendenziell auf von den Mengen her: etwas mehr Saft, etwas mehr Müsli usw. Dadurch hat sie noch etwas mehr Puffer für ihren Schulweg.
- Fährt sie mit dem Roller, spritze ich das Frühstück ebenfalls ganz normal. Sie bekommt also genau so wenig Insulin wie bei der Variante »zu Fuß«. Dass sie sich aufgrund der Fahrt mit dem Roller weniger anstrengt als zu Fuß, gleiche ich dadurch aus, dass ich hier eher abrunde als aufrunde bei dem Abwiegen der kohlenhydrathaltigen Frühstückszutaten.

Und um der Herausforderung das i-Tüpfelchen aufzusetzen, hier noch der Tipp: Auch die Außentemperatur möchte ein Wörtchen mitreden. Je kälter es ist, desto mehr Energie verbraucht der Körper auf dem Schulweg und desto weniger Insulin wird folglich morgens beim Frühstück zu Hause benötigt.

Steht ein Schulausflug an, arbeite ich wieder mit der »Verdopplungsmethode«, allerdings in die entgegengesetzte Richtung:

- Ich stelle morgens eine temporäre Basalrate ein, wenn alles glatt läuft und ich rechtzeitig daran denke, eine Stunde vor Ausflugsbeginn. Sie liegt bei 50–70% der normalen Alltagsrate, je nach erwarteter Anstrengung. Ich lasse sie bis eine Stunde vor Ausflugsende laufen.

- Zudem bespreche ich morgens mit Nonie und der Lehrkraft, dass sie zur Brotzeit während des Ausflugs, je nach Aktivitätsgrad, bitte in der Pumpe das Programm Sport 1 oder Sport 2 einstellen sollen. Dadurch wird das gespritzte Mahlzeiteninsulin von der Menge her reduziert. Sport 1 reduziert das Insulin um 20%, Sport 2 um 40%. Das gibt uns während des Ausfluges einen sinnvollen Puffer für das Plus an Bewegung. Kommt das nicht hin und die Werte gehen durch die Decke, kann ich immer noch telefonisch eingreifen und wir spritzen nach. Diese Richtung ist in dem Fall verantwortungsbewusster als die entgegengesetzte, wo sie im Zweifel eine längere Zeit an der Grenze zum Unterzucker oder gar im Unterzucker hängen würde, was das komplette Ausflugserlebnis für die ganze Klasse trüben könnte und von der Beaufsichtigung her ggf. zudem schwierig wäre.
- Wieder zu Hause angekommen, kann ein Muskelauffülleffekt Stunden später einsetzen, je nach Grad der Anstrengung. Dies ist ebenfalls nicht zu unterschätzen und abzuwägen, wenn vom Ausflug berichtet wird. Fragen wie »Habt Ihr lange getobt?« oder »War es sehr anstrengend?« können hier hilfreich sein.

13.8

Hilfe, ich weiß nicht mehr weiter ...

Es ist ganz normal, dass man, gerade am Anfang, in unbekannten Situationen, Krisen, Umbruchphasen oder wenn der Kopf aus anderen Gründen nicht aufnahmefähig ist für Diabetesbelange, manchmal einfach nicht mehr weiter weiß. Vielleicht hat man auch ein Brett vorm Kopf, also quasi einen Blackout. Erforderliche technische Kenntnisse können gerade Neulingen einer Technologie das Leben schwer machen. Die Angst vor Fehlern ist groß. Vielleicht spinnen auch die Blutzuckerwerte, weil Ursache und Wirkung verschwimmen, Essen und Aktivitäten der letzten 24 Stunden nicht transparent sind, Krankheiten oder Unregelmäßigkeiten im Alltag auftraten oder was auch immer, und ihr fühlt euch überfordert.

Zunächst einmal sollte unbedingt sichergestellt werden, dass die Situation, in der ihr euch aktuell befindet, nicht lebensgefährlich werden könnte. Bei einer andauernden Überzuckerung bitte eine Ketonmessung durchführen und im Falle eines positiven Ergebnisses gleich ab ins Krankenhaus oder direkt mit eurem Diabetesteam Kontakt aufnehmen. Auch ein nicht endender Jo-Jo-Effekt mit unaufhörlichen, schweren Unterzuckern gehört professionell betreut und stabilisiert von eurem Diabetesteam bzw. der nächstgelegenen Klinik.

Wenn ihr, in welchem Bereich auch immer, **mit eurem Diabetesmanagement überfordert seid** und nicht mehr weiter wisst, **holt euch zügig Hilfe!** Außerhalb der akuten Lebensgefahr können Bücher euch Hinweise geben, was zu tun ist, Experten (Diabetesteam, Ärzteteam, Diabetesorganisationen), das Internet oder auch euer privates Diabetesumfeld bzw. Netzwerk.

Eine Anlaufstelle, auch außerhalb der üblichen Sprechzeiten, könnte der *Dia Engel e.V.* sein (https://diaengel.de/ ; Instagram: @projekt.dia_engel). Zum Hintergrund: 2016 wurde bei Thomas Damaschke Diabetes Typ 2 diagnostiziert. Doreen, seine aufgeweckte Tochter, wollte damals mehr über Diabetes wissen und begleitete ihren Vater fortan regelmäßig in Diabetesbelangen. 2019 wurde, auf Initiative der damals Vierzehnjährigen hin, natürlich von Papa Thomas tatkräftig unterstützt, der *Diabetes Kinder- und Jugendtreff Duisburg Dia Jugend* gegründet. Innerhalb dieser Gruppe kam der Wunsch nach Ansprechpartner*innen für Fragen auch außerhalb regulärer Sprechzeiten von Arztpraxen und Treffzeiten der *Dia Jugend* auf. Das Projekt *Dia Engel* war geboren. Seit August 2020 helfen die *Dia Engel* ehrenamtlich über eine telefonische Hotline allen Anrufer*innen in Diabetesbelangen. Inzwischen gibt es über die Website auch eine Chatfunktion. Anfang 2022 zählen die *Dia Engel* 15 telefonische Ansprechpartner*innen, darunter Papa Thomas, drei Kontaktpersonen für den Chat und zwei weitere *Dia Engel*, darunter Gründerin Doreen. Thomas erzählte in einem langen Telefonat, das ich mit ihm Anfang 2022 führte: »Viele, die anrufen, es sind Anrufer*innen im Alter von 18 bis 80 Jahren, haben ganz konkrete Fragen oder sind mit der Situation grad einfach überfordert. Jede/r bei uns hat so ihre/seine Spezialität, und wir spielen uns die Bälle zu, damit wir bestmöglich Hilfe leisten können. Bei Fachfragen lassen wir uns von einem Netzwerk aus Expert*innen helfen. Manche Anrufer*innen wollen auch einfach nur reden oder es tut ihnen gut, für ihren Kummer jemanden mit offenem Ohr und Herzen am anderen Ende der Leitung zu wissen. Neulich bekamen wir einen Anruf von einer Dame, die fragte, ob sie Schokolade essen dürfe. Wir dachten erst, sie würde uns veräppeln. Aber die Frage war ernst gemeint. Das Telefonat dauerte ganze drei Stunden, und wir spürten unglaublich viel Dankbarkeit, da es so vieles gab, was sie einfach nicht wusste.«

Wer die *Dia Engel* unterstützen möchte, kann dies z. B. mit einer einmaligen Spende oder kontinuierlichen Fördermitgliedschaft tun. 15 oder 25 Euro pro Jahr schlagen hier zu Buche und helfen, die Administration, Logistik und auch die Organisation der *Dia Engel* zu stärken. Auf meiner Website https://marensturny.com/diabetes-typ-1/ führe ich die Unterstützungsmöglichkeiten nochmals auf und verlinke zudem zu den *Dia Engeln*.

Manchmal spinnen die Blutzuckerwerte und führen gefühlt ein willkürliches Eigenleben. Vielleicht war die letzte Zeit aus welchen Gründen auch immer eine Blackbox für euch in Bezug auf die Kohlenhydrat-Insulin-Balance im Körper eures Diakindes. Dann könnt ihr, sofern keine lebensbedrohliche Situation vorliegt, auch versuchen, allein **einen neuen Nullpunkt in eurem Diabetesmanagement zu setzen**. Ich empfehle, die unklare Gemengelage der nahen Vergangenheit dafür erst einmal in eine Schublade unter Verluste abzulegen, **#shithappens**, und erst später in die aktive Analyse zu gehen. Lasst die Vergangenheit also los. Eure Aufmerksamkeit wird jetzt primär für die Gegenwart benötigt und nicht für die Analyse der Vergangenheit, da der gefühlte Kontrollverlust oftmals vielschichtige Ursachen hat, die nur mit sehr wachem Verstand, wenn überhaupt, noch auseinanderklamüsert werden können.

Wie setze ich persönlich nun diesen neuen Nullpunkt? (Es handelt sich nicht um eine mustergültige Lehrbuchlösung, sondern um unseren persönlichen Weg, der in der Interaktion mit Nonies T1D funktionieren kann. Nachahmung und Ausprobieren erfolgt auf eigene Gefahr, jegliche Haftung ist ausgeschlossen.)

Gut zwei Stunden nach der letzten Insulingabe (Achtung, ihr wisst am besten, wie schnell euer Insulin wirkt, es gibt auch Insuline, die schneller oder langsamer wirken**) ist der Körper** bis auf das kontinuierlich abgegebene Basalinsulin, was das Insulin angeht **wieder »clean«.**

- Jetzt könnt ihr **den Blutzuckerwert prüfen**, per Blick auf den Sensorwert oder durch blutiges Messen: **Wo steht ihr?**
- Nun könnt ihr **gegensteuern** mit Insulin (Korrektur auf 120 (6,7)) oder in die andere Richtung mit 1–2 schnellen KEs den Wert stabilisieren. Ich rate hier explizit von langsamen und komplexen KEs ab, denn das würde wieder Langzeiteffekte zur Folge haben und somit erneut Undurchsichtigkeit der Verhältnisse im Körper. Ich rate auch dazu, **viel Wasser zu trinken**, um die Fließgeschwindigkeit im Körper zu erhöhen.
- Dann solltet ihr den Blutzucker **beobachten**. Schlägt die Maßnahme an? Entgleist er weiter? Im Zweifel nochmals blutig messen, um die Tendenz ganz sicher einschätzen zu können. Falls sich die Entgleisung nach oben fortsetzt, ist zu überlegen, ob mit dem Material oder Insulin etwas nicht stimmt. Aus eigener Erfahrung wage ich die Empfehlung auszusprechen, besser auf Nummer sicher zu gehen, und **gegebenenfalls defektes Material zu wechseln**, sofern Zweifel bestehen. Luft im System? Funktioniert die Hautstelle noch? Blut im Schlauch oder ein Knick? Rast der Wert hingegen Richtung Unterzucker, solltet ihr 1–2 schnelle KEs parat haben, je nach Geschwindigkeit des Abfalls.
- **Wieder gut zwei Stunden nach der letzten Insulingabe** (bzw.

die Zeit, die euer Insulin benötigt, um einmal durchs System zu laufen), **kann ein neuer »cleaner« Status, im Zweifel mit ausgewechseltem Material, gemacht werden**. Bei dem, wie sich die Kurve von nun an weiterentwickelt, könnt ihr also das Material als Fehlerquelle ausschließen. Falls ihr das Material noch nicht gewechselt habt und die Werte weiter steigen, wäre jetzt ein guter Zeitpunkt, doch noch einmal darüber nachzudenken.

- **Nach ca. sieben Stunden** ab Beginn der letzten Mahlzeit sind auch komplexe Lebensmittel in der Regel verdaut. **FPE-Effekte laufen aus**. Wieder ein guter Moment, um den Status zu betrachten. **Wo steht ihr?** Braucht der Körper Insulin oder schnelle KEs? Jetzt können auch Nahrungseffekte ausgeschlossen werden. Sofern die **Kurve immer noch und stetig viel zu hoch** ist, ohne Zwischentief unter 250 (13,9), sollten **erneut Ketone gemessen** werden. Anzeichen für eine beginnende Ketoazidose sind unter anderem Übelkeit, Erbrechen, übermäßiger Durst, extreme Schlappheit und/oder erhöhter Harndrang. Ist der Ketontest positiv, gilt es, wie bereits weiter oben beschrieben, unverzüglich den direkten Kontakt zur Klinik oder eurem Diabetesteam aufzunehmen.
- Ein wichtiger Gedanke sollte noch dem **Muskelauffülleffekt** gewidmet werden. Dafür ist es hilfreich, die Erinnerungsschublade doch noch einmal kurz zu öffnen und zu überlegen, ob in den letzten 24 Stunden eine massive, vielleicht auch außergewöhnliche Anstrengung stattgefunden hat. Falls ja, kann ein Muskelauffülleffekt am Wirken oder in der Anbahnung sein. Dieser endet in der Regel, je nach Stärke der Anstrengung, im Laufe von 6 bis 24 Stunden nach Beendigung der Aktivität, es sei denn, es wurde ein Marathon gelaufen. Danach kann auch dieser Effekt eliminiert werden, was der Neujustierung hilft.

- Nun können euch bei euren **weiteren Überlegungen** die Kapitel 13.1 und 13.2 weiterhelfen. Folgende Aspekte gilt es zu prüfen: Wurde vermehrt **Alkohol** konsumiert in den letzten 24 Stunden, z. B. wenn ihr Teenage-Diakids habt, oder wurden **Medikamente** eingenommen? Seid ihr ungewöhnlicher **Hitze oder Kälte** ausgesetzt? Bewegt ihr euch in **anderen Höhenlagen** als sonst? Könnten **Hormone** im Spiel sein (Stress, Periode, Wachstum, Entwicklung etc.), die die Insulinempfindlichkeit des Körpers verringern? Gibt es Anzeichen, dass sich ein **Infekt** anbahnt oder fühlt sich euer Diakind bereits krank? War **irgendetwas anders** in den letzten 24 Stunden, was eine Reaktion und entsprechende Körperprozesse, die sich auf die Zuckerausschüttung oder die Insulinempfindlichkeit auswirken könnten, hervorrufen könnte? Durch diese zielgerichteten Analysen und zeitgleich **die bewusste Nahrungsaufnahme einfacher, schnell verdaulicher Kohlenhydrate** sowie durch ein **kontrolliertes und geduldiges Gegenspritzen** bei zu hohen Werten ist es oftmals möglich, nach dem Ausschlussverfahren weitere Faktoren zu eliminieren und der wahren Ursache auf den Grund zu kommen.
- Auch der **KE-Faktor** kann überprüft werden: Liegt der Blutzuckerwert gut zwei Stunden (oder wie lange auch immer euer Insulin im Körper agiert) nach der letzten Nahrungsaufnahme nicht im Normalbereich, kann eine KE-Faktorenanpassung für diesen Tagesabschnitt ratsam sein. Bei uns passiert dies regelmäßig, wenn ich Wachstumsphasen identifiziere. Dann stelle ich die Faktoren temporär um 0,1 hoch und plötzlich passt alles wieder prima, fast auf wundersame Weise. Aber Vorsicht, denn nach ein paar Tagen, wenn der Schub vorbei ist, führt der erhöhte KE-Faktor zielsicher zu

einer Unterzuckerung, wenn man nicht aufpasst. Hier ist also erhöhte Wachsamkeit geboten.

- In einem letzten, ergänzenden Schritt erweisen sich oftmals **Basalratentests** als hilfreich. Über eine möglichst lange Zeitdauer wird keine Nahrung aufgenommen, und es wird lediglich Wasser getrunken bzw. ungesüßter Tee. Nun beobachtet man ab drei Stunden nach der letzten Aufnahme möglichst einfacher Kohlenhydrate (ohne FPE-Effekt), wie sich der Blutzucker entwickelt. Liegt er im grünen Bereich? Steigt er? Sinkt er? Entsprechend kann die Basalrate angepasst werden, was wiederum zu einer weiteren Verbesserung der Gesamtkurve führen sollte.
- Wenn alle Stricke reißen und ihr mit eurem Latein am Ende seid, ist es sicherlich ratsam, **auch nach einem gescheiterten Eigenversuch Experten hinzuzuziehen**, denen ihr dann von euren Experimenten berichten könnt. Sie werden für eure bereits unternommenen Versuche und Ausführungen dankbar sein, da sie dann nicht mehr ganz so blind in der Ursachenforschung herumstochern brauchen.

13.9
Verhinderungspflege

»Wenn Sie einen Angehörigen in seinem Zuhause pflegen, aber zeitweise verhindert sind, hat Ihr pflegebedürftiger Angehöriger unter Umständen Anspruch auf eine sogenannte Verhinderungspflege, kurz VHP. Die Verhinderungspflege ist eine zeitweise Vertretung der Hauptpflegeperson.«[54]

Anbei ein @diabetesbluemchen Instagram-Beitrag (Dezember 2021) zum Thema Verhinderungspflege, denn das scheint ein komplexes und vielfach missverstandenes Thema für viele T1D-Familien zu sein. Eventuelle Änderungen für 2022 sind hier nicht eingeflossen, laut meiner Recherchen kam es zum Jahresbeginn allerdings nicht zu großartigen Änderungen in der Verhinderungspflege, da die große Pflegereform nicht umgesetzt wurde. Die Ausführungen unten sind also generell auch auf 2022 übertragbar. Eine hilfreiche Übersicht zur Verhinderungspflege inkl. Bullshit-Bingo findet sich hier: https://pflege-dschungel.de/verhinderungspflege-7-tipps/.

Alle Angaben sind trotz intensiver Auseinandersetzung mit dem Thema sowie Hilfestellung durch meinen Pflegeberater Markus Oppel (https://pflegeberatung-oppel.de/ Instagram: @pb_markusoppel) ohne Gewähr.

[54] Sabrina Steiger: »Verhinderungspflege«. In: www.pflege.de. Abgerufen am 23.04.2022

Alle mit mindestens Pflegegrad 2 seit mindestens 6 Monaten haben Anspruch

Verhinderungspflege 2021 – So klappt's bei uns

Als ich gestern Morgen ein kurzes Reel zum Thema Verhinderungspflege postete, bekam ich viele Anfragen diesbezüglich zurück. Aus diesem Grund schreibe ich diesen Beitrag.

Es herrscht viel Unsicherheit, ob und wie das mit der Verhinderungspflege funktioniert. Hier ein kurzer Überblick:

- Wer seit mindestens 6 Monaten im häuslichen Umfeld eine pflegebedürftige Person pflegt, kann Verhinderungspflege beanspruchen. Pflegegrad 2 ist Mindestvoraussetzung für die Bewilligung.
- Es wird zunächst ein genereller (initialer) Antrag bei der Pflegekasse/Krankenkasse gestellt. Der Kasse liegen hierfür Formulare vor. Bitte anrufen und Antrag ausfüllen. Es ist wichtig, dass der Eingang des Antrags bei Krankenkasse noch in 2021 bestätigt wird. Am besten für 2022 gleich mit beantragen, dann spart ihr euch das im nächsten Jahr.
- Wenn der Antrag in 2021 erfolgreich gestellt ist, kann die Abrechnung der Verhinderungspflege auch in 2022 erfolgen oder sogar noch später.
- Es sind 2.418 Euro pro Jahr verfügbar (Stand 2021). Davon entfallen 474 Euro auf Verhinderungspflege durch Verwandtschaft (Opa, Schwester, Tante …) und 1.944 Euro auf »weitere« Personen. Wir rechnen grundsätzlich 20 Euro pro Stunde ab, das macht also ca. 120 Std. pro Jahr.
- »Weitere« Personen können Freunde oder andere Personen mit persönlichem Bezug zum Kind sein (Babysitter, Tagesmutter, Mittagsbetreuerin, Eltern von Freunden des Kindes …) oder Fremde (Pflegedienst z. B.).
- Wenn es Personen mit persönlichem Bezug sind, SIND DIE EINNAHMEN STEUERFREI! Für die Steuererklärung ist in diesem Fall wichtig, dass eine »sittliche Verpflichtung« vorliegt. Details bitte googeln.
- Wichtig: Damit das eigene Pflegegeld NICHT GEKÜRZT wird, ist eine STUNDENWEISE Abrechnung nötig. Bitte nicht (!) tageweise abrechnen!
- Pro Tag, an dem man stundenweise Verhinderungspflege in Anspruch genommen hat, füllt man bei uns 2 Formulare aus: ein Formular mit Einzelheiten (wann, wie lange, wer ist verhindert, warum, wer übernimmt, Verwandtschaftsverhältnis) und eine Quittungsvorlage (von der Person, die

die Pflege stundenweise übernommen hat, zu unterschreiben). Ich sehe zu, dass ich die Unterschrift direkt nach dem Einsatz erhalte, damit ich später nicht hinterherrenne.

- Die Quittung kopiere ich, wenn sie unterschrieben ist, meine Unterstützung (in unserem Fall derzeit Babysitter oder Freundin) erhält die Kopie direkt nach ihrem Einsatz, sammelt sie und reicht sie mit ihrer Steuererklärung für das entsprechende Jahr, wo sie ihr Geld erhalten hat, unter der Sektion »Steuerfreies Einkommen« (wegen sittlicher Verpflichtung) ein. Wir haben nur Unterstützung mit persönlichem Bezug, keinen externen Pflegedienst.
- Die beiden von mir pro Vorgang (Tag) ausgefüllten Originalformulare reiche ich für die Erstattung bei der Krankenkasse/Pflegekasse ein.
- Ich führe übers Jahr Buch und notiere mir die Tage, an denen ich Verhinderungspflege in Anspruch genommen habe, wie viele Stunden, warum ich verhindert war und durch wen die Pflege erfolgt ist. Mit diesen Aufzeichnungen bereite ich die Einreichung bei der Kasse vor. Das Büchlein hilft meinen grauen Zellen, da ich die Abrechnung in der Regel quartalsweise oder halbjährlich in einem Rutsch mache. Außerdem dient das Büchlein der Beweisführung, falls mal einer nachfragen sollte.
- Bitte mit der Krankenkasse/Pflegekasse abklären, ob jedes Kalenderjahr erneut ein genereller Antrag auf Nutzung der Verhinderungspflege gestellt werden soll. Bei uns ist das nicht der Fall.

Und nun hoffe ich, dass ich einigen hier helfen konnte, vielleicht in 2021 noch das euch zustehende Verhinderungspflegebudget auszuschöpfen. Das würde mich sehr freuen.

Danke an @pb_markusoppel für die Unterstützung für diesen Beitrag mit Infos und Fakten.

Weitere Tipps rund um die Themen »steuerliche Aspekte bei T1D«, »Behinderung durch T1D« und »staatliche Förderung bei T1D« findet ihr auf Instagram **@diabetesbluemchen**.

14

Was ich schon alles kann

– Vertrauen, Zutrauen, Loben –

Mit acht, knapp zwei Jahre nach der Diagnose, ging es bei uns los, dass Nonie meinte, sie könne mit dem Diabetes zeitweilig allein klarkommen. »Mama, Du brauchst Dich nicht die ganze Zeit zu kümmern. Wenn ich mich kümmere, kannst Du ja in der Zeit mal was für Dich machen und chillen.« Gesagt, getan. »Tief einatmen. Ausatmen, entspannen und versuchen, loszulassen, Maren«, dachte ich bei mir. »Es besteht in der Regel keine Lebensgefahr. Das ist ein wichtiger Schritt Richtung Selbständigkeit. Es ist gut, wenn sie ihren Diabetes selbst in die Hand nehmen möchte.« Gar nicht so easy, ist aber so unendlich wichtig fürs Diakind, dass wir hier mitspielen, ihm unser Vertrauen schenken, es einfach mal machen lassen.

Hier einige Highlights, die zum Teil an anderer Stelle im Buch schon einmal erwähnt wurden, nochmals zusammengefasst:

- Einmal war sie sehr hoch an einem Nachmittag bei einer Freundin. Wir spritzten per Telefon gegen und ich sagte: »Wenn Du wieder im grünen Bereich bist, könnt Ihr mich noch mal anrufen, dann besprechen wir, was Ihr noch essen wollt.« Ca. 30 Minuten später rasselte sie in einen komplett unerwarteten Unterzucker. Ich fuhr hin. Was war geschehen? Mit großen Augen sah sie mich an und sagte: »Mama, ich hab mir noch 1 U zusätzlich gespritzt, damit ich schneller runterkomme.« Hat ja letztlich gut funktioniert, in ihrer Welt.

- Da sie sich in der Schule und auch nachmittags, wenn sie unterwegs ist, inzwischen weitestgehend selbständig managt, passiert es dann und wann einmal, dass sie vergisst, den Abgabeknopf zu drücken bei der Insulinabgabe, z. B. zur Brotzeit. Das erste Mal blieb mein Herz stehen, als meine Follow-App einige Zeit später nur noch »hoch« anzeigte. Seitdem prüfe ich in der Regel in den Pumpendaten, bzw. lasse mit Fernmanagement übers Telefon überprüfen, wenn es aufgrund ihrer selbständigen Eingaben und Abgaben Unregelmäßigkeiten in der Blutzuckerkurve gibt, ob, wann und in welcher Höhe die letzte Abgabe erfolgt ist.
- Einmal nachmittags hatte sie wohl grad draußen auf dem Trampolin bei einem Freund keinen schnellen Zucker zur Hand, weil sie ihr Täschchen drinnen vergessen hatte. Da dachte sie sich, Brot ist ja auch gut und aß ersatzweise eine ganze Laugenbrezel, die herumlag. Leider sagte sie mir nicht Bescheid und rutschte natürlich prompt erst in einen heftigen Unterzucker (Absturz ohne schnelle KEs zum Gegensteuern, die Brezel ist ja eher langsam und deshalb ungeeignet), und dann ging es einige Zeit später gen Himmel und hörte gar nicht mehr auf. Beim Abholen erzählte sie mir dann von der Laugenbrezel. So konnte ich zumindest im Nachgang begreifen, was passiert war, und die entsprechenden Gegenmaßnahmen einleiten.

Wenn diese Dinge passieren, versuche ich ruhig zu bleiben und mit positiver Kommunikation zu starten: »Mein Schatz, Du hast Dir ja wirklich viele Gedanken gemacht heute beim Management Deines Diabetes. Das finde ich prima. Es ist toll, dass Du in Deinem Alter schon so viel Verantwortung übernehmen möchtest. ... Was denkst Du denn, was heute noch besser hätte laufen können? Wo können wir noch etwas optimieren? Was hast Du heute gelernt?«

Eigene Erfahrungen machen zu dürfen nach dem Trial-&-Error-Prinzip ist unglaublich wichtig für die Entwicklung der Eigenständigkeit und auch für das Selbstbewusstsein unserer kleinen Diabetesheld*innen. Das berichten T1D-Eltern in meinem Umfeld immer wieder. Wenn ich in der Kommunikation meiner Tochter gegenüber positiv, motivierend und unterstützend bin, traut sie sich auch, mir alles zu erzählen und zu beichten. Ich ermutige sie dazu mit den Worten: »Bitte sag mir einfach ganz ehrlich, was passiert ist. Dann kann ich überlegen, was wir jetzt tun können. Wenn ich nicht weiß, was wirklich los war, brauche ich Stunden und denke, grübele und überlege, warum die Werte so komisch sind. Wenn Du es mir hingegen gleich sagst, spare ich diese Zeit und wir können sie zusammen verbringen, weil ich mich dann nicht so lange aktiv um das Diabetesmanagement kümmern brauche.« Wichtig hierbei ist es, erst darüber zu sprechen, wenn man als Bezugsperson selbst schon wieder ruhig und entspannt ist und nicht mehr verärgert oder gestresst von der vorher erlebten Situation.

Seit der dritten Klasse darf Nonie allein korrigieren mit Spickzettel, und wir üben derzeit, auf Packungen Kohlenhydrate abzulesen, wenn möglich mit einer Portionsangabe, sofern vorhanden, und dies dann in KEs umzurechnen durch das Versetzen einer Kommastelle. Zudem lernt sie gerade, dass bei einfachem Gebäck und Brot 20 g gleich 1 KE entsprechen und wiegt dies auch selbst ab. Sie notiert sich inzwischen, wenn wir Ruhe und Muße haben, die Zusammensetzung von Mahlzeiten bezüglich der KEs auf einem Zettel und addiert selbst, inklusive einer Kommastelle. Wir nehmen uns Zeit, denn im Stressmodus fällt das Lernen schwer. Im Alltag übernehme ich meist noch, aber wenn die Situation günstig ist und wir entspannt sind, üben wir gemeinsam.

Da ich Nonies Werte von meinem Handy aus beobachten kann, bin ich relativ entspannt, wenn sie ihre Eigenversuche startet. Immer, wenn etwas schiefläuft, setze ich mich mit ihr in einem ruhigen Moment zusammen und wir besprechen das in ihren Worten, kindgerecht. Die Folgetage versuche ich, es zu wiederholen, wenn sich eine ähnliche Situation ergibt, die wir gemeinsam meistern. Meine Alarme stelle ich sehr scharf ein, wenn sie unterwegs ist und sich allein kümmern möchte, also auf 100 (5,6) nach unten und 160–180 (8,9–10,0), je nach Situation, nach oben, damit ich frühzeitig agieren kann im gemeinsamen Dialog per Telefon mit ihr.

Was sie, seit sie acht Jahre alt ist, schon selbstständig macht, ist z. B. eigenständig Duschen: die Pumpe abmachen, Schutzkappe auf das Katheter-Verbindungsstück aufsetzen und hinterher alles wieder anstecken. Auch bei einem Niedrigalarm reagiert sie bereits eigenständig, und wenn sie ganz gut ist, schickt sie mir in dem Moment den bereits erwähnten Lolli per WhatsApp. Dann weiß ich, dass ich akut nichts mehr unternehmen brauche. Auch in sich hineinfühlen, klappt meist gut. Sie spürt in der Mehrzahl der Fälle einen Unterzucker, bevor der Sensor ihn anzeigt. Das eigenständige Management in der Schule unter Vorgabe der KE-Zahl funktioniert zu 80–90% fehlerfrei. Für sie sind das großartige Momente eines eigenständigen Lebens, die ihr Selbstvertrauen in Bezug auf den Diabetes stärken. Und ich glaube, Diabeteskinder möchten ihre Eltern aktiv entlasten, weil sie ja 24/7 mitbekommen, wie viel Arbeit es doch für die Eltern ist. In solchen Momenten, wo sie eigenständig agieren dürfen, tun sie gleichzeitig also auch etwas für ihre innere Balance und gegen ihr latent schlechtes Gewissen, das gewiss ab einem bestimmten Alter automatisch im Unterbewusstsein vorhanden ist, egal, wie positiv und konstruktiv wir als Team mit dem Diabetes umgehen. Bitte bestärkt eure tapferen Kids darin, selbständig zu agieren, wenn sie es einfordern. Dann möchten sie den nächsten Schritt probieren und fühlen sich innerlich bereit!

Lasst uns starke Persönlichkeiten aus unseren kleinen Diabetesheld*innen machen, lasst sie die Welt, ihre Welt, entdecken mit stolzgeschwellter Brust, fröhlich, unbeschwert, ganz natürlich, indem der Diabetes zwar da ist und immer »im Gepäck«, aber kein Schreckgespenst und kein Angstgegner. Er ist ernst zu nehmen, und er mag es nicht, vergessen und vernachlässigt zu werden. Aber es ist schön, wenn Kinder spüren dürfen, dass er keine Macht hat, sie am Kindsein selbst zu hindern. Lassen wir sie mutig und unerschrocken in die Welt stiefeln, von uns dazu ermuntert, wie andere Kinder in ihrem Umfeld auch. Klar, dass uns Diabeteseltern da einmal mehr das Herz in die Hose rutscht als anderen Eltern, aber vielleicht schaffen wir es, stark und tough, wie wir durch unseren Diabetesalltag zwangsläufig geworden sind, dem mit einem wohlwollenden Lächeln zu begegnen. Irgendwann wird es sich auszahlen, da bin ich mir sicher.

15

Awareness-, Aufklärungs- und Präventionskampagnen

Als selbst Betroffene stelle ich immer wieder fest, wie wenig flächendeckende Aufklärung in der Bevölkerung herrscht bezüglich des Typ-1-Diabetes. Die Frage ist hier weniger, wie viel von bestimmten Stellen aus gesendet wird, sondern vielmehr, wie viel auch wirklich ankommt. Bemühungen gibt es unzählige mit guten Intentionen. Was wusstet ihr von T1D, bevor ihr in eurem Leben damit in Berührung kamt? Ich gestehe, dass ich komplett blank war zu dem Thema. Und auf genau dieses »Blanksein« treffe ich fast täglich in unserem persönlichen Umfeld. Meine T1D-Bekanntschaften berichten Ähnliches. Das Kapitel 7 ist zumindest in unserem Dunstkreis also leider oftmals noch bittere Realität, auch heute noch. Aus meiner Sicht mangelt es vor allem an Aufklärung in zwei wesentlichen Aspekten:

- **Flächendeckende Sensibilisierung von Eltern** bezüglich T1D im Allgemeinen, den Symptomen und Maßnahmen zur

Früherkennung: Das Thema T1D wird aus meiner Sicht bei Eltern mit Kindern und Jugendlichen, die zu Hause leben, tendenziell als wenig relevant erachtet. Dabei wird in deren Umfeld die Einschlagquote der Diagnosen prozentual aktuell immer größer. Es herrscht immer noch häufig die Einstellung: »Betriff uns nicht. Keiner in der Familie hat's.« Dabei ist es inzwischen die häufigste Stoffwechselerkrankung bei Kindern und Jugendlichen. Aber wer weiß schon darüber Bescheid? Zudem ist gerade die Gruppe der Jungeltern meiner Meinung nach oftmals mit »ihren eigenen Baustellen« beschäftigt, ändert sich durch den Familienzuwachs doch sehr vieles in ihrem Leben. Dieses potenziell für sie als nicht relevant erachtete Thema dann auch noch auf dem Zettel zu haben, wird herunterpriorisiert, Gründe dafür gibt es genug. Bisherige Kampagnen und Maßnahmen zur Früherkennung, weiter unten stelle ich einige bisherige und auch laufende kurz vor, setzten an der richtigen Stelle an, erreichten aber meiner Meinung nach bisher noch nicht alle relevanten Elterngruppen, weil sie:

  - entweder regional begrenzt umgesetzt wurden,
  - die Teilnahme, auch die der zwischengeschalteten Ärzt*innen freiwillig war und/oder
  - die Elternzielgruppe der Maßnahme begrenzt war.

- **Flächendeckende Sensibilisierung der Bevölkerung** in Bezug auf die unterschiedlichen Diabetestypen, damit das Kapitel 7 irgendwann Geschichte sein wird.

Hier nun ein Überblick über einige existierende Kampagnen und Maßnahmen zum Thema Diabetes, Angaben ohne Gewähr. Diese Auswahl beruht auf Eigenrecherche im Internet, Korrekturen und Updates sind gerne willkommen:

Aufklärungskampagne zur besseren Typ-1-Diabetes Früherkennung bei Kindern und Jugendlichen
(AGPD & BVKJ, Stand Material 2020, die Kampagne ist ongoing, also aktiv)

»Um das Risiko für eine Ketoazidose im Kindesalter zu senken, startete die AGPD (Arbeitsgemeinschaft für Pädiatrische Diabetologie) Anfang des Jahres (2021, Anm. des Verf.) zusammen mit dem BVKJ (Berufsverband der Kinder- und Jugendärzte) eine Aufklärungskampagne zur Früherkennung eines Typ-1-Diabetes: Kinder- und Jugendärztinnen und -ärzte informieren Eltern bei jeder U6- und U7a-Vorsorgeuntersuchung, die Ende des ersten sowie dritten Lebensjahres stattfinden, über die vier Hauptwarnzeichen der Stoffwechselerkrankung. »Aus der Erfahrung des zwischen 2015 und 2017 durchgeführten Stuttgarter Ketoazidose-Präventionsprogramms wissen wir, dass eine solche Aufklärung die Häufigkeit einer DKA (diabetische Ketoazidose) stark senken kann«, betont Dr. Kapellen. Die aktuelle Kampagne ist für mindestens drei Jahre geplant. Hierzu werden gerade Mittel eingeworben. Auf der Kongress-Pressekonferenz am Freitag, den 14. Mai 2021, ist neben dem Kinderdiabetologen auch die Mutter eines Jugendlichen mit Typ-1-Diabetes anwesend. Sie erzählt, welche Symptome bei ihrem Sohn auftraten und warum die Familie diese anfänglich nicht mit Diabetes mellitus in Verbindung gebracht hat.«[55]

Diese Kampagne scheint nun bundesweit ausgelegt, nachdem sie vorher, meines Wissens nach, regional begrenzt im Stuttgarter

[55] »Diabetes Kongress: Aufklärungskampagne zur besseren Typ-1-Diabetes-Früherkennung bei Kindern und Jugendlichen«. In: www.idw-online.de. Abgerufen am 23.04.2022

Raum umgesetzt wurde. Zudem scheint die mit der Maßnahme »beauftragte«, umsetzende Ärzteschaft vergrößert im Vergleich zu früher (jedes BVKJ Mitglied: *»Nahezu 90 Prozent der niedergelassenen Kinder- und Jugendärzte sind Mitglieder in unserem Berufsverband, hinzu kommen Kliniker und Mitarbeiter aus dem öffentlichen Gesundheitswesen.«).*[56] Elternzielgruppe sind Eltern von ca. einjährigen (U6) und ca. dreijährigen (U7a) Kindern. Das ist ein guter Anfang aus meiner Sicht, sofern diese dann auch zuverlässig angesprochen werden durch die betreuenden Ärzt*innen und dieses Thema nicht im ärztlichen Alltagstumult unterzugehen droht. Um die Erinnerung zu stärken und Lücken zu schließen, könnte man erwägen, auch zur U9 (ca. fünfjährige Kinder) nochmals auf die Eltern zuzugehen. Dann wären ggf. auch schon neue jüngere Geschwister indirekt wieder mit abgedeckt durch die Ansprache der Eltern, und Lücken in der Abdeckung der relevanten Zielgruppe der Kampagne könnten auf diese Weise geschlossen werden. Eine Integration als Gesprächsthematik in das U-Heft könnte zu einer gesteigerten Auseinandersetzung mit T1D führen, und somit hätte der zu verteilende Flyer ggf. eine erhöhte Chance, noch weitläufigere Beachtung zu finden. Vielleicht könnte man auch über ein Facelift des Flyers nachdenken?

Ich habe mich an Dr. Kapellen gewandt mit dem Ziel, einen konstruktiven Dialog bezüglich Status und ergänzenden Möglichkeiten zu starten und freue mich, sofern er meine Anfrage erwidert.

[56] »Ihre Vorteile als BVKJ-Mitglied«. In: www.bvkj.de. Abgerufen am 23.04.2022

DKA Präventionskampagne der AGPD

AGPD Arbeitsgemeinschaft für Pädiatrische Diabetologie · bvkj. Berufsverband der Kinder- und Jugendärzte e.V. · DDG Deutsche Diabetes Gesellschaft · Deutsche Gesellschaft für Kinder- und Jugendmedizin e.V.

Kampagne zur Früherkennung des Diabetes und zur Vermeidung einer diabetischen Ketoazidose bei Kleinkindern

Gemeinsam die Frühzeichen des Diabetes bei Kleinkindern erkennen und so schwere Stoffwechselentgleisungen verhindern!

Liebe Teams der Kinder- und Jugendarztpraxen,

Bitte helfen Sie mit bei der großen Präventionskampagne der pädiatrischen Fachgesellschaften, der DDG und des BVKJ!

Bitte geben Sie zu jeder U6 und U7a den Infoflyer an die Eltern aus und erklären Sie den Eltern kurz die 4 Warnzeichen des Typ-1-Diabetes!

Die Aussendung von 150 Flyern an jedes niedergelassene BVKJ Mitglied erfolgt im Januar 2021.

Kleinkinder sind immer noch besonders häufig von der diabetischen Ketoazidose (DKA) betroffen. Da die DKA mit einer potentiell erhöhten Mortalität einhergeht, ist dies von erheblicher Bedeutung. In Deutschland und Österreich ist die Häufigkeit der DKA bei Manifestation eines Typ-1 Diabetes in den letzten 15 Jahren konstant geblieben. Da in Deutschland jedoch zunehmend jüngere Kinder am Typ-1-Diabetes erkranken, ist davon auszugehen, dass die DKA im Kleinkindalter in den kommenden Jahren wieder häufiger auftreten wird. Während des Corona-Lockdowns konnte aktuell gezeigt werden, dass sich die Zahl der Ketoazidosen bei Manifestation verdoppelt hat, im Kleinkindalter auch die Zahl der lebensbedrohlichen schweren Ketoazidosen [Kamrath et al. 2020].

ZZZ
STÄNDIGER DURST
1
HÄUFIGES WASSER-LASSEN
2
GEWICHTS-ABNAHME
3
STETIGE MÜDIGKEIT
4
ACHTEN SIE AUF DIE 4 WARNZEICHEN EINES DIABETES BEI IHREM KIND!
AGPD
bvkj.
Berufsverband der Kinder- und Jugendärzte e.V.

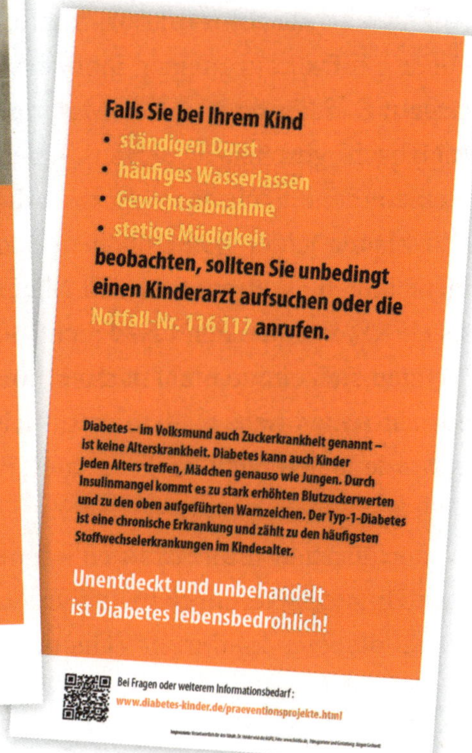
Falls Sie bei Ihrem Kind
• ständigen Durst
• häufiges Wasserlassen
• Gewichtsabnahme
• stetige Müdigkeit
beobachten, sollten Sie unbedingt einen Kinderarzt aufsuchen oder die Notfall-Nr. 116 117 anrufen.
Diabetes – im Volksmund auch Zuckerkrankheit genannt – ist keine Alterskrankheit. Diabetes kann auch Kinder jeden Alters treffen, Mädchen genauso wie Jungen. Durch Insulinmangel kommt es zu stark erhöhten Blutzuckerwerten und zu den oben aufgeführten Warnzeichen. Der Typ-1-Diabetes ist eine chronische Erkrankung und zählt zu den häufigsten Stoffwechselerkrankungen im Kindesalter.
Unentdeckt und unbehandelt ist Diabetes lebensbedrohlich!
Bei Fragen oder weiterem Informationsbedarf:
www.diabetes-kinder.de/praeventionsprojekte.html

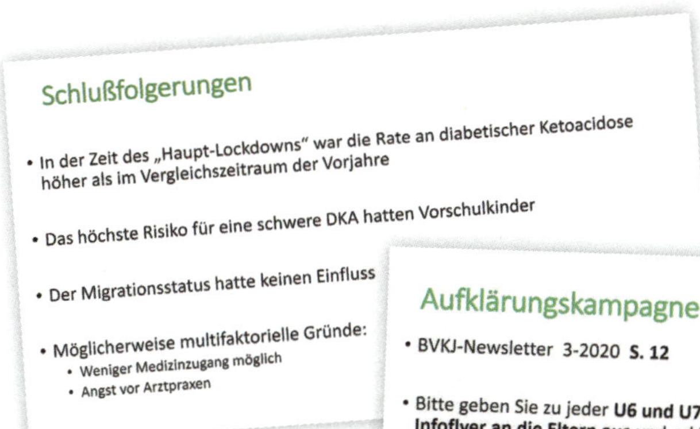
Schlußfolgerungen
• In der Zeit des „Haupt-Lockdowns" war die Rate an diabetischer Ketoacidose höher als im Vergleichszeitraum der Vorjahre
• Das höchste Risiko für eine schwere DKA hatten Vorschulkinder
• Der Migrationsstatus hatte keinen Einfluss
• Möglicherweise multifaktorielle Gründe:
• Weniger Medizinzugang möglich
• Angst vor Arztpraxen

Aufklärungskampagne
• BVKJ-Newsletter 3-2020 S. 12
• Bitte geben Sie zu jeder U6 und U7a den Infoflyer an die Eltern aus und erklären Sie den Eltern kurz die 4 Warnzeichen des Typ-1-Diabetes!
ACHTEN SIE AUF DIE 4 WARNZEICHEN EINES DIABETES!

Auf @diabetesbluemchen startete ich Ende Januar 2022 eine kurze Umfrage in meiner Story bezüglich des Bekanntheitsgrades des auf S. 233 abgebildeten Materials. Natürlich ist diese Erhebung statistisch gesehen irrelevant, allerdings bestärkte das Ergebnis meine eigene Einschätzung, dass die Kampagne in der Öffentlichkeit bisher leider nicht flächendeckend bekannt ist, obwohl nunmehr laut Indikationen in den Materialien bereits ein Jahr im Einsatz. 78% kannten den Flyer nicht. Von denjenigen, die ihn kannten, konnten sich einige nicht daran erinnern, woher, und zum Teil waren die »Ja-Antworter« auch im beruflichen Umfeld darauf aufmerksam geworden, also nicht als Elternzielgruppe.

Weiterführende Informationen könnt ihr auf dieser durch die Deutsche Diabetes Gesellschaft initiierten Internetseite finden:
https://diabetes-kinder.de/ (Quelle des auf S. 232–233 gezeigten Materials[57]).

---

[57] »Anschreiben-AGPD-für-Dezemberaussendung-BVKJ-UND-für-Flyerversand-im-Januar.pdf«; »DKA Präventionskampagne der AGPD Musterpräsentation.pdf (Seite 5 und 7)«; »Diabetes LTG AGPD Flyer FV 22.10.2020.pdf«.
In: https://diabetes-kinder.de/. Abgerufen am 23.04.2022

»Diabetes STOPPEN. Jetzt handeln!« / »Diabetes kostet Lebenszeit« (diabetesDE - Deutsche Diabetes Hilfe, ongoing, also aktiv)

»Die Kampagne ›Diabetes STOPPEN. Jetzt handeln!‹ mit unserer zentralen Forderung nach einem Nationalen Diabetesplan für Deutschland geht 2018 bereits ins sechste Jahr. Wir haben viel erreicht in dieser Zeit: So ist Risikosenkung, frühe Erkennung und frühe Behandlung des Diabetes mellitus Typ 2 seit 2016 im Präventionsgesetz nationales Gesundheitsziel Nr. 1. Seit 2015 wird ein neues Diabetes-Überwachungssystem in der Gesundheitsberichterstattung des Bundes aufgebaut. Bei ärztlicher Empfehlung ist das kontinuierliche Glukosemonitoring jetzt erstattungsfähig. Unser großes Ziel aber, der Nationale Diabetesplan, ist immer noch nicht umgesetzt, auch wenn wir sehr stolz darauf sind, dass der Koalitionsvertrag der aktuellen Bundesregierung nun endlich die Einführung einer Nationalen Diabetesstrategie umfasst.

Dass Deutschland hier nicht vorankommt, ist umso bemerkenswerter als die Zahl der Europäischen Länder, in denen es inzwischen einen solchen Plan oder eine Strategie gibt, immer weiter ansteigt. Zuletzt hat auch Österreich im April 2017 eine Nationale Diabetesstrategie beschlossen, so dass inzwischen 20 von 28 Europäischen Länder die Empfehlung von Vereinten Nationen und Europaparlament umgesetzt haben. Nur Deutschland kommt nicht in die Gänge. Dabei steigt die Zahl der Betroffenen auch hierzulande immer weiter an. Rund 7 Millionen sind erkrankt und von Tag zu Tag kommen etwa 1000 Neuerkrankte hinzu. Rund 2 Millionen Menschen in Deutschland wissen noch nichts von ihrer Erkrankung.

Im Rahmen des Bundestagswahlkampfs 2017 stand die Video-Reihe ›Diabetes-Taxi auf dem Weg zum Nationalen Diabetesplan‹[58] *im Mittelpunkt unserer Kampagnenarbeit.*

2018 haben wir die Video-Reihe ›Diabetes kostet Lebenszeit‹[59] *ins Leben gerufen. In den 16 Videos der Reihe formulieren Betroffene – Prominente und weniger Prominente, Typ 2er und Typ 1er – ihre gesundheitspolitischen Forderungen.«*[60]

Screenshot: www.diabetesde.org/diabetes-kostet-lebenszeit-abschlussvideo

Hier geht es um den Diabetes allgemein, Typ 1 und Typ 2. Aus meiner Sicht ist diese Kampagne vor allem politisch motiviert: *»Eine zentrale Forderung von diabetesDE ist ein Nationaler Diabetesplan, denn dieser sichert nicht nur die bestmögliche Versorgung*

[58] »Politikerinterviews im Diabetes-Taxi«. In: www.diabetesde.org. Abgerufen am 23.04.2022

[59] Abschlussvideo der ersten Staffel hier: »Diabetes kostet Lebenszeit: Abschlussvideo«. In: www.diabetesde.org. Abgerufen am 23.04.2022

[60] »Überblick über die Kampagne«. In: www.diabetesde.org. Abegerufen am 23.04.2022

und Lebensqualität für Betroffene, er systematisiert auch die Früherkennung, verbessert Schulungen und er stärkt die strukturierte Selbsthilfe.«[61]

Mehr zu dieser Kampagne findet ihr auf:
https://www.diabetesde.org/lebenszeit und
https://www.diabetesde.org/kampagne-diabetes-stoppen-handeln.

[61] Unsere Video-Reihe »Diabetes kostet Lebenszeit«. In: www.diabetesde.org. Abgerufen am 23.04.2022

Awareness »A world without 1« (Helmholtz-Zentrum München, 2019, inzwischen beendet)[62]

»Lasst uns über 1 reden – Weißt du genug über Typ-1-Diabetes?

Typ-1-Diabetes ist die häufigste Stoffwechselerkrankung im Kindes- und Jugendalter. Leider wissen immer noch viel zu wenige Menschen von dieser gefährlichen Krankheit, Symptome werden häufig erst spät erkannt und dadurch wird zu spät gehandelt. Das wollen wir unbedingt ändern!

Unser Ziel ist es deshalb, einen Dialog rund um Typ-1-Diabetes zu starten. Denn Typ-1-Diabetes kann jeden treffen.

Unterstützt wird die Kampagne von zahlreichen Expertinnen und Experten aus Wissenschaft, Politik und Gesellschaft, die hier zu Wort kommen.[63] *Doch wer steckt eigentlich hinter den Gesichtern der Kampagne?*

- *Der ehemalige Bachelor-Protagonist Daniel Völz*
- *Der deutsche Hockey-Nationalspieler Timur Oruz*
- *Das Zwillingspaar Lars und Nils, 9 Jahre alt*
- *Die Instagram Influencerin Lyn Künstner.*

Was diese Menschen gemeinsam haben? Allesamt leben selbst mit Typ-1-Diabetes. Lest hier in unserem Blog, was Betroffene und zwei Expertinnen über die Erkrankung zu sagen haben. Schreibt eure Fragen und Gedanken, die ihr mit uns teilen möchtet, in die Kommentare unter den Blogbeiträgen! Oder besucht uns auf Facebook, Instagram oder Twitter. Wir bieten allen Interessierten eine Plattform zum Austausch über Typ-1-Diabetes. Dabei ist es völlig egal, ob ihr selbst an der Erkrankung leidet, jemand in eurer Familie

[62] »Lasst uns über 1 reden«. In: www.aworldwithout1.de. Abgerufen am 23.04.2022

[63] »Das sagen Experten«. In: www.aworldwithout1.de. Abgerufen am 23.04.2022

oder im Freundeskreis erkrankt ist oder ihr bislang gar keine Berührungspunkte mit Typ-1-Diabetes hattet.

In diesem Sinne: ***Lasst uns über 1 reden.***«[64]

[64] »Lasst uns über 1 reden«. In: www.aworldwithout1.de . Abgerufen am 23.04.2022

Hier stand die Awareness für T1D im Vordergrund, eine breit angelegte, bundesweite Kampagne über diverse Kommunikationskanäle, die den Typ-1-Diabetes ins Bewusstsein der Menschen bringen sollte. Dies war die aus meiner Sicht weitläufigste und sichtbarste deutsche Kampagne der letzten Jahre:

»In Kooperation mit dem Out of home-Media-Konzern Ströer haben wir in den Städten Berlin, München, Hannover und Dresden mit vielen Tausend Großflächen-Plakaten maximale Aufmerksamkeit für unser Anliegen erreicht. Dazu kamen noch Digital-Bewegtbild-Banner auf den Infoscreen-Displays der S- und U-Bahnen in allen Großstädten in Deutschland und eine Schaltung von Werbebannern auf t-online.de. So haben wir Millionen von Pendlern, Passanten und Online-Nutzern erreicht. Entsprechend wurden auch die Medien (Spiegel, Süddeutsche Zeitung, Sächsische Zeitung, etc.) auf uns aufmerksam und berichteten intensiv über unsere Projekte und unsere Vision einer Welt ohne 1.«[65] Auch die Integration in den Bereich Social Media fand statt.

Aus meiner Sicht könnte man hier positiv an- und fortsetzen: mehr Kanäle, mehr Städte, mehr digitaler Content, um wahrhaftig viral zu gehen – Stichwort **»Nationaler Diabetesplan in der Werbung und Öffentlichkeitsarbeit«**. Der »Sche1sstyp« wurde dabei durchaus kontrovers diskutiert, entspricht er für Betroffene, die ihn ihr Leben lang bei sich tragen, nicht gerade dem Stereotypen eines lieb zu gewinnenden Kumpels oder gar Bruders. Eher schürt er in der Wahrnehmung einiger Betroffener die Ablehnung gegen den eigenen Diabetes. Und der »Sche1sstyp« bietet leider eine Menge Mobbing-Potenzial, weil ein Mensch mit Diabetes Typ 1 eben dadurch in der Wahrnehmung der breiten Öffentlichkeit selbst

[65] »AWorldwithout1«. In: www.aworldwithout1.de. Abgerufen am 23.04.2022

zum »Scheißtyp« degradiert werden kann. Aus meiner Sicht wäre es wichtig, die kreative Exekution neu zu diskutieren, um einen positiven Impuls zu setzen durch die Wahl eines positiv konnotierten Slogans, der aber nicht an Aufmerksamkeitswirkung einbüßt. Es wäre wünschenswert, wenn hier Ressourcen bundesweit zusammengelegt würden, um die Aufmerksamkeit und Schlagkraft zu maximieren:

Fachkompetente Diabetesorganisationen, kreative Köpfe und Förderer von Diabetesbelangen tut euch zusammen für diese Sache und schreibt Geschichte! Der gute Wille ist da und hervorragende Ideen bezüglich einer fokussierten Kommunikation und schlagkräftigen Exekution werden nicht lange auf sich warten lassen, wenn die gute Sache ruft bei so viel intelligenter Kreativität, die unser Land zu bieten hat. Gerne stehe ich ebenfalls für ein derartiges Projekt zur Verfügung als konzerngeübte, »Von der Pike auf«–Marketinglady mit Diabetes–Typ–1–Background - insightful und passioniert. Mein Traum, wahrhaftig …

Mehr zur Kampagne (und Quelle des auf S. 239 gezeigten Materials): https://www.aworldwithout1.de/fruehjahr-2019 und https://www.aworldwithout1.de/lynkuenstner

Prävention »A World without 1«
(Helmholtz Zentrum München, ongoing, also aktiv)

»›A World without 1‹ forscht in zahlreichen Studien zu Typ-1-Diabetes, um den Ausbruch der Krankheit verhindern zu können.«[66] Hier einige davon:

Freder1k

»Freder1k-Studie«
(Bayern, Niedersachsen, Sachsen und Thüringen, ongoing, also aktiv)[67]**:**
»Ein erhöhtes Typ-1-Diabetesrisiko früh erkennen und vorbeugend handeln«
»Liebe Eltern,
am 2. bis 3. Tag nach der Geburt wird bei Neugeborenen im Rahmen des Neugeborenen-Screenings eine Untersuchung auf angeborene Stoffwechsel- und Hormonerkrankungen durchgeführt. Im Folgenden möchten wir Sie auf eine weitere kostenfreie Untersuchung aufmerksam machen, die das Ziel hat, ein erhöhtes Risiko für die Autoimmunerkrankung Typ-1-Diabetes zu erkennen. Die Untersuchung zur Früherkennung wird im Rahmen der Freder1k-Studie von einem Arzt oder einer Ärztin durchgeführt und kann zusammen mit dem Neugeborenen-Screening oder auch separat in den ersten sieben Tagen nach Geburt stattfinden.«

---

[66] »Eine Welt ohne 1 – dafür kämpfen wir Tag für Tag«. In: www.aworldwithout1.de. Abgerufen am 23.04.2022

[67] »Freder1k-Studie: Ein erhöhtes Typ-1-Diabetesrisiko früh erkennen und vorbeugend handeln«. In: www.gppad.org/de/frueherkennung/. Abgerufen am 23.04.2022

Weitere Informationen gibt es hier:
https://www.gppad.org/de/frueherkennung/
(Quelle des auf S. 242 gezeigten Materials).

»Fr1da« (Bayern, abgeschlossen):
»Vorreiterstudie zur Früherkennung von Typ-1-Diabetes: ›Fr1da‹: *Das im Jahr 2015 vom IDF initiierte Pilotprojekt ›Fr1da‹ war weltweit das erste bevölkerungsweite Screening auf Inselautoimmunität in der Kindheit, die als Frühstadium des Typ-1-Diabetes zu werten ist. An der Studie nahmen von 2015 bis 2019 bayernweit insgesamt 90.632 Kinder teil. Die Ergebnisse deuten darauf hin, dass ein Screening das Fortschreiten von präsymptomatischem Typ-1-Diabetes zur gefährlichen diabetischen Ketoazidose verhindern kann. Die Studie liefert somit die Grundlage, neue Richtlinien für künftige Diagnoseverfahren zu formulieren und eine Empfehlung hinsichtlich einer Aufnahme des Screenings in den Leistungskatalog der Regelversorgung zu diskutieren.«*[68]

Diese Studie ging leider an uns persönlich vorbei. Ich weiß bis heute nicht, warum. 2015 zogen wir mit Nonie von Schleswig-Holstein nach Bayern, sie war zwei Jahre alt. Normalerweise hätte »das System« uns kriegen können, hat es aber nicht, bis uns 2019 die Diagnose den Boden unter den Füßen wegriss. Ich bin mir keiner Flyer oder ärzteseitigen Kommunikation bewusst, keiner Diskussion unter uns Eltern und keinem Artikel, der meine Aufmerksamkeit auf sich gezogen hätte. Dies lässt mich für laufende Studien nochmals die Bitte formulieren, aufmerksamkeitsstark, konsequent und mit Durchschlagskraft auf die Existenz der Studien sowie eine Teilnahmemöglichkeit für alle

[68] »Über uns«. In: www.typ1diabetes-frueherkennung.de. Abgerufen am 23.04.2022

Familien mit Kindern im passenden Alter hinzuweisen.

Typ-1-Diabetes: Früh erkennen - Früh gut behandeln

»Fr1da plus« (Bayern, (ongoing, also aktiv):

»›Typ-1-Diabetes: Früh erkennen - Früh gut behandeln‹

›Fr1da-plus‹: Früherkennung von Typ-1-Diabetes für Kinder in Bayern von 2 bis 10 Jahren

Immer mehr Kinder erkranken an Typ-1-Diabetes. Die ›Fr1da^{plus}‹-Studie ›Typ-1-Diabetes: Früh erkennen – Früh gut behandeln‹ untersucht anhand weniger Blutstropfen, ob bei einem Kind ein frühes Stadium des Typ-1-Diabetes vorliegt. Wenn dies der Fall sein sollte, kann die Erkrankung von Anfang an optimal behandelt werden.

Alle Kinder in Bayern im Alter von 2 bis 10 Jahren können getestet werden. Die Teilnahme an der Typ-1-Diabetes Früherkennung ist freiwillig und kostenlos. Sie setzt die schriftliche Einwilligung der Eltern voraus.

Die Studie wird vom Helmholtz Zentrum München in Kooperation mit dem Berufsverband der Kinder- und Jugendärzte e. V. (Landesverband Bayern) und dem PaedNetz Bayern e. V. durchgeführt.«[69]

[69] »Typ-1-Diabetes: Früh erkennen – Früh gut behandeln«.
In: www.typ1diabetes-frueherkennung.de. Abgerufen am 23.04.2022

Weitere Informationen findet ihr hier:
https://www.typ1diabetes-frueherkennung.de/
(Quelle des auf S. 244 gezeigten Materials)

In Kombination mit der erstgenannten Aufklärungskampagne von AGPD & BVKJ sind die in diesem Kapitel genannten Präventionsmaßnahmen aus meiner Sicht ein großer Schritt in die richtige Richtung, sofern die Ärzt*innen auch mitziehen und sich die Zeit nehmen, proaktiv auf die in der Zielgruppe befindlichen Eltern bezüglich einer Teilnahmemöglichkeit zuzugehen.

»Fr1da im Norden«
(Niedersachsen und Hamburg, ongoing, also aktiv):[70]

Eine Initiative, ehemals als »Fr1dolin-Studie« in Niedersachsen gestartet, die allen Eltern in Niedersachsen und Hamburg anbietet, ihr Kind kostenlos auf Typ-1-Diabetes testen zu lassen:

Eine Kooperation von:
AUF DER BULT – Zentrum für Kinder und Jugendliche
Universitätsklinikum Carl Gustav Carus
Technische Universität Dresden
CRTD – Center for Regenerative Therapies TU Dresden
HelmholtzZentrum münchen – Deutsches Forschungszentrum für Gesundheit und Umwelt
DZD – Deutsches Zentrum für Diabetesforschung
Fr1da – Typ-1-Diabetes früh erkennen – früh gut behandeln

»Die Untersuchung findet im ***Alter von 1,75 Jahren bis zum 10. Geburtstag*** *entweder im Rahmen der jeweiligen Vorsorgeuntersuchung (U7, U7a, U8, U9, U10, U11) oder auch bei jedem anderen Kinderarztbesuch statt. Der Früherkennungstest wird anhand weniger Blutstropfen durchgeführt, die durch einen kleinen Pieks aus dem Finger oder Ohrläppchen gewonnen werden. Die Blut-*

[70] »Fr1da – Typ-1-Diabetes früh erkennen – früh gut behandeln«. In: www.fr1da.de. Abgerufen am 23.04.2022

proben inklusive eines Fragebogens werden zur Bearbeitung an das Diabeteszentrum im Kinder- und Jugendkrankenhaus AUF DER BULT in Hannover geschickt. In einem zweiten Schritt werden die Antikörper gegen Inselzellen der Bauchspeicheldrüse (Inselautoantikörper hinsichtlich Typ-1-Diabetes) mit speziellen, sehr empfindlichen Testmethoden im Institut für Diabetesforschung am Helmholtz Zentrum München untersucht. Zusätzlich bieten wir einen Test auf SARS-CoV-2 Antikörper bei Ihrem Kind mit an. Diese Untersuchung erfolgt aus der gleichen Blutprobe. Die Blutabnahme am Finger stellt für Ihr Kind keinerlei Gefahr oder Risiko dar. Es könnte zu einem kleinen Bluterguss, einer Schwellung oder einer Infektion kommen. Das Risiko für eine Infektion ist aber sehr gering.«[71]

»Erkrankung im frühen Stadium erkennen und behandeln
Typ-1-Diabetes lässt sich im Blut durch sogenannte ›Diabetes-spezifische-Antikörper‹ bereits Jahre vor den ersten Symptomen der Erkrankung sicher und einfach diagnostizieren. Nur ein paar Blutstropfen aus dem Finger reichen aus, um diesen Test durchzuführen. Sollten diese nachgewiesen werden, gibt es Maßnahmen, um die Kinder möglichst früh optimal zu begleiten und zu behandeln, um weitere Spätfolgen zu vermeiden.«[72]

Aus meiner Sicht ist auch »Fr1da im Norden« ebenso wie »Fr1da plus« ein großer Schritt in die richtige Richtung, sofern auch hier Ärzt*innen proaktiv bezüglich einer Teilnahmemöglichkeit aufklären.

Weitere Informationen findet ihr hier:
https://www.fr1da.de/startseite

[71] »Wie kann ich mein Kind testen lassen«. In: www.fr1da.de. Abgerufen am 23.04.2022

[72] »Gute Gründe«. In: www.fr1da.de. Abgerufen am 23.04.2022

Quelle des auf S. 245 gezeigten Materials:
https://www.fr1da.de/fileadmin/content/fridolin/Fr1da/Fr1da_Folder_web_200.pdf

Britische »4T«-Kampagne

Über die sozialen Medien wurde ich auf die britische Kampagne »4T« aufmerksam. Was mir an dieser Kampagne gefällt, ist die sehr fokussierte und einprägsame Visualisierung der vier Hauptsymptome, die immer wieder T1D-Diagnosen einleiten:

- Thirst (Durst)
- Toilet (steht im übertragenen Sinne für Harndrang)
- Tired (Müdigkeit oder besser Erschöpfung)
- Thinner (Gewichtsabnahme).

Diese Symptome wurden auf unterschiedliche Weise in den Medien adressiert und aufmerksamkeitsstark exekutiert, ohne in eine Negativkommunikation zu verfallen. Gerade die »bunte Buchstaben«-Variante ist mir in Erinnerung geblieben. Einige Beispiele für die unterschiedlichen kreativen Gestaltungen und Kampagnenelemente findet ihr auf S. 248–250.

DO YOU KNOW THE 4 Ts OF TYPE 1 DIABETES?
Toilet
Thirsty
Tired
Thinner
RECOGNISING THESE CRITICAL SIGNS COULD SAVE A CHILD FROM SERIOUS ILLNESS.
TO FIND OUT MORE GO TO www.diabetes.org.uk/The4Ts
DIABETES UK
CARE. CONNECT. CAMPAIGN.
SUREWAY

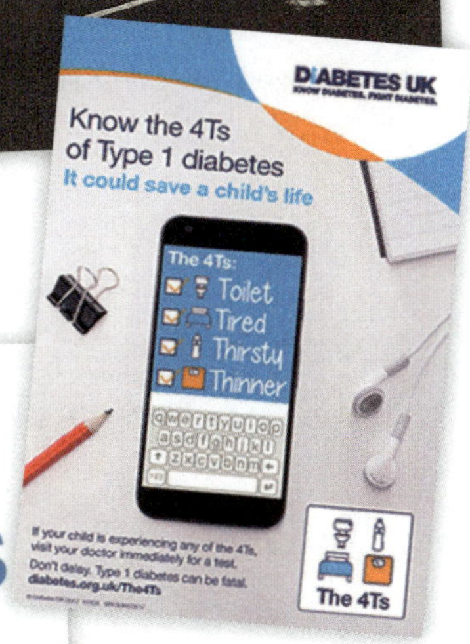
DIABETES UK
Know the 4Ts of Type 1 diabetes
It could save a child's life
The 4Ts:
Toilet
Tired
Thirsty
Thinner
If your child is experiencing any of the 4Ts, visit your doctor immediately for a test.
Don't delay. Type 1 diabetes can be fatal.
diabetes.org.uk/The4Ts
The 4Ts

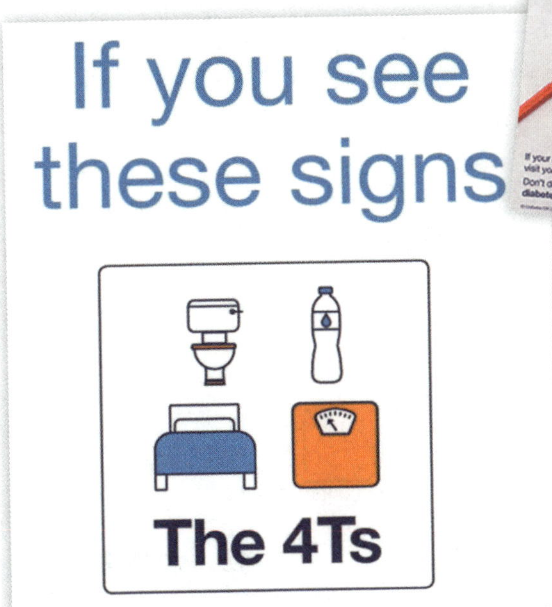
If you see these signs
The 4Ts

4Ts campaign summary

Goal: Raise awareness of the four major symptoms of Type 1 diabetes and so promote earlier diagnosis

What are we doing?

- Distributing materials to public
- Online campaigning
- Writing to press

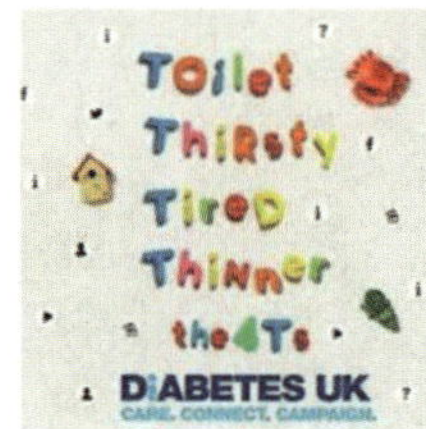

Progress:

- Thousands of posters distributed
- Questions asked in Parliament
- Awareness raised throughout the UK

DIABETES UK
CARE. CONNECT. CAMPAIGN.

Type 1 diabetes in children and young people: Diabetes UK's two campaigns

The 4Ts

The campaign to raise awareness of the four main symptoms of Type 1 diabetes

TYPE 1 DIABETES: Make the grade

Type 1 Diabetes: Make the grade

The campaign for quality diabetes care in every school

DIABETES UK
CARE. CONNECT. CAMPAIGN.

Mehr über die Kampagne könnt ihr hier erfahren: https://www.diabetes.org.uk/ (Quellen des auf S. 248–251 gezeigten Materials[73])

Zu einem YouTube-Video im Rahmen der Kampagne geht es hier: Diabetes UK, »Signs of Type 1 diabetes | The 4Ts | Diabetes UK«, 11.07.2017, [Youtube] https://youtu.be/lFGmYQ6pvLw.

www.diabetes.org.uk weist inzwischen auf eine weitere Kampagne hin, die nicht nur auf Typ 1, sondern auch auf Typ-2-Diabetes-Symptome aufmerksam macht:[74]

(Diabetes UK, »Diabetes symptoms | Signs of all types of diabetes | Diabetes UK«, 19.01.2021, [Youtube] https://www.youtube.com/watch?v=bIhy-Rb2xp4&t=3s)

---

[73] »Ymgyrch Plant«. In: https://www.diabetes.org.uk. Abgerufen am 23.04.2022
»Type 1 diabetes: Make the grade«. In: https://slideplayer.com/slide/12766076/. Abgerufen am 23.04.2022
»The 4Ts Our 4Ts to help young people living with Type 1 diabetes.«. In: https://slideplayer.com/slide/12766075/. Abgerufen am 23.04.2022
»The 4 Ts Campaign«. In: https://www.weareneo.com/. Abgerufen am 23.04.2022
»Signs of Type 1 diabetes | The 4Ts | Diabetes UK«, 11.07.2017, [Youtube], https://youtu.be/lFGmYQ6pvLw

[74] »What are the signs and symptoms of diabetes?«. In: www.diabetes.org.uk. Abgerufen am 23.04.2022

16

Der ultimative Einsteiger Test

– für alle, die sich trauen –

Zum Abschluss dieser Einführung in die T1D-Welt habt ihr nun die Möglichkeit, selbst einmal zu überlegen, wie ihr in den folgenden Fällen handeln würdet. Diese fünf Herausforderungen stellten sich mir ganz in echt im Januar 2022, und zwar alle innerhalb von einer Woche und zum Teil mit Überschneidung. Was hättet ihr gemacht? Ich löse im Anschluss auf, wie ich vorgegangen bin. Ich möchte mein Vorgehen weder richtig noch falsch nennen, ich schildere lediglich meinen Lösungsweg. Im Zweifelsfall holt euch bitte medizinischen Rat, vor allem im Fall 1 (starker Magen-Darm-Infekt):

1. Starker Magen-Darm-Infekt: 10 Stunden lang akut von 10 Uhr bis 20 Uhr. Was hättet ihr gemacht beim ersten Übergeben gekoppelt mit Durchfall? Die Werte waren anfangs noch im guten Normalbereich.
2. Urlaub in den Bergen plus Skilaufen: In welche Richtung büxen die Werte wohl erwartungsgemäß aus und wie würdet ihr sie daraufhin anpassen nach Lektüre dieses Buches?
3. Wachstumsschub: Wie wirkt sich das auf die Werte aus und wie steuert ihr gegen?
4. Zurück in die Schule nach den Ferien: Was gibt es da zu beachten und wie geht ihr vor?
5. In der Schule gibt es einen neuen Schulsport: Eislaufen, jeden Mittwoch erste bis dritte Stunde. Wie stellt ihr die Werte dafür ein?

Bitte versucht einmal, euch in diese Situationen hineinzuversetzen, bevor ihr auf die nächste Seite schaut.

Zu 1.: Magen-Darm-Infekt

Es war der erste seit der Diagnose. Entsprechend unsicher war ich. Tendenziell hatte ich gelernt, dass der Körper eher mit zu hohen Werten reagiert bei Krankheiten, und zwar schon vor Ausbruch. Die Nacht zuvor war allerdings ruhig gewesen, keine Anzeichen von Unregelmäßigkeiten. Beim ersten Schub der Krankheit (Durchfall und Erbrechen) am Morgen wartete ich also ab, was bezüglich der Blutzuckerwerte passieren würde. Sie hatte zum Glück noch nichts gegessen an dem Morgen und sich folglich nüchtern übergeben. Es bestand demnach kein Risiko, dass sie »bereits gespritztes« Essen wieder ausspuckte, was zielsicher zu einem Unterzucker geführt hätte. Ich beobachtete die Werte sehr genau und stellte fest, dass sie nach unten gingen. Also stellte ich eine temporäre Basalrate (TBR) von 30% ein, einfach ins Blaue hinein. Ich dachte mir: Wenn einem schlecht ist, ist es einfacher, Insulin gegenzuspritzen als etwas zu Essen ins Kind hineinzubekommen. Lieber also zu wenig Insulin als zu viel. Nonie installierte sich im Bad. Schübe zwei bis vier folgten, auf der Toilette mit Eimer auf den Knien, denn der Schließmuskel war unkontrollierbar, wie wir beim ersten Schub leidlich festgestellt hatten. Glücklicherweise ging die 30%-Rechnung auf. Sie stabilisierte sich niedrig bei ca. 75 (4,2) mit dieser Rate.

Und nun? Was tun gegen das kontinuierliche Übergeben, den Brechreiz und den Durchfall? Mit Sorge hatte ich auch die sich anbahnende Dehydrierung im Hinterkopf. Mein Mann kümmerte sich um die Kleine, und ich wälzte die Diabetesratgeber, die ich im Haus hatte. Sie empfahlen u. a. ebenfalls, das basale Insulin zu reduzieren bzw. im Zweifel zu stoppen und, falls etwas gegessen würde, die kohlenhydrathaltigen Nahrungsmittel auf keinen Fall zu spritzen, sondern erst abzuwarten, ob man es bei sich halten konnte.

Was aber, wenn der Wert weiter sinken würde in den Unterzucker hinein in dem Wissen, dass sie kein Essen, also auch keine schnelle KEs bei sich behielt? Sowohl die Diabetes-Community, an die ich mich wandte, als auch meine Ratgeber empfahlen mir u. a. normale Cola ohne Kohlensäure in winzigen Mini-Schlucken gegen den Brechreiz und zur Stabilisierung des Blutzuckers, der trotz der 30% TBR mit 75 (4,2) sehr niedrig war. Ich stoppte die Pumpe gänzlich. Nach dem vierten Schub wagten wir es: Die Cola blieb drin, halleluja! Gegen den Durchfall bekam Nonie direkt nach dem zweiten Schub eine Lingualtablette, die durch das schnelle Schmelzen gar nicht erst groß in ihren Magen kam, um sicherzustellen, dass das Medikament möglichst lange im Körper blieb vor dem vermeintlichen dritten Schub, damit die Wirkung einsetzen konnte. Es funktionierte zeitverzögert, ein Traum. Drei Kreuze.

Langsam gaben wir ihr auch Wasser zu trinken gegen die Dehydrierung. Essen wollte sie nicht, aber die Cola tat ihr gut. Die Cola ließ den Wert steigen. Ich stellte die Pumpe wieder an, auf 50%, für die Nacht. Wir hatten die akute Phase gemeistert. Jetzt ging es aufwärts. Der erste Zwieback blieb drin. Yeah!

Zu 2.: Urlaub in den Bergen und Skilaufen

Die Berge hatte ich als blutzuckersenkenden Faktor so gar nicht auf dem Zettel. Zudem fuhren wir nicht einmal 24 Stunden nach dem Magen-Darm-Infekt los, ich schob die niedrigen Werte auf eine noch krankheitsbedingte Ursache und machte mich erst vor Ort schlau, als die Werte nachhaltig niedrig blieben und es mir dadurch langsam dämmerte. Meine Empfehlung an euch: Zunächst abwarten, was in den Bergen passiert, und genau beobachten, weitere Einflussfaktoren möglichst ausschließen. Sinken die Werte, kann dies ein Anzeichen dafür sein, dass der Körper mit der Höhe »kämpft«

wegen des geringeren Sauerstoffs in der Luft, und zwar egal, ob drinnen oder draußen. Er strengt sich mehr an, um die Sauerstoffversorgung sicherzustellen. In dem Fall könnt ihr eine TBR setzen bzw. das Langzeitinsulin reduzieren, lieber etwas zu niedrig beginnen als zu hoch, denn gegenspritzen ist leichter als Unterzucker bekämpfen. Ich setzte auf Basis unserer individuellen Diabeteserfahrungen, nachdem ich verstanden hatte, dass es sich hier um einen Höheneffekt handelte, eine TBR von 50% und spritzte auch zum Essen weniger Insulin, allerdings intuitiv hier nur 20% weniger. Sie blieb recht niedrig, aber im grünen Bereich. Ich hätte das Insulin zum Essen also durchaus noch weiter reduzieren können. Mit 50% Basalrate und 30% weniger Insulin zum Essen fuhr ich fort für den Rest des Urlaubs.

Und nun zum Skilaufen: Ich hatte mit 50% TBR, gesetzt eine Stunde vor Start des Skikurses, gestartet. 30% wären besser gewesen. Der zweite Tag lief gut mit 30% TBR. Achtung: TBR eine Stunde vor Ende der Aktivität stoppen, weil sie noch eine Stunde nachläuft. Wie niedrig man die TBR ansetzt, ist sicherlich davon abhängig, als wie anstrengend der Körper die Aktivität empfindet. Hinzu kommen die Höhe und auch die Kälte. Die Kälte ist nicht zu unterschätzen, denn der Körper braucht mehr Energie, um sich warm zu halten. Für Nonie war es eine Aktivität, die sie seit drei Jahren nicht mehr ausgeübt hatte. Viele Muskeln wurden neu angesprochen. Ihr Körper empfand diese Aktivität also tendenziell als sehr anstrengend. Viele Fettreserven hat sie auch nicht als Wärmepuffer. Zur Mahlzeit vor dem Skikurs gab es Schokolade und einmal alternativ Laugenbrezel. Warum? Der zu erwartende FPE-Effekt diente als zusätzlicher Puffer für Energie während der Aktivität. Auch diese Rechnung ging auf.

Achtung Muskelauffülleffekt: Auch dieser stellte sich bilderbuchmäßig ein. Sechs Stunden nach Start des Skikurses sank plötzlich der Blutzucker unplanmäßig. Ich setzte eine TBR von 50% für zwei Stunden. Das passte gut in dem Wissen, dass die TBR noch eine Stunde lang nachwirkte. Ich brauchte nicht zu verlängern, behielt die Entwicklung aber genau im Blick, sodass ich für eine Verlängerung gewappnet gewesen wäre.

Zu 3.: Wachstumsschub

Diese kündigen sich bei Nonie oft mit spezifischen körperlichen Schmerzen an. Ich habe gelernt, sie ernst zu nehmen und nicht als kleine Wehwehchen unbeachtet zu lassen. Sie gehen einher mit einem durchgehenden Anstieg der Werte. Ich setze also entsprechend Schritt für Schritt in den betroffenen Zeitslots die Basalrate der Pumpe hoch, meist je um 0,1 U. Zudem passt plötzlich der KE-Faktor durchgehend nicht mehr. Also setze ich ihn ebenfalls um 0,1 Einheiten hoch für die Hauptmahlzeiten. Dann geht in der Regel alles zwei bis drei Tage gut, bis sie urplötzlich unterzuckeranfällig wird. Zu dem Zeitpunkt sind in der Regel auch die Schmerzen wieder weg als weiteres Anzeichen, dass der Schub vorüber ist. Das ist mein Einsatz: Die Erhöhungen werden zurückgenommen, und zwar für die Basalraten und den KE-Faktor. So ganz geht die Rechnung natürlich nicht mehr auf, und ich schraube dann in der Regel noch zwei bis drei Tage hin und her an einzelnen Zeitslots der Basalrate, bis die Werte wieder passen, aber tendenziell stimmt die Rechnung von der Richtung her. Dafür ist es wichtig, die Basalraten von vor dem Wachstumsschub aufzuheben, oft eine gute Referenz, zumindest bei uns.

Zu 4.: Anpassungen nach den Ferien

Da ich mit zwei Basalraten arbeite und wir in den Ferien doch bis auf Tagesaktivitäten in letzter Zeit eher gemütlich unterwegs sind, gerade jetzt in der Pandemiezeit, lautet die Herausforderung, die Alltagsrate zu

Beginn der Schulzeit wieder auf Trab zu bringen. Egal, welche Rate aktiv ist, ich passe, wenn ich Änderungen vornehme, immer beide Raten im gleichen Verhältnis an. Dadurch stimmt die Tendenz schon einmal. Dennoch ist die erste Woche nach den Ferien erfahrungsgemäß mit vielen Interaktionen in der Schule verbunden, weil das Finetuning eben noch nicht passt. Ich versuche, Nonie in diesen Tagen gut spritzbares Essen ohne versteckte Kohlenhydrate und weitere Effekte zu geben und auch sonst möglichst weitere Einflussfaktoren zu eliminieren, soweit möglich. Je besser ich das hinbekomme, umso schneller passt der basale Schuh wieder. Ob nach oben oder nach unten, variiert von Stunde zu Stunde.

Ich habe mir angewöhnt, potenziellen Änderungsbedarf direkt zu notieren in dem Moment, wo ich die Unregelmäßigkeiten erstmals beobachte. Danach komme ich häufig dann doch wieder darüber hinweg, und es fällt mir schwer, mir den Vorfall nochmals ins Bewusstsein zu rufen und im Trubel des Alltags analytisch korrekt auszuwerten. Meist mache ich mir an Tag 1 einen kleinen Pfeil nach oben oder unten auf meinem physischen Basalratenprotokollzettel für die entsprechende Stunde und, sofern sich an Tag 2 und 3 nochmals die gleiche Tendenz zeigt, ändere ich den Wert. Kann ich einmal nicht direkt agieren, wenn ich eine Unstimmigkeit bemerke, mache ich mir einen Screenshot als Reminder, dass es Anpassungsbedarf zu der jeweiligen Stunde, wo der Screenshot gemacht wurde, gibt. Alternativ schreibe ich eine kurze, digitale Notiz, mit der ich meinem Gedächtnis später auf den Sprung helfen kann.

Zu 5.: Schulsport Eislaufen

Es ist generell eine knifflige Angelegenheit, wenn man nicht selbst vor Ort ist bei neuen Aktivitäten in Bezug auf die Diabeteseinstellung. Da es sich beim Eislaufen um eine ganz neue Sportart im Schulsport handelt, gehe ich davon aus, dass der Körper sich mehr anstrengt als gewöhnlich, ich also die Basalrate für die Dauer des Unterrichts reduzieren sollte. Ich versuche zunächst eine eher großzügige Anpassung nach unten, damit der Unterzucker möglichst sicher vermieden wird, notiere mir, wie ich justiert habe und, wie beim Ausprobieren eines neuen Rezeptes, optimiere ich dann nach dem ersten Mal die Einstellungen, bis es passt. Zudem stelle ich sicher, dass Nonie ihr Handy griffbereit hat und es laut genug eingestellt ist, damit ich sie auch erreichen kann, falls es Probleme gibt. Auch die Lehrkraft ist erreichbar. Nonie hat in solchen Fällen zusätzlichen Zucker in ihrer Jackentasche.

Wichtig ist zudem, im Vorfeld den Ablauf ganz genau mit der Lehrkraft zu klären: Wann verlassen sie die Klasse, was tragen sie dabei selbst, wie lange laufen sie, wann ist die Brotzeit geplant, wann gehen sie zurück, wann ist die Aktivität vorüber. Dieser Zeitplan ermöglicht es, von zu Hause aus sehr präzise einzuschätzen, was gerade passiert, um effektiv ins Geschehen eingreifen zu können, falls dies aufgrund von Werteschwankungen notwendig wird.

Fürs Eislaufen, erste bis dritte Stunde, hat sich bei uns Folgendes bewährt: Sie hat für alle Fälle die Pumpenfernbedienung griffbereit in ihrem Eislaufrucksack plus Zucker in der Jackentasche. Sie nimmt Tee mit Honig mit, um einen zusätzlichen Puffer zu haben und den Körper warm zu halten, denn Kälte kostet den Körper auch mehr Energie, weshalb die Werte tendenziell auch deshalb niedriger sein können. Ich stelle ihr um 7.15 Uhr eine TBR von 60% ein für 1 ¾ Stunden. Die TBR läuft also bis 9 Uhr und dann bis 10 Uhr nach. Die Kinder gehen zu Fuß und tragen ihre Eislaufsachen selbst, also auch hier erhöhte Aktivität, was unserer Sache in dem Fall dienlich ist und mit derselben TBR wie das Eislaufen bedient werden kann. Glück gehabt, sonst wäre es kompliziert geworden. Auch dass das Eislaufen direkt ab der ersten Stunde stattfindet, spielt uns in die Karten, denn dadurch kann ich die TBR schon zu Hause aktivieren. Sie wirkt ja erst eine Stunde nach ihrer Aktivierung. Wie ich lernte, sind die Kinder schon um 10 Uhr zurück in der Schule, obwohl immer von der ersten bis einschließlich dritten Stunde die Rede war, was 10.30 Uhr als Endpunkt bedeutet hätte, aber die Brotzeit in der Schule wird hier mit eingerechnet. Diese ist allerdings nicht mehr entscheidend für die TBR. Es ist also wirklich wichtig, den Ablauf genau zu klären, da jede Mutmaßung ein Fehlmanagement des Diabetes zur Folge haben kann.

Genauso wichtig ist es, die Lehrkraft darauf hinzuweisen, Bescheid zu geben, falls eine Änderung des Tagesplans ansteht. Nur dann ist sichergestellt, dass die Entwicklung der Werte weiterhin aussagekräftig analysiert werden kann, um evidenzbasiert Optimierungen vornehmen zu können.

17

Let's rock the world together!

»Rock around the Clock« – nun wisst ihr, wovon ich spreche.

Jetzt gerade, wo ich diese Zeilen erstmals verfasse, Ende Januar 2022, ist es 3 Uhr morgens und meine kleine Knutschkugel schläft seit Stunden friedlich und verdient nach all den Abenteuern, die dieser Tag zu bieten hatte, während ich mir eine Runde nach der anderen mit unserem Familienzuwachs T1D liefere, parallel zum Verfassen dieser Zeilen. Seit 17 Uhr gehen leider alle Runden an ihn. Er lässt mir heute einfach keine Chance. Dafür gehe ich den ganzen Tag bereits im Schreiben dieses Buches auf, die letzten beiden Kapitel, das fühlt sich besonders an für mich. »Und ich möchte mich möglichst wenig ablenken lassen, von niemandem, hörst Du, lieber Diabetes? Nicht immer spielst Du die erste Geige, auch wenn Dir das nicht passt!«

Multitasking im Diabetesmanagement bzw. das zeitweilige Loslassen meines eigenen Perfektionsanspruchs an das Diabetesmanagement meiner Tochter ist auch für mich trotz aller wachsenden Erfahrung immer noch eine Herausforderung. Den Kopf woanders als bei ihm zu haben, mag auch unser Diabetes nach wie vor und trotz aller liebevollen Behandlung in der Regel gar nicht. Und wenn er sich in Zeiten, wo mein Fokus einmal nicht auf ihm liegt, nicht beleidigt meldet, verpennt er es bestimmt lediglich, das Schlitzohr. So fühlt es sich zumindest dann an: »Glück gehabt, er hat es nicht bemerkt.« Vielleicht wird er ja entgegen des Instagram-Hashtags #diabetesneversleeps doch in solchen Momenten auch einmal müde.

Aber es ist eben unglaublich wichtig, dass man als Mensch mit Diabetes oder Betreuungsperson Prioritäten bewusst auch woanders als beim Diabetes setzen darf, fünfe gerade sein lassen darf. Sandra Neumann, Mutter von zwei Kindern mit Diabetes Typ 1 (Diagnose 2008 und 2017), mit denen sie das Cover des Diabetesratgebers »In guten wie in schlechten Werten« von Antje Thiel, erschienen im Kirchheim Verlag, schmückt,[75] Inhaberin der Berliner Familien-Diabetescoaching-Praxis *Zucker im Kopf*[76] und Gründerin der *Diafüchse*[77], einer Berliner Selbsthilfegruppe für Familien mit Diabetes Typ 1, schreibt in einem ihrer Instagram-Beiträge und bringt auch mich damit zum Nachdenken: »*Auf der anderen Seite nehme ich immer öfter wahr, wie sehr der Druck auf Betroffene und Eltern gestiegen ist, stets und ständig ein perfektes Diabetesmanagement in den Griff bekommen zu wollen. Wo beim Blutzuckermessen das Nichtwissen über aktuelle Werte über zwei Stunden und mehr die Norm war, können viele Betroffene und Eltern Phasen ohne Sensorwerte heute kaum noch aushalten, von Entspanntheit ganz*

[75] Antje Thiel: »In guten wie in schlechten Werten«. In: www.kirchheim-shop.de. Abgerufen am 23.04.2022

[76] Sandra Neumann: »Coaching für Eltern, Kinder und Jugendliche«. In: www.praxis-zucker-im-kopf.de. Abgerufen am 23.04.2022

[77] »Diabetes gemeinsam schlau meistern«. In: www.diafuechse.de. Abgerufen am 23.04.2022

zu schweigen. Das macht etwas mit einem selbst, mit dem Umfeld, mit einem natürlichen Verhältnis zum Diabetes, mit der zwischenmenschlichen Beziehung zwischen Eltern und Kind (ständige Kontrolle versus Selbstständigkeit). Es ist eine Gratwanderung zwischen körperlichen und psychischen Erfordernissen.

Bei Kindern mit Diabetes kann dies spätestens in der Pubertät zu großen inneren und äußeren Konflikten führen, vor allem mit den Eltern, wenn diese das Loslassen ihres Kindes und damit auch von Blutzuckerwerten nicht rechtzeitig erkennen und zulassen.

Bei Betroffenen und Eltern besteht die Gefahr von überhandnehmenden Schuldgefühlen und Erschöpfungszuständen bis hin zum Diabetes-Burnout. Mir ist bewusst, dass dahinter eine große Sorge und Angst vor dem steckt, was die Zukunft bringen mag. Nur Leben mit Diabetes ist auch Leben - im Hier und Jetzt. Das gilt für alle Beteiligten und sollte nicht aus dem Blick verloren werden.

Manchmal schleichen sich solche Dinge auch einfach ein - der Blick auf die Follower App erfolgt immer öfter, Sensorausfälle verunsichern und werden schon nach ein paar Minuten mit Panik betrachtet, die Alarmgrenzen werden immer enger gezogen, um noch bessere und perfektere Werte erreichen zu können …

Wenn ich all das beobachtend (nicht entwertend, sondern mit großem Verständnis für die komplexen Umstände) wahrnehme, bleibt für mich am Ende des Tages die Frage (die ich mir auch regelmäßig selbst stelle): Ist der Diabetes noch Teil meines Lebens - oder bestimmt er dieses schon? Woran erkennt Ihr, ob Ihr (noch) im Gleichgewicht seid?«[78]

[78] Sandra Neumann @zucker.im.kopf: »Ist der Diabetes noch Teil meines Lebens – oder bestimmt er es schon?«. In: www.instagram.com. Abgerufen am 23.04.2022

Hier unsere aktuelle Kurve von genau jetzt …

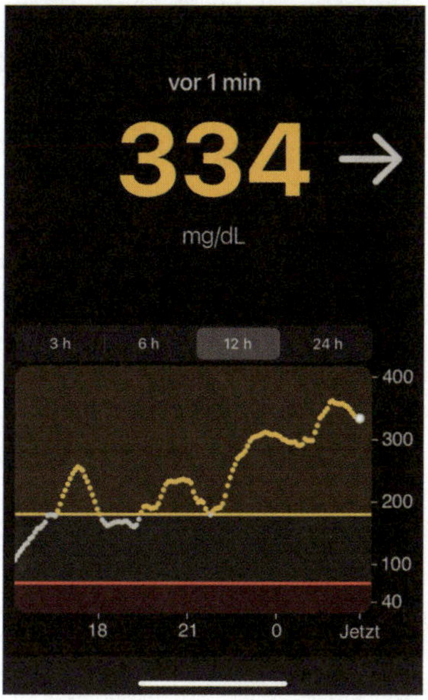

Was ist passiert? Ich habe verpennt, dass es heute Mittag um 13.45 Uhr Pizza in der Schule gab. Zielsicher schlug also gegen 17 Uhr der FPE-Effekt ein, und ich habe es nicht gecheckt, weil ich abgelenkt, dabei konzentriert und sehr happy war. Und dann habe ich wohl das warme Abendessen, selbst gekocht, aber mit viel Sauce, vollkommen unterschätzt, weil ich mit meinen Gedanken schon wieder hier im Buch war. Entgegen all meiner Empfehlungen an euch, nahm ich mir nicht kurz Zeit für eine Reflexion und Analyse der Werte. Das ist mir heute durchgerutscht und vor ca. einer Stunde erst eingefallen. Aber sei's drum, ich war glücklich, habe meine Batterien aufladen können und gelebt. Nun bade ich das Ganze halt aus, aber mit einer gewissen Gelassenheit, habe noch schnell zumindest eine Stunde TBR gesetzt und massiv gegenkorrigiert, bereits zweimal blutig gemessen, **#shithappens**, auch mir. Dafür geht's mir gerade ausgezeichnet.

Die meisten Diabeteseltern hatten auch vor der Diabetesdiagnose schon einen Alltag, der sie wenig gelangweilt hat, vielleicht war er gar proppenvoll. Dieser Alltag hat ihre ganze Aufmerksamkeit bekommen. Der Diabetes setzt sich nun einfach frech on top. Da fehlt einem einmal der Kopf, da möchte man mal Alarme eine Zeit lang ignorieren dürfen, da schaltet man sein Handy mal mit einem Schmunzeln auf stumm, denn wir sind Menschen, die sich kümmern, und jede*r von uns ist ein ganz einzigartiges Exemplar, das sich niemals selbst vergessen sollte. Sandra und ich ermuntern euch dazu, euren Schieberegler bewusst zu setzen in die eine oder andere Richtung, um das Beste für euch rauszuholen aus dem Hier und Jetzt. Lebt *euer* Leben mit eurem Diabetes und nicht das eures Diabetes!

Unser persönlicher Familienalltag wird im Schnitt zu einem Sechstel bis einem Viertel von diesem launischen, schwer erziehbaren und oftmals dreisten Familienmitglied bestimmt, das haben mein Mann und ich eben hochgerechnet. Es stand urplötzlich einfach so vor der Tür, ging nicht mehr weg und ruft uns täglich dazu auf, es zu umarmen und endlich lieb zu gewinnen, damit wir selbst wieder die Chance erhalten, Frieden im Leben zu finden. Manche stehen ganz am Anfang dieses Prozesses, manche hadern noch dann und wann, andere T1D-Familien haben es geschafft und können wieder nach vorne schauen. Es lohnt sich, nicht aufzugeben, den Mut nicht zu verlieren, denn es warten so viele einzigartige und wundervolle Abenteuer auf uns, lasst sie uns ergreifen, gemeinsam, in dem Wissen, dass es eine starke Gemeinschaft – in Nicolas Worten ein ganzes Dorf – um uns herum geben kann, sofern wir uns öffnen und uns helfen lassen von allen, die sich mit uns gerne auf dieses Abenteuer einlassen möchten.

Zum Glück habe ich heute Nacht noch Benzin im Tank und nutze die Zeit konstruktiv, um hier nun nach sechs Monaten diese letzten Zeilen zu verfassen, während meine kleine Diabeteskriegerin friedlich schlummert und sich vielleicht gerade in ein Land träumt, in dem sie ihre körperlichen Einschränkungen für eine Nacht lang vergessen kann, wo keine Nadel sie zu Tapferkeit aufruft und sie beherzt in ihren Schokoriegel beißen darf, ohne zu fragen, ohne um Erlaubnis zu bitten, wo sie einfach nur unbeschwert Kind sein darf. Unsere kleinen und großen Held*innen kriegt so schnell keiner unter, und das Leben schon gar nicht. Vor allem dann nicht, wenn wir ihnen zuversichtlich zur Seite stehen und uns selbst dabei nicht vergessen.

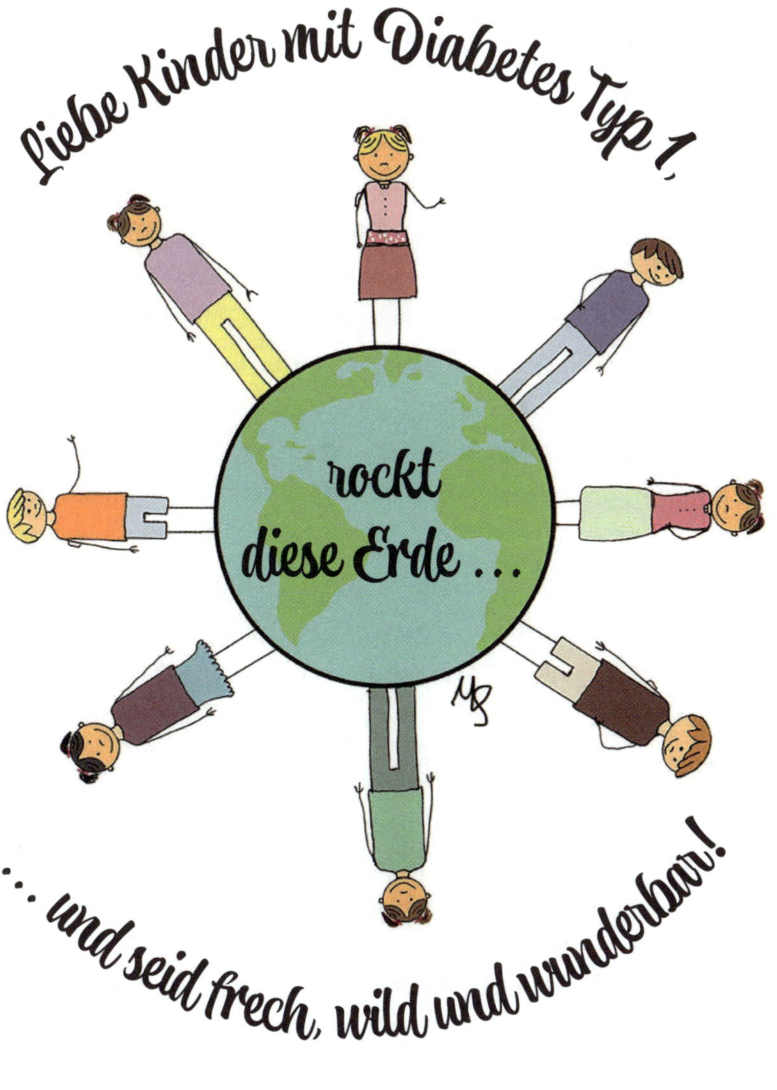

Danksagung

And the Oscar goes to …

Ich wollte schon immer einmal eine Oscarrede halten!

Zunächst möchte ich Dir, liebe **Nicola**, danken, dass Du mir den finalen Anstups gegeben hast, mit dem Schreiben dieses Buches nun endlich einmal loszulegen, nachdem ich die Idee schon so lange im Kopf gequirlt hatte. Danke für unsere Zusammenarbeit in dieser Sache, Dein Engagement, Deine wertvolle Expertise und Deine Zeit trotz des brechend vollen Terminkalenders, an dem ich zugegebenerweise nicht ganz unschuldig bin. Danke für Deine positive Art und die wunderbaren Impulse, die Du mit Deiner Familie in unser Familienleben bringst durch Deine »artgerecht«-Arbeit:
https://www.artgerecht-projekt.de/

Auch meiner **Familie** möchte ich danken als unschlagbares Team im Alltag, danke für Eure Unterstützung:

Ein besonderer Dank gilt **Maia-Zoé** für die gelungenen Illustrationen und Deine Offenheit während unserer »Schattenkindergespräche«.

Nonie danke ich dafür, dass ich mir keine bessere Dia-Partnerin in crime vorstellen könnte.

Danke auch an **Marie-Delphine**, dass Du mich mit Deinen #goodvibes quer über den großen Teich immer wieder aufgemuntert hast während des Schreibens,

und **Finn** fürs Kümmern, wenn wir Dich brauchten, und dann mit ganz viel Herz.

Wenn **Omi & Opi** da sind, fühlen sich unsere Mädels besonders wohl, und ich kann einmal mehr abschalten oder für die Arbeit durchstarten, wofür ich ebenfalls danke sage!

Ein Riesendankeschön geht last but sûrement not least an Dich, mein lieber **Timm**, dafür, dass Du mich immer wieder aufpäppelst, wenn ich mich einer Herausforderung nicht gleich gewachsen fühle. Danke für Deine Liebe und dass ich in Deinen Armen zu Hause bin, egal, wo wir uns auf diesem Erdenrund gerade befinden!

Danke, liebe **Erna**, dass Du für Nonie so eine herzensgute Ersatzomi bist, ob Zirkus oder Homeschooling, bei Dir ist sie glücklich.

Ein herzliches Dankeschön geht im Weiteren an meine lieben Freundinnen und Wegbegleiterinnen, mit denen ich Ideen zu diesem Buch austauschen konnte: **Meike Koller-Schmitz, Silja Moughal und Miriam Härlein**. Danke, dass Ihr im Vorfeld auch geprüft habt, ob ich mich nicht doch in unverständlichem Fach-»diabetisch« verliere. Und, liebe Miriam, ich danke Dir besonders für Deine ärztliche Fachexpertise und Deine Gründlichkeit bei der Durchsicht des Manuskripts. Deine konstruktiven Anmerkungen haben mir sehr geholfen (https://drmiriamhaerlein.com/).

Liebe **Vanessa**, danke, dass Du mich auf Deine einzigartige Weise in das Thema Yoga eingeführt hast, und zwar ganz von Anfang an – ich hatte ja überhaupt keine Ahnung – und in kurzer Zeit »krähen- und kopfstandtauglich« gemacht hast (https://www.vazayoga.com/, https://skilltakes.com/catalog).

Auch bei meinem Mama-Netzwerk rund um unsere Nonie möchte ich mich bedanken. Im Besonderen möchte ich hier **Alinas, Lianas**

und Liesls Familien nennen, die ein starkes Rückgrat für uns sind. Liebe **Linping, Patrizia und Inken**, danke für Eure Unterstützung und Hilfe im Alltag.

Ein herzliches Dankeschön geht zudem an die **Lehrerschaft der Grundschule Planegg** inkl. ihrem unglaublich kompetenten, engagierten und mit dem Herz am rechten Fleck versehenen Oberhäuptling **Sebastian Körber**. Danke, dass wir gemeinsam von Anfang an einen exzellenten Weg für Nonie gefunden haben und wir Ihre offenen Arme und die Ihres Teams stets spüren durften. Einen besonderen Dank möchte ich in diesem Zuge **Frau Selinger** und **Frau Berghofer** als Klassenchefinnen aussprechen. Ohne Ihre tägliche Unterstützung und Ihre Flexibilität sowie Ihr Verständnis wären Nonie und ich verloren gewesen.

Auch vor **Frau Prenzlow** und **Frau Stermann** aus der Mittagsbetreuung neige ich mein Haupt: Danke, dass Sie Nonies Betreuung über Mittag erst ermöglicht haben, dass Sie sich einfach getraut haben und bei Ihnen beiden nicht die Angst gesiegt hat. Danke, **Gabi,** für Deine wertvolle Expertise und weitreichende Hilfestellung.

Liebe **Rose**, liebe **Nathalie**, es ist toll, wie Ihr das **Ballettstudio Sinzinger** betreut und Euch so herzlich um jedes einzelne Mädchen kümmert. Danke für die Diabetes-Vorlesestunden, Euer Interesse und Eure Unterstützung in so vielem (https://www.ballett-sinzinger.de/).

Liebes **Schwimmteam vom TSV Gräfelfing**, danke für Eure Kooperation und Euer Verständnis in Sachen Diabetes. Nonie schwimmt so gerne bei Euch (https://www.tsv-graefelfing.de/abteilungen/schwimmen/).

Und auch bei unserem Diabetesteam rund um **Frau Dr. Schmidt am Klinikum Dritter Orden München** sowie beim **AKH Celle-Kinderklinik** und **Ewald Hüls**, unserem Helden von Eschede, möchte ich mich bedanken.

Frau Dr. Rausch ist uns als betreuende Erstärztin im Münchner Team besonders ans Herz gewachsen, bevor sie sich ihrer eigenen Familienplanung zugewandt hat. Frau Dr. Rausch, Ihr Esprit in Sachen Typ-1-Diabetes ist etwas ganz Besonderes. Danke, dass Sie uns damit »erstausgestattet« haben. Dadurch haben wir gleich die richtige Kurve bekommen in Sachen Einstellung zu T1D.

Liebe **Frau Dr. Trammer**, danke, dass Sie sich als Kinderärztin mit Kompetenz und Herz seit geraumer Zeit um die Belange unserer Familie kümmern.

Und auch Dir, lieber **Hans Peter Bronner**, ein herzliches Dankeschön, dass Du unsere Familie osteopathisch begleitest, oft auch spontan und akut, danke für Deine Flexibilität, die Hingabe für Deine Sache und für Deine magischen Hände (https://osteopathie-bronner.de/).

Ohne unseren Pflegeberater **Markus Oppel** (https://pflegeberatung-oppel.de/) wäre ich in vielen Belangen im wahrsten Sinne des Wortes aufgeschmissen. Vielen Dank für Ihr kontinuierliches Engagement und Ihren unermüdlichen Einsatz für die Pflegebelange in unserer Gesellschaft. Danke, dass Sie für uns diesen Dschungel so gewissenhaft, aber stets beherzt und mit all Ihrem Enthusiasmus für die Sache durchforsten.

Auch **Sandra Neumann** (Lektorat, https://www.praxis-zucker-im-kopf.de/) und **Anne Adam** (Covergestaltung, http://www.madame-design.com/) gilt ein besonderer Dank. Ebenfalls mit T1D-Kindern im Gepäck, verstanden wir uns auf Anhieb und konnten unsere enge Zusammenarbeit auf einem tiefen gemeinsamen Verständnis aufbauen. Danke, dass Ihr ohne zu zögern einfach mitgemacht habt. Danke, liebe Sandra, für Deine Expertise, Deine Gründlichkeit, Deinen wachen Verstand, zum Teil auch spät abends, Deine positiv entspannte Grundeinstellung zum Thema T1D und Deine konstruktive Art. Du hast das Buch mit Deinen Anmerkungen nochmals bereichert und mich dazu motiviert, noch eins draufzulegen. Liebe Anne, als Du mir schriebst, dass Du im kreativen Flow gewesen bist bezüglich des Covers, wusste ich, jetzt wird's der Hammer. Danke, dass für mich das Betrachten der neuen Überarbeitung des Covers immer eine Belohnung darstellte, oft nach durchgemachter Nacht fürs Buch in den frühen Morgenstunden vor dem Schlafengehen. Danke für Dein Talent, Deinen hohen Anspruch an Deine Arbeit und Deine Leidenschaft für Dein Handwerk.

Liebe **Anne**, danke für Deine beherzte Art, das sehr genaue Hinsehen und Deine überragende Kompetenz in Sachen Korrektorat. Ich fühlte mich bei Dir bestens aufgehoben so als Autorinnenfrischling (http://www.annepaulsen.de/).

Danke, liebes **Buchsatzteam** rund um **Kia Kahawa**, liebe **Bente**, für Eure Professionalität und Akribie beim letzten Schliff. Experten am Werk, das spürte ich gleich, und wurde zu keinem Moment enttäuscht, sondern bin beeindruckt von Eurer Arbeit (https://www.kiakahawa.de/).

Danke **Nova MD**, vor allem **Johanna Kirchner**, dass Sie sich auf dieses Werk eingelassen haben, mich mit all Ihrer Energie und Geduld unterstützt haben und wir den Weg der Veröffentlichung zusammen gegangen sind (https://www.novamd.de/).

Danke, liebe **Silke Foos**, für Deine Beratung in Sachen Verlag bzw.

Eigenverlag und auch für Deine Expertise bezüglich der Titelfindung.

Auch **Tamara Schwab**, Autorin des Buchs »Mein Speed-Dating mit dem Tod«, möchte ich herzlich danken. Du warst unglaublich geduldig, egal, wie viele Fragen ich via Instagram an Dich hatte. Danke, dass Du mich so hervorragend beraten hast in Sachen Verlag, Eigenverlag und Vertrieb. Tamara unterstützt aufgrund ihrer eigenen Lebensgeschichte den Verein Kinderherzen https://www.tamaraschwab.com/schwerpunkte/oeffentlichkeitsarbeit/kinderherzen/.
Mehr zu Tamara und ihrer Arbeit hier:
https://www.tamaraschwab.com/.

Danke, liebe **Tina-Barbara Wolf**, für Deine positiven Instagram-Vibes, Deine Energie, dass wir die Liebe zur Musik miteinander teilen und Deine Stehaufmännchenmentalität (https://www.instagram.com/tinabarbara.wolf/).

Und letztlich gilt mein Dank im Besonderen auch **François-Xavier**, als Vater von Nonie, mit **seiner Familie** und **Susanne**. Danke, dass wir über unsere Trennung hinaus so ein gutes, eingespieltes und herzoffenes Team sind, für Nonie, für unsere drei Mädels. Danke, dass Du mit Herz, Verstand und Wohlwollen agierst im Sinne einer munteren und manchmal turbulenten Patchwork-Konstellation. Danke, dass Du für Deine Mädels stets alles gibst und Dich so unermüdlich für sie einsetzt. Je t'apprécie beaucoup!

Weiterführende Literatur

»Marie, Du schaffst das!«, Christine Jüngling und Dilan Basak, 2016, 4. Auflage 2020, Mabuse Verlag

»Leben mit Diabetes Typ 1 - Im Kindergarten«, Cecilia Lorenzo Fernández, 2016, BoD

»Geschichten aus dem Zuckersumpf«, Dr. Katja Konrad, Bettina Rheker, 2015, BoD

»Kinder und Jugendliche mit Diabetes«, Peter Hürter, Wolfgang von Schütz, Karin Lange, 2001, 4. Auflage 2016, Springer Verlag

»Diabetes-Buch für Kinder«, Karin Lange, Kerstin Remus, Sarah Biester, Martina Lösch-Binder, Andreas Neu, Wolfgang von Schütz, 1985, 5. Auflage 2017, Kirchheim Verlag

»Das Kinder-Diabetes-Buch - Unbeschwert groß werden mit Diabetes Typ 1«, Béla Bartus, Dr. med. Martin Holder, 2015, 2. Auflage 2021, Trias Verlag

»Gut leben mit Typ-1-Diabetes - Arbeitsbuch zur Basis-Bolus-Therapie«, R. Schrader, A. Hirsch, M. Dreyer, 10. Auflage 2022, Elsevier Verlag

»Diabetes Typ 1 - Basics, Anleitungen und Tipps für Diabetiker«, Tobias Sessler, 2019, BoD

»Zucker - Der heimliche Killer«, Dr. Med. Kurt Mosetter, Dr. Wolfgang A. Simon, Anna Cavelius, Angelika Ilies, 2016, 4. Auflage 2018, Gräfe und Unzer

»In guten wie in schlechten Werten: Was das Leben mit Diabetes für Familien & Paare bedeutet«, Antje Thiel, 2018, Kirchheim Verlag

»Manchmal hat's mit Zucker nichts zu tun. Ein Plädoyer für einen gelasseneren Umgang mit Blutzuckerwerten«, Katja Schaaf, 2020, tradition.

Nicola Schmidt:
»Mut - Wie Kinder über sich hinauswachsen«,
2014, Beltz Verlag

»slow family - Sieben Zutaten für ein einfaches Leben mit Kindern«,
2016, 4. Auflage 2017, Beltz Verlag

»artgerecht - Das andere Baby-Buch«,
2015, 10. Auflage 2020, Kösel Verlag

»artgerecht - Das kleine Baby-Buch«,
2017, 3. Auflage 2020, Kösel Verlag

»artgerecht - Das andere Kleinkinderbuch«,
2018, 4. Auflage 2020, Kösel Verlag

»Geschwister als Team - Ideen für eine starke Familie«,
2018, 4. Auflage 2020, Kösel Verlag

»wild world - Wie Kinder an der Welt wachsen und Eltern entspannt bleiben«,
2019, Beltz Verlag

»Erziehen ohne Schimpfen - Alltagsstrategien für eine artgerechte Erziehung«,
2019, 13. Auflage 2021, Gräfe und Unzer Verlag

»Der Elternkompass - Was ist wirklich gut für mein Kind?«,
2020, Gräfe und Unzer Verlag

»Vater werden - Dein Weg zum Kind«, zusammen mit Klaus Althoff,
2021, Gräfe und Unzer Verlag.

Tamara Schwab:
»Mein Speed-Dating mit dem Tod«, 2020, Nova MD.

Umrechnungstabelle mg/dl und mmol/l[79]

mg/dl	mmol/l	mg/dl	mmol/l	mg/dl	mmol/l
20	1,1	65	3,6	170	9,4
22	1,2	70	3,9	180	10,0
24	1,3	75	4,2	190	10,5
26	1,4	80	4,4	200	11,1
28	1,6	85	4,7	225	12,5
30	1,7	90	5,0	250	13,9
32	1,8	95	5,3	275	15,3
34	1,9	100	5,6	300	16,7
36	2,0	105	5,8	325	18,0
38	2,1	110	6,1	350	19,4
40	2,2	115	6,4	375	20,8
42	2,3	120	6,7	400	22,2
44	2,4	125	6,9	425	23,6
46	2,6	130	7,2	450	25,0
48	2,7	135	7,5	475	26,4
50	2,8	140	7,8	500	27,8
52	2,9	145	8,0	525	29,1
54	3,0	150	8,3	550	30,5
56	3,1	155	8,6	575	31,9
58	3,2	160	8,9	600	33,3
60	3,3	165	9,2	700	38,9

[79] »Umrechnung der Blutzuckerwerte bei Diabetes«. In: www.diabsite.de. Abgerufen am 23.04.2022
https://www.diabsite.de/diabetes/labor/umrechnung.html

Über die Autorin:

Maren Sturny ist dreifache Mutter, darunter ihr Diabetes-Typ-1-Kind Nonie, neun Jahre alt. In diesem Buch, ihrem Erstlingswerk, gibt sie Alltagseinblicke in die Zeit seit der Diagnose 2019 und setzt positive Impulse für das Diabetes-Typ-1-Management im Kreise der Familie.

Sie unterstützt mit ihrem Unternehmen Ma.Co.Ev.-Support große und kleine Firmen sowie Einzelunternehmen und Künstler*innen im Bereich Marketing, Kommunikation und Eventmanagement (https://www.marensturny.com/). Maren studierte in Bayreuth BWL, war dann für die Konzerne Unilever und Dräger im Bereich Marketing und Kommunikation tätig und lebt heute mit ihrer Patchworkfamilie in der Nähe von München. Sie stammt aus Celle in Norddeutschland.

Copyright Foto: Timm Kellermann (https://tjkellermannfotografie.com/)

Nicola Schmidt hat diesem Buch wichtige Impulse gegeben:
Nicola Schmidt ist eine deutsche Wissenschaftsjournalistin und mehrfache SPIEGEL- und Amazon-Nr. 1-Bestsellerautorin. Sie ist Gründerin und Geschäftsführerin der »Artgerecht GmbH« (https://www.artgerecht-projekt.de/). Das Konzept von »artgerecht« verbindet Erziehung und kindliche Entwicklung mit Fragen von Nachhaltigkeit und Ökologie.

Nicolas Wissen ist derzeit in zehn Büchern, darunter drei Bestseller, in sieben Sprachen verfügbar. Ende 2020 erschien das erste Sachbuch aus ihrer Feder: »Der Elternkompass – Was ist wirklich gut für mein Kind?« bei GU.

Sie ist Mitglied der »World Association for Infant Mental Health« (WAIMH) und eine international gefragte Gesundheitsreferentin für die Entwicklung von Säuglingen, Kleinkindern und Schulkindern. Nicola studierte Politikwissenschaft in Berlin und wurde in München, Paris und Dortmund zur Radio- und Wissenschaftsjournalistin ausgebildet.

Sie lebt derzeit mit ihren zwei Kindern auf Teneriffa.

Copyright Foto: https://www.diptica.com/

Cover-Idee

Auf der Vorderseite ist viel los, was die Turbulenz und das Chaos, das mit dem Diabetes Typ 1 (T1D) einhergeht, unterstreicht. Es ist wie ein Suchbild, auf dem man auch bei längerem Hinsehen vielleicht noch etwas entdeckt, gerade wenn man sich mit T1D beschäftigt.

Auf der Rückseite ordnet es sich dann (nach der Lektüre), der Diabetes integriert sich, wird akzeptiert (Herzen), bleibt aber frech, weil er im Familienalltag viel Zeit für sich beansprucht (Weckerbild).

Nonie hat den Diabetes 2020 als Blume gemalt, weshalb diese beim Diabetes auftaucht. Der Hintergrund ist ein echtes Aquarell.

Nicola Schmidt: »Ich finde das Cover großartig, weil es, trotz der Ernsthaftigkeit des Themas und der oftmals empfundenen Schwere der Verantwortung, Spaß, Freude und Liebe ausstrahlt – und das für ein Thema, das vielen Menschen Angst macht.«